交通强国试点工作系列丛书

雄安新区三全公交体系规划与建设实务

河北雄安新区规划研究中心
河北雄安新区建设和交通管理局
河北雄安新区自然资源和规划局 著
南京市城市与交通规划设计研究院股份有限公司
雄安城市规划设计研究院有限公司

天津大学出版社
TIANJIN UNIVERSITY PRESS

图书在版编目(CIP)数据

雄安新区三全公交体系规划与建设实务 / 河北雄安新区规划研究中心等著. -- 天津 : 天津大学出版社, 2023.10

（交通强国试点工作系列丛书）

ISBN 978-7-5618-7457-8

Ⅰ. ①雄… Ⅱ. ①河… Ⅲ. ①城市交通系统－公共交通系统－交通规划－研究－雄安新区 Ⅳ. ①U491.1

中国国家版本馆CIP数据核字(2023)第071417号

XIONG'AN XINQU SANQUAN GONGJIAO TIXI GUIHUA YU JIANSHE SHIWU

出版发行 天津大学出版社
地　　址 天津市卫津路92号天津大学内（邮编:300072）
电　　话 发行部:022-27403647
网　　址 www.tjupress.com.cn
印　　刷 北京华联印刷有限公司
经　　销 全国各地新华书店
开　　本 880 mm×1230 mm　1/16
印　　张 17.25
字　　数 365千
版　　次 2023年10月第1版
印　　次 2023年10月第1次
定　　价 198.00元

编委会

前言

2017 年 4 月 1 日，中共中央、国务院印发通知，决定设立河北雄安新区。雄安新区是继深圳经济特区和上海浦东新区之后又一具有全国意义的新区。这是以习近平同志为核心的党中央深入推进京津冀协同发展作出的一项重大决策部署，是重大的历史性战略选择，是千年大计、国家大事。雄安新区地处北京、天津、保定腹地，距北京、天津均为 105 km，距石家庄 155 km，距保定 30 km，距北京新机场 55 km，区位优势明显，交通便捷通畅，地质条件稳定，生态环境优良，资源环境承载能力较强，现有开发程度较低，发展空间较大，具备高起点高标准开发建设的基本条件。

党的十九大作出了建设交通强国的重大战略部署，是建设现代化经济体系的先行领域，全面建设社会主义现代化强国的重要支撑，是新时代做好交通工作的总抓手。2019 年 9 月，中共中央、国务院印发《交通强国建设纲要》。同年 10 月 15 日，交通运输部下发《交通运输部关于公布第一批交通强国建设试点单位的通知》，将雄安新区等 13 个地区列为第一批交通强国建设试点。2020 年 6 月 17 日，交通运输部印发《交通运输部关于河北雄安新区开展智能出行城市等交通强国建设试点工作的意见》，原则同意雄安新区在打造智能出行城市等 7 个方面开展试点。

雄安新区交通强国建设试点工作以交通运输供给侧结构性改革为主线，以打造“一流的标准、一流的设施、一流的技术、一流的管理、一流的服务”和建成“人民满意、保障有力、世界前列的交通强国”为目标，积极发挥雄安新区交通运输主管部门、企业、科研单位的主动性和创造性，力求在试点领域实现率先突破，形成一批可复制、可推广的典型经验，推动交通运输事业高质量发展。

在本书编制期间，雄安新区“拔节生长”，综合交通运输体系有了突飞猛进的发展，其规模之大、速度之快，堪称奇迹。作为雄安新区交通强国建设试点工作的实践总结，在编制本书的过程中，作者团队得到了雄安新区建设和交通管理局原局长葛亮同志的指导与帮助，建设实践的相关内容是对葛亮同志牵头制定的政策文件和推动实施的百余项交通基础设施项目建设经验的汇总。同时，本书的成果是面向新时代交通领域的创新和探索，不少问题需要在实践中寻求更加科学、合理、有效的方案，亟待各位同人携手，共同推进交通强国建设，构建安全、便捷、高效、绿色、经济的现代化综合交通运输体系。

本书编委会

2023 年 8 月

目录

1

CHAPTER 1

第 1 章

绪 论

1.1

新区设立发展定位解读

2017 年 4 月 1 日，中共中央、国务院印发通知，决定设立河北雄安新区，这是以习近平同志为核心的党中央深入推进京津冀协同发展作出的一项重大决策部署，是继深圳经济特区和上海浦东新区之后又一具有全国意义的新区，是重大的历史性战略选择，是千年大计、国家大事。

党的十八大以来，以习近平同志为核心的党中央着眼党和国家发展全局，运用大历史观，以高超的政治智慧、宏阔的战略格局、强烈的使命担当，提出以疏解北京非首都功能为“牛鼻子”推动京津冀协同发展这一重大国家战略。习近平总书记指出，考虑在河北比较适合的地方规划建设一个适当规模的新城，集中承接北京非首都功能，采用现代信息、环保技术，建成绿色低碳、智能高效、环保宜居且具备优质公共服务的新型城市。在京津冀协同发展领导小组的直接领导下，经过反复论证、多方比选，党中央、国务院决定设立河北雄安新区。设立雄安新区，对于集中疏解北京非首都功能，探索人口经济密集地区优化开发新模式，调整优化京津冀城市布局和空间结构，培育创新驱动发展新引擎，具有重大现实意义和深远历史意义。习近平总书记亲自谋划、亲自决策、亲自推动雄安新区规划建设，倾注了大量心血，多次主持会议研究部署并作出重要指示，2017 年 2 月 23 日亲临实地考察并发表重要讲话；在党的十九大报告中明确指出，以疏解北京非首都功能为“牛鼻子”推动京津冀协同发展，高起点规划、高标准建设雄安新区；2018 年 2 月 22 日和 11 月 23 日，分别主持召开中央政治局常务委员会会议，听取雄安新区规划编制情况汇报并发表重要讲话。习近平总书记的重要讲话和指示批示，为雄安新区规划建设指明了方向。李克强总理十分关心雄安新区规划建设工作，主持召开国务院常务会议和专题会议，听取相关情况汇报，多次作出重要批示。

雄安新区地处北京、天津、保定腹地，距北京、天津均为 105 km，距石家庄 155 km，距保定 30 km，距北京新机场 55 km（图 1-1）。区位优势明显，交通便捷通畅，地质条件稳定，生态环境优良，资源环境承载能力较强，现有开发程度较低，发展空间充裕，具备高起点高标准开发建设的基本条件。

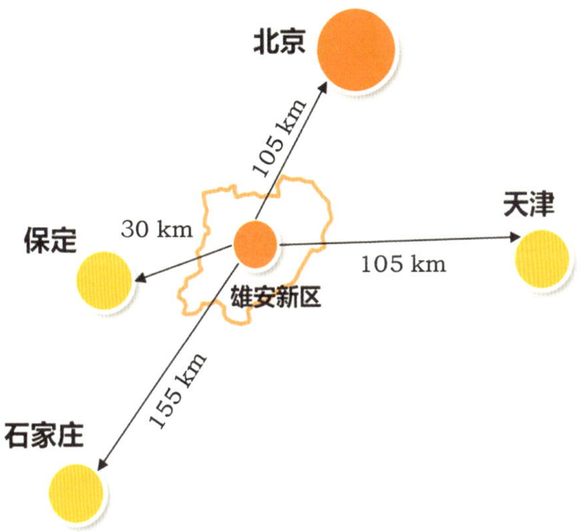

图1-1　雄安新区区位图

1.1.1　雄安新区功能定位

《河北雄安新区总体规划》中明确了新区定位：雄安新区作为北京非首都功能疏解集中承载地，要建设成为高水平社会主义现代化城市、京津冀世界级城市群的重要一极、现代化经济体系的新引擎、推动高质量发展的全国样板。为此，城市总体规划提出了雄安新区的四大定位。

1.1.1.1　绿色生态宜居新城区

贯彻落实习近平生态文明思想，坚持把绿色作为高质量发展的普遍形态，树牢绿水青山就是金山银山的理念，坚持生态优先、绿色发展，划定生态保护红线、永久基本农田和城镇开发边界，合理确定建设用地规模，完善生态功能，统筹绿色廊道和景观建设，构建蓝绿交织、清新明亮、水城共融、多组团集约紧凑发展的生态城市布局，创造优良人居环境，实现人与自然和谐共生，建设天蓝、地绿、水秀的美丽家园。

1.1.1.2 创新驱动发展引领区

坚持把创新作为高质量发展的第一动力，实施创新驱动发展战略，推进以科技创新为核心的全面创新，积极承接京津及国内外创新要素资源，发展高端高新产业，推动产学研深度融合，建设创新发展引领区和综合改革试验区，布局一批国家级创新平台，打造体制机制新高地和京津冀协同创新重要平台，建设现代化经济体系。

1.1.1.3 协调发展示范区

坚持把协调作为高质量发展的内生特点，通过集中承接北京非首都功能疏解，有效缓解北京“大城市病”，发挥对河北省乃至京津冀地区的辐射带动作用，推动城乡、区域、经济社会和资源环境协调发展，提升区域公共服务整体水平，打造要素有序自由流动、主体功能约束有效、基本公共服务均等优质、资源环境可承载的区域协调发展示范区，为建设京津冀世界级城市群提供支撑。

1.1.1.4 开放发展先行区

坚持把开放作为高质量发展的必由之路，顺应经济全球化潮流，积极融入“一带一路”建设，加快政府职能转变，促进投资贸易便利化，形成与国际投资贸易通行规则相衔接的制度创新体系；主动服务北京国际交往中心功能，培育区域开放合作竞争新优势，加强与京津、全国其他区域及世界各国的交流合作，打造扩大开放新高地和对外合作新平台，为提升京津冀开放发展水平作出重要贡献。

1.1.2 雄安新区发展目标

通过解读《河北雄安新区规划纲要》和《河北雄安新区总体规划》等战略性规划，可见国家对雄安新区是赋予重任与充满期待的。以疏解北京非首都功能为最初建设目的的雄安新区，除了要打造“雄安质量”，建设现代化经济体系的新引擎，更被要求完成推动京津冀区域系统发展的重量级任务。其四大定位可以分两个角度进行解读。

“绿色生态宜居新城区、创新驱动发展引领区”是对雄安新区自身发展提出的要求，“协同发展示范区、开放发展先行区”则是在新时代背景下区域发展对雄安新区提出的要求（图 1-2）。

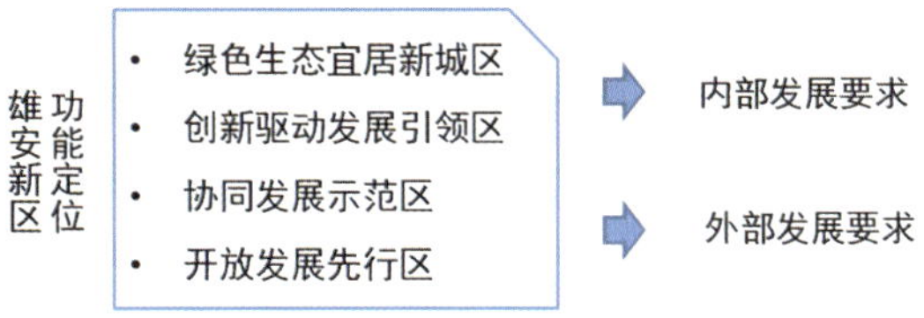

图1-2　雄安新区功能定位解读

1.1.2.1　内部发展要求

中国共产党第十九次全国代表大会首次提出“高质量发展”的新表述，这标志着中国经济由高速增长阶段转向高质量发展阶段。中国特色社会主义建设进入了新时代。对此党的十九大报告给予了明确解读，即“建立健全绿色低碳循环发展的经济体系”为新时代下高质量发展的方向。这是一个极为重要的时代课题。高质量发展根本在于经济发展的活力、创新力和竞争力。而经济发展的活力、创新力和竞争力都与绿色发展紧密相连，密不可分。离开绿色发展，经济发展便丧失了活水源头，进而失去了活力；离开绿色发展，经济发展的创新力和竞争力也就失去了根基和依托。绿色发展是我国从速度经济转向高质量发展的重要标志。

“绿色生态宜居新城区、创新驱动发展引领区”正是雄安新区贯彻高质量发展战略的体现，既强调了在与自然和谐共生下打造以人为本的宜居新城，又指明了未来新城以创新点燃城市活力的发展趋势。一个阶段要有一个阶段的标志，创造“雄安质量”，有利于推动雄安新区实现更高水平、更有效率、更加公平、更可持续发展，在推动高质量发展方面成为全国乃至世界的新时代高质量发展的样板城市。

1.1.2.2　外部发展要求

在我国经济由高速增长阶段转向高质量发展阶段的过程中，城市群崛起正是经济发展到一定阶段的重要标志，同时对经济发展具有巨大带动作用。党的十九大报告中已明确提出，以城市群为主体构建大中小城市和小城镇协调发展的城镇格局。城市群通过引领区域经济转型升级、资源高效配置、技术变革扩散，成为国家经济发展的重要引擎，在增强区域经济活力、提升区域经济效率方面发挥着重要作用。

雄安新区建设“协同发展示范区、开放发展先行区”正是国家推动京津冀世界级城市群的重要举措。雄安新区作为北京非首都功能疏解集中承载地，与北京城市副中心形成北京发展新的两翼，共同承担起解决北京“大城市病”的历史重任，有利于探索人口经济密集地区优化开发新模式；培育建设现代化经济体系的新引擎，以 2022 年北京冬奥会和冬残奥会为契机推进张北地区建设形成河北两翼，补齐区域发展短板，提升区域经济社会发展质量和水平，有利于形成新的区域增长极；建设高水平社会主义现代化城市，有利于调整优化京津冀城市布局和空间结构，加快构建京津冀世界级城市群（图 1-3）。

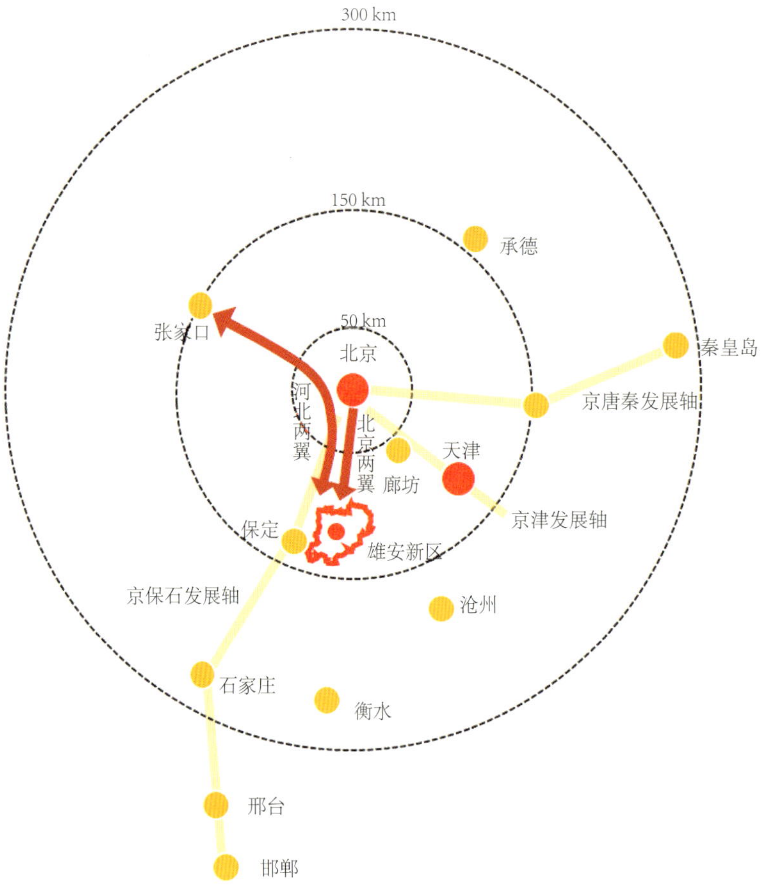

图1-3　京津冀区域空间格局示意

以习近平新时代中国特色社会主义思想为指导规划建设雄安新区，是全面贯彻党的十九大和十九届二中、三中全会精神，按照党中央、国务院决策部署，在坚持稳中求进工作总基调下，以新发展理念，按照高质量发展的要求，坚持世界眼光、国际标准、中国特色、高点定位的创新之举。雄安新区的规划建设坚持生态优先、绿色发展，贯彻落实创新、协调、绿色、开放、共享的新发展理念，通过绿色生态宜居新城区、创新驱动发展引领区、协调发展示范区、开放发展先行区的建设打造高质量发展的全国样板城市，为建设高水平社会主义现代化城市提供重要支撑，对新时代城市发展起到示范引领作用。

1.2
新区城市交通发展愿景

1.2.1　城市与交通的关系

城市是人类文明发展的产物。社会生产力发展到一定程度，尤其是农业化大力发展后，人口开始集聚，固定城市开始出现，且为满足生产生活的需求，城市的各类设施不断发展；工业化时代到来后，城市的功能越发丰富，不仅单体规模不断扩张，个数也变得越来越多，居住于城市成为人类生活的主流方式。城市规划的纲领性文件《雅典宪章》提出了城市功能分区和以人为本的思想，明确了城市的四大基本活动，交通即为其一（图 1-4）。

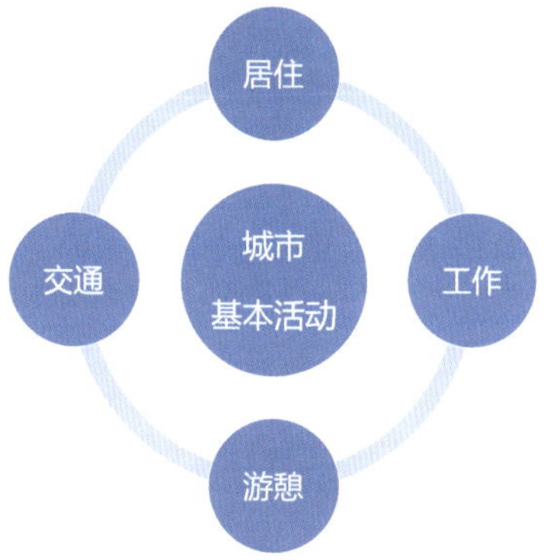

图1-4　城市的四大基本活动

最初，交通作为城市基本活动之一，往往被认为是城市的附属，在规划层面也曾将交通规划作为城市空间与用地规划的下延。然而随着城市交通对城市形态、规模、格局的影响作用被不断认知，如“要想富先修路”定义了城市经济与城市交通的关系，“千古百业兴，先行在交通”则强调了交通作为民生要义、经济命脉、社会基石的地位，城市与交通之间的互动关系更为大众所认可。

在城市的四大基本活动中，除交通之外，其余三种皆为目的性很强的社会经济活动，且与土地关系紧密。交通则是服务于这些活动的联络性活动。人类社会经济活动的空间既相互独立又相互关联，关联则产生了交通运输。从这一角度看，城市活动必然产生交通，同时交通运输的特性与能力又反向影响着城市的土地利用及其相关的活动。社会经济活动的存在特点及方式决定了城市土地利用，而城市的发展其本质就是土地利用关系的演变和拓展，这便是城市发展与交通系统之间存在的内在联系（图 1-5）。

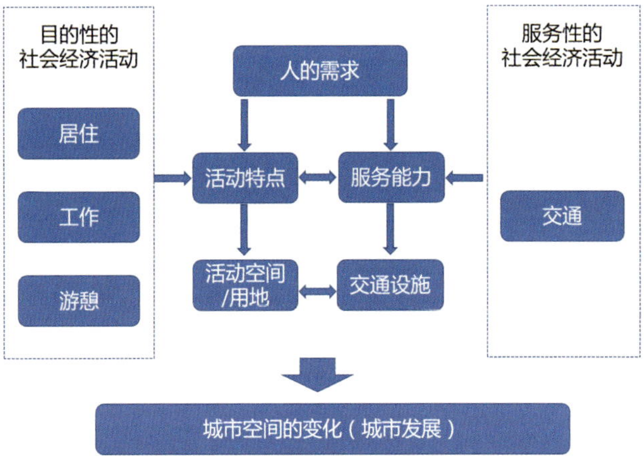

图1-5 城市与交通的互动

因此，研究城市交通其本质并不是单纯研究交通运输问题，而是探索城市交通如何更好地支撑城市生活的开展。城市交通对城市发展的影响主要体现在以下四个方面。

1.2.1.1 交通影响城市形态

在城市成长过程中，我们经常将交通比喻为城市的骨骼与血脉，交通设施撑起了城市空间形态。不同的交通方式对城市发展的引导作用也不相同，直接影响着城市的空间形态。如快速私人交通使城市有分散发展的倾向，而公共交通与慢行交通则使城市布局更为紧凑，因此我们常看到小汽车发达的城市会产生均质化摊大饼的外溢形态，而积极建设公交走廊的城市则呈现了明显的导向性形态。

1.2.1.2 交通影响城市规模

城市化进程的发展离不开城市交通。交通系统的服务范围直接影响了城市的发展范围。交通系统的服务能力直接制约着城市发展规模。如在城市化速度加快的过程中，城市人口迅速聚集。城市交通基础设施不足造成的交通拥挤则会反过来限制城市化速度。因此，交通承载力也成为城市规划中必先考虑的前置条件。

1.2.1.3 交通影响城市地位

在区域发展中，城市的首位度也与交通密不可分。一个城市可达性的水平直接决定了其区位的优劣，对外交通条件便利会促进城市成为区域中心。不难发现区域中心型城市往往都有着优越的交通区位，甚至就是枢纽型城市。

1.2.1.4 交通影响城市经济

交通发达的地方，城市内部与城市外部都有较好的可达性，能够更好地促进城市内外部的物资运输，加强社会文化信息的交流，对经济发展具有重要的影响。而在城市内部，公共交通走廊也会拉动周边地价增值。在增值性的影响中最显著的是轨道交通。北京、上海、南京等特大城市，地铁沿线房地产的价格明显超过了其他地区的同类价格。

可见，城市的发展和城市交通的发展是相互促进、相互作用的。那么构建雄安新区交通系统就应以国际眼光、创新思维，从城市与交通互动的角度，让交通系统更好地服务城市发展。

1.2.2 城市与交通融合模式的典范——TOD 模式

TOD（transit-oriented development，以公共交通为导向的发展）模式，是规划一个居民区或者商业区时，使公共交通的使用最大化的一种非汽车化的规划设计方式。

对于大城市而言，资源有限永远是避不开的一个限制条件，在此约束下，城市交通的发展势必要走集约化道路。之前在面对城市交通问题时，以问题为导向的解决方式大多在交通系统内部谋出路，“头疼医头，脚疼医脚”，为集约而集约，仅从供给方面为市民提供集约化的公共交通工具，最终大多只解决表面问题，无法真正优化城市交通结构。随着城市交通与城市用地互动关系的深入人心，公共交通另一项重要功能被广泛接受：引导城市空间、功能结构的合理布局。TOD 模式成为大城市优化调整城市空间结构的共识。

TOD 理念发源于美国。面对城市的扩张，“小汽车导向开发”的模式带来了诸多弊端，TOD 作为一种与传统的蔓延式发展相对立的规划概念，体现了精明增长的思想。

TOD 模式实质上反映了交通与城市的协同关系，是一种强调整合公共交通系统（尤其是大运量快速公交系统）与城市发展的规划模式，希望通过公交系统与土地开发的整体规划与管理以及舒适安全步行空间的规划设计，建构出完整的慢行 - 公交交通网络，以提升公交系统的使用效率，并有效引导站点周边地区开发和城市空间结构的合理发展。TOD模式所代表的是一种城市规划和设计理论，其核心是交通与土地使用的关系及处理方式，这种方式需要在规划和建设层面有序落实。

1.2.2.1 TOD 理念的“异化”问题

目前 TOD 模式在落实过程中存在以下三个主要问题。

1. 就公交论公交，公交与城市“两张皮”

仅在公交系统内部做文章，公交设施规模越建越大，如独立占地的大型公交枢纽，占地大、功能单一，使用上反而割裂了交通活动与其他功能性活动。公交与城市土地、空间的融合愈加艰难。

2. 重骨干公交设施建设，忽视公交整体效能的发挥和多元交通系统的建设

非常重视城市轨道交通、快速公交系统建设，但对支线公交建设投入远远不足；在慢行交通系统建设方面还处于“粗放”状态，对小汽车交通发展仍然处在“放任”和“限制”的简单取舍中。

3. 滥用公交导向概念而罔顾城市协同、节约、紧凑发展要求

在城市外围规划建设大量住宅、单一功能性超大组团或城市新区，依托轨道交通建设拉伸城市空间和规划越来越大的通勤圈，人为地拉大了通勤的距离，制造了巨大的通勤交通需求，导致严重的潮汐交通、复杂的换乘系统、高昂的交通建设投资和城市运行成本等。

1.2.2.2 TOD 模式特征

选择以公共交通为导向的城市建设发展模式，最终目标是实现城市的可持续发展。TOD 模式的核心内涵是一种新的交通与土地使用关系及处理方式。它反映了城市发展模式的根本性转换，旧的以机动车为导向的模式不可持续，而新的模式则把城市形态、土地利用与效率高、影响小、以人为本的城市交通方式紧密地结合，这种交通方式包括步行、自行车和公共交通。

TOD 模式具有“6D”特征。

1. 高密度土地开发（Density）

高密度土地开发即沿公交走廊进行高密度开发，在城市层面上，形成公交导向下密度点轴结合的发展模式（图 1-6）；在枢纽层面上，形成以站点为中心的密度圈层递减开发模式（图 1-7）。

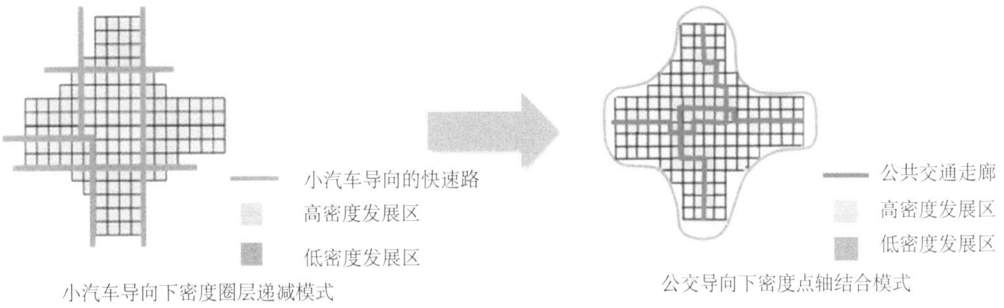

图1-6　城市层面高密度土地开发

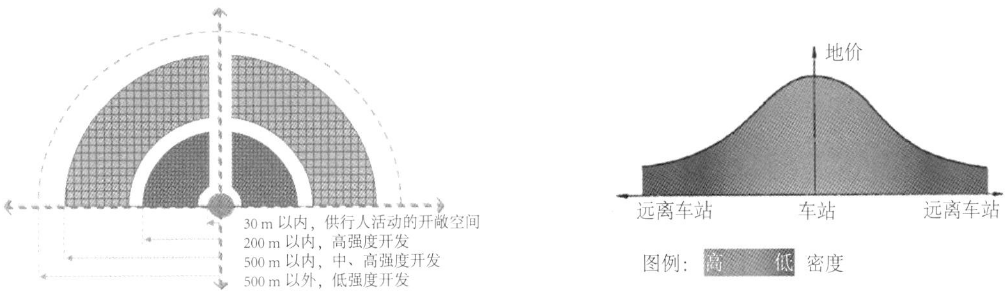

图1-7　枢纽层面高密度土地开发

2. 多元化土地利用（Diversity）

轨道沿线土地混合使用，克服潮汐交通的弊端，提高交通设施效率（图 1-8）。土地的混合使用有多个表现层面：

在宏观层面上，表现为不同车站的功能侧重及其之间的混合布局；

在中观层面上，表现为地块之间的用地功能布局的混合；

在微观层面上，表现为某一地块内相邻建筑的功能混合，或者是某一建筑各组成部分的功能混合，即垂直混合。

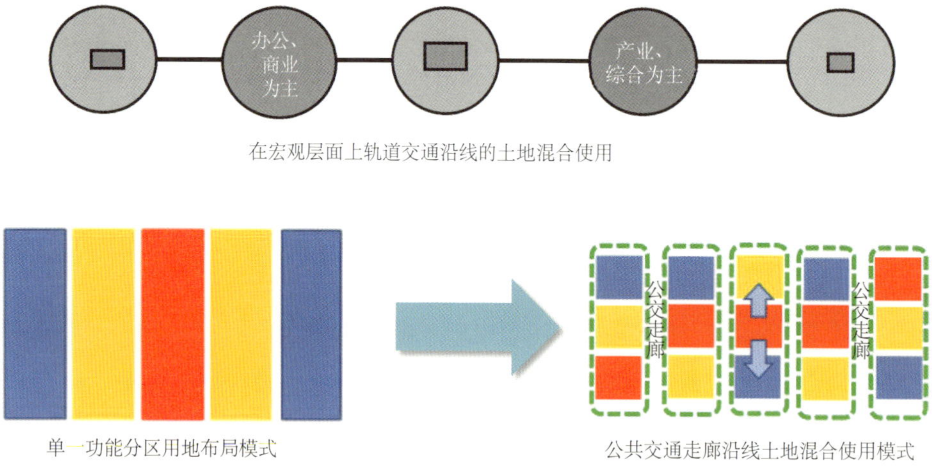

图1-8　在宏观层面与微观层面上的多元化土地利用

3. 良好的空间设计（Design）

以步行为核心组织空间，对多功能区域的良好设计，创造了舒适的步行空间，有利于提高公共交通吸引力。

交通功能方面强调车站地区步行环境，力求步行系统的便捷、舒适和安全，并且与周边建筑、公共交通车站形成良好的衔接。

空间功能方面强调车站地区开放空间的塑造与人性化设计，这种开放空间包括公园、广场、绿地以及可以担当此项功能的公共建筑。

4. 公交 + 慢行的高可达性（Destination Accessibility）

发展小街区路网，提升公交枢纽的高可达性（图 1-9）。

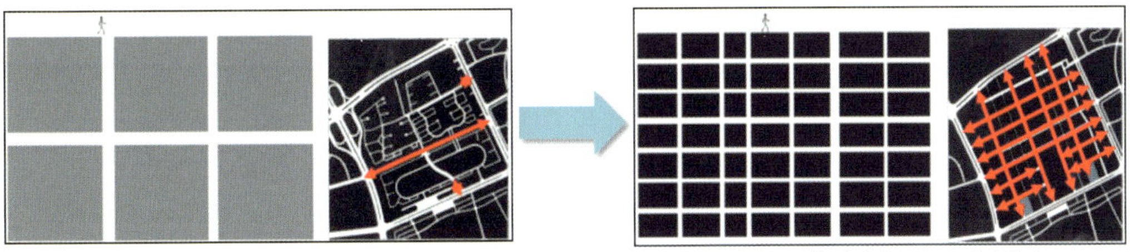

传统的“以车为本”的大街区、宽马路模式　　“以人为本”的小街区、窄马路模式

图1-9　路网结构的转变

5. 适宜的交通换乘距离（Distance to Transit）

适宜的交通换乘距离，高效的一体化连接系统，提升出行舒适度与效率。

6. 有效的需求管理（Demand Management）

以交通需求管理配合公交优先发展，支持 TOD 模式。

通过“6D”原则，最终实现交通结构以及城市发展模式的转变，减少私人汽车所占有的空间与资源，实现城市的可持续发展。

1.2.3　雄安新区交通发展要求

1.2.3.1　上位规划要求

1. 目标要求

为有力支撑雄安新区高质量发展，统筹城市内外、客货运输、近期远期交通发展需要，按照网络化布局、智能化管理、一体化服务要求，科学推进现代化综合交通体系建设，《河北雄安新区综合交通专项规划》依据《河北雄安新区规划纲要》《交通强国建设纲要》《河北雄安新区总体规划》等，从综合交通的角度提出了明确要求。

1）响应交通强国战略，形成便捷高效的对外交通系统。公铁水多方式融合、便捷高效的对外综合交通网络支撑雄安新区在区域层面的高点定位。“四纵两横”区域高速铁路网、“四纵三横”区域高速公路网高效运行，全面融入“轨道上的京津冀”，实现雄安新区 30 min 到天津、60 min 到石家庄。近期则加强雄安新区和京津冀重点城市之间交通出行，实现雄安新区 20 min 到北京大兴国际机场、30 min 到北京城区，与保定等周边城镇交通联系条件得到优化提升。

2）响应公交优先战略，形成绿色出行主导的内部综合交通体系。内部综合交通基础设施网络完善，实现起步区与外围组团、起步区各组团之间均 15 min 可达。构建小街区、密路网的路网体系，形成以“公共交通 + 自行车 + 步行”为主的出行模式，起步区绿色交通出行比例达到 90%，公共交通占机动化出行比例达到 80%。

3）响应高质量发展要求，建成新型智能绿色的城市交通系统。提升智能交通创新力，建设智能驾驶示范城市，以物联感应、移动互联、人工智能等技术为支撑，构建车路协同的智能交通基础设施体系，实现交通网、信息网、能源网“三网合一”。推动智能公交车辆示范应用，适应新区不同阶段发展，提供高效的城市交通出行服务。

到 21 世纪中叶，雄安新区的交通运输现代化水平将走在全国前列，示范引领效应充分发挥，便捷、安全、绿色、智能的综合交通体系达到国际领先水平。

2. 规划原则

（1）统筹规划，先行引领

坚持世界眼光、国际标准、中国特色、高点定位，围绕京津冀协同发展战略空间格局调整，有力支撑北京非首都功能疏解，按照交通强国建设和率先实现交通现代化的要求，统筹通道资源综合利用，加强交通与用地布局协调，完善区域综合交通网络，提供高品质运输服务。

（2）改革引领，创新驱动

坚持向改革创新要动力，推进交通规划、建设、养护、管理、运行各环节体制机制创新，促进多种交通方式政策法规、技术标准的对接协调，创新综合交通发展政策和服务模式，全方位提升综合交通管理水平。

（3）绿色智能，便捷高效

践行以人民为中心的发展理念，综合运用新技术、新装备、新模式，打造绿色智能内部交通体系，建设功能完备的新区轨道交通和骨干道路网，构建便捷高效的公共交通和慢行交通系统，提供高品质智能化出行服务。

3. 交通发展愿景

雄安新区的设立是国家深入推进京津冀协同发展的一项重大决策部署，从设想到落地，每一步的深思熟虑都体现了对现代化新城的追求，高起点规划、高标准建设，打造一座“绿色低碳、智能高效、环保宜居且具备优质公共服务的新型城市”，让生活于此的市民获得切实的幸福感。在城市交通层面，面对《河北雄安新区综合交通专项规划》提出的“新型智能绿色的城市交通系统”，可以做出如下解读。

（1）集约、融合：将交通融入城市，将城市融入自然

按照网络化布局、智能化管理、一体化服务要求，加快建立连接雄安新区与京津及周边其他城市、北京新机场之间的轨道交通网络；完善雄安新区与外部连通的高速公路、干线公路网；坚持公交优先，综合布局各类城市交通设施，实现多种交通方式的顺畅换乘和无缝衔接，打造便捷、安全、绿色、智能交通体系。

（2）便利、舒适：关注人的体验，回归人本初心

公交提供便利、准时、可靠的服务。基于“密路网”（即路格小于 200 m），实现“公交站”到“门”步行 2~3 min，方便人们搭乘公交。公交按照时刻表或预约时间，准时到达站点，全程时间可控。

慢行提供便利、安全、舒适的服务。从“人”的体验尺度出发，结合宜人的街区尺度和街坊尺度，基于“密路网”（路格小于 150 m）满足步行 2 min 到达设施点或 POI 兴趣点要求，“密路网”步行可达性明显高于传统汽车交通优先的路网。

从慢行安全角度，要求同一断面的小汽车速度低于 30 km/h；窄路过街，机动车道宽度小于 24 m。打造独立空间，提高慢行舒适度、自由度。

（3）绿色、智能：出行绿色主导，服务科技赋能

“起步区绿色交通出行比例达到 90%，公共交通占机动化出行比例达到 80%”是雄安新区对交通出行结构提出的前所未有的高目标。为此雄安新区必须坚持公共交通作为城市基本公共服务的属性，并积极应用交通新技术、新装备和新模式，构建一体化的交通出行服务模式，实现轨道、公交、步行和自行车等多种方式的无缝衔接和顺畅换乘，提供全链条出行服务，实现“门到门”的绿色出行。

1.3

新区公共交通发展诉求

雄安新区绿色生态宜居新城区要求构筑绿色交通出行模式。根据《河北雄安新区总体规划》，以公共交通为骨干，步行和自行车交通为主体，构建“公交＋自行车＋步行”出行模式，科学设计绿色交通政策，全面保障公共交通、鼓励步行和自行车交通，有序减少私人小汽车出行、合理管控停车，提高绿色交通出行比例，实现起步区绿色交通出行比例达到 90% 的目标。而在机动化出行部分，通过推广交通枢纽站点与城市功能一体化开发，在公共交通廊道、轨道站点周边集中布局公共服务设施等手段，提升公共交通系统覆盖人口数量的比例，提高公共交通机动化分担率，其中起步区公共交通占机动化出行比例达到 80%（图 1-10）。

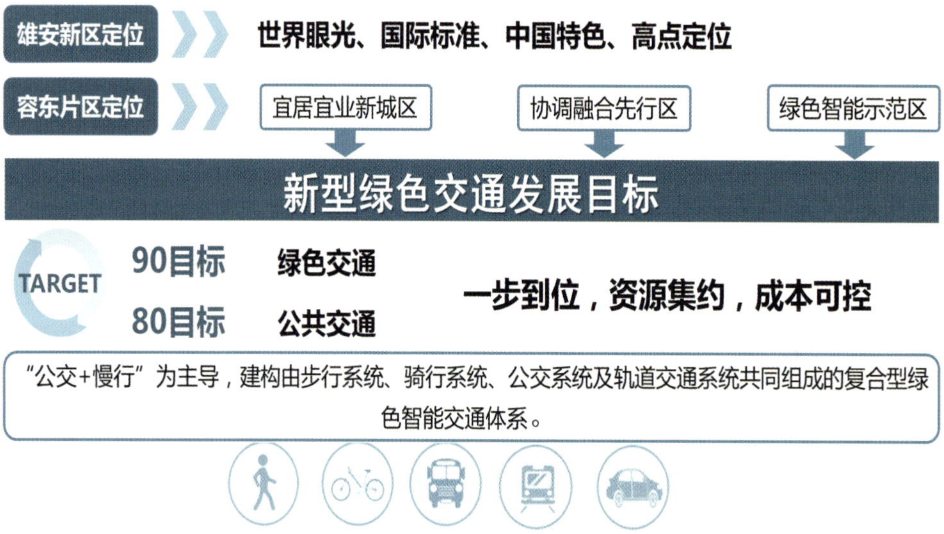

图1-10　雄安新区新型绿色交通发展目标

面对城市规划的高定位、交通结构的高标准，作为代表“雄安质量”的先锋军，公共交通系统构建任务需要回答两个重要问题：

问题一：世界眼光、国际标准的新区公共交通系统应该是什么样的？

问题一：怎样实现如此高质量公交系统以支撑新区城市与交通发展的高目标？

1.3.1 从 TOD 角度认识公共交通

前文已论述了城市与交通的互动关系。对于资源有限的城市而言，落实 TOD 理念无疑是明智之举，也与雄安新区发展目标一致。要避免在新区出现 TOD 理念的“异化”问题，需要进一步从 TOD 角度认识公共交通，将公共交通发展提升到城市战略层面。

TOD 的核心战略体现在“两个改变”上：一是改变机动车主导的城市交通模式；二是改变低密度蔓延式的城市扩张模式。因此，TOD 发展要求主要包括两个方面：一是公交与城市发展、土地利用策略的协调；二是公交系统自身整合及与其他交通系统的协调。

以公交为支撑的城市空间布局：公交走廊有助于城市结构、空间布局有序拓展与更新。

以公交为引导的城市土地开发：公交车站慢行可达范围内有合适的建筑密度和土地功能混合的紧凑布局。

以公交为导向的城市交通体系：通过公交优先与需求管理相结合，建设公共交通导向型的城市交通体系。

以公交为主导的城市出行结构：公交与慢行交通的高可达性与便捷性，支撑区域的形体布局，以减少对汽车的依赖。

以公交为核心的城市精细设计：以公交枢纽为核心打造一体化连接系统，以精细化的设计手法营造行人友好的城市空间。

以公交为基础的溢价回收财务模式：在公共交通系统设施建设中，获得并创造新的土地价值，从而有效获得可持续的城市建设资金。

1.3.2 规划理念

1.3.2.1 以人民为中心，回归公交系统构建本源

坚持系统设计以服务公众便捷高效出行为根本着眼点。以市民需求为导向，构建新区开放、多元、创新、一体的公共交通系统，基于组团式缓和用地布局，做好公交走廊、公交节点与城市规划的无缝对接；依托窄路密网布局地面道路，加强公共交通与慢行交通的融合发展。为市民提供快速、便捷、可靠、舒适的公共交通全程服务，降低私人小汽车出行需求。

1.3.2.2 以绿色为基调，践行交通发展新模式

坚持系统服务以绿色交通方式为主导的发展基调。一是通过提供优质高效的公共交通和慢行交通服务，确立公共交通在机动化出行中的主体地位，形成“公交 + 自行车 + 步行”的绿色出行模式。二是明确基本公交网与弹性公交网之间的服务界线，平衡二者的系统投入占比。同时全面推广清洁高效的公共交通运输装备，提高交通系统的空间、能源利用效率。

1.3.2.3 以创新为驱动，打造新时代新公交

面对首次提出的“90/80”高目标，公交系统的规划设计各个环节都需推进理念创新、技术创新和体制机制创新，将 MaaS（Mobility as a Service，出行即服务）与一站式公交出行服务相结合，在新区智能城市环境下不断创新公交服务模式，发展贴近需求的定制化公交、需求响应式公交，提供可供选择的全程高质量公共交通。

1.3.2.4 以智能为手段，升级公交出行新体验

充分利用交通新技术、新装备、新模式，综合运用大数据、云计算、车路协同、智慧驾驶等技术，提高公交资源的供给和利用效率，实现基本公交线路与弹性公交线路的全局优化。利用交通云平台跨行业、跨系统优化交通服务，深入融合公共交通与慢行交通，提供特定区域内需求响应式公共交通服务，不断扩大公共交通出行门到门服务的覆盖面。

1.3.3 新区公交系统的概念规划

构建新区公交系统要把握一个关键词——“新”（图 1-11）。

1）新背景：新区定位（宜居宜业、协调融合、绿色智能）、崭新阶段（从零开始）、新区要求（“90/80”目标）。

2）新思路：要求公共交通机动化分担率达到 80%，即公共交通较小汽车出行要有压倒性优势。

3）新模式：公共交通需要提供全程服务，将 MaaS（Mobility as a Service）理念与技术引入公共交通。

4）新技术：智能信息技术、精准定位技术、无人驾驶技术等的快速发展给公共交通服务提升带来了巨大空间。

5）新机制：全新的公交服务除了需要新公交系统，还需要一系列的支持政策与机制。

6）新样板：代表新区成为全国标杆，具有国际水准。

图1-11　公共交通系统解读

按照各类出行场景优化配置资源，提供便捷舒适、灵活多样的公共交通出行服务。充分借助多种智能手段提升公交运行速度，动态响应需求、智能生成线路，提供高品质、绿色化的新型公共交通服务。建成以公交优先为前提的交通信号智能控制系统，实现公交绿波控制。道路时空资源分配转向公共交通主导，推进公交车辆运行轨道化控制。精准匹配各类公交场站车辆停放需求与空余停车位供给，公交车与小汽车共享建筑物配建停车位，实现公交发车调度、能源补充、维护保养的智能化。通过特许经营、政府购买服务等方式，扩大和改善公共交通服务供给，鼓励多元主体有序竞争。

2

CHAPTER 2

第 2 章

新区公交构建的薄弱起点

2.1

雄安新区的前身

雄安新区（以下简称“新区”）地处北纬 38° 43′—39° 10′，东经 115° 38′—116° 20′，位于北京、天津、保定腹地，距北京、天津均为 105 km，距石家庄 155 km，距保定 30 km，距北京大兴国际机场 55 km。东临霸州市、任丘市；南与保定市高阳县接壤；西与保定市清苑区、徐水区交界；北与高碑店市、固安县为邻。

新区总面积 1 770 km^2，东西横距约 61 km，南北纵距约 53 km。范围包括雄县、容城、安新三县行政辖区（含白洋淀水域），任丘市鄚州镇、苟各庄镇、七间房乡和高阳县龙化乡，共辖 33 个乡镇 637 个行政村。其中雄县（含原任丘市鄚州镇、苟各庄镇、七间房乡）12 个乡镇 287 个行政村，雄州镇为雄县县政府驻地镇；容城县 8 个乡镇 127 个行政村，容城镇为容城县县政府驻地镇；安新县（含原高阳县龙化乡）13 个乡镇 223 个行政村，安新镇为安新县县政府驻地镇。

2018 年 8 月，户籍人口 127.3 万。2017 年地区生产总值为 194.1 亿元，三次产业构成为 15.8 ∶ 50.1 ∶ 34.1。

2.1.1 历史沿革

据考证，早在 7 000 年前就有人类在雄县、容城、安新等地聚居。历史上，三县曾先后属冀州、幽州、燕国、河北道、直隶省保定府等管辖。1928 年 6 月，直隶省改为河北省，三县属河北省保定道。1949 年 8 月，河北省人民政府成立，三县属天津专区。1949 年 10 月，中华人民共和国成立，三县改属保定专区。1994 年 12 月，保定地市合并，三县属保定市。2017 年 4 月，中共中央、国务院在此设立雄安新区。

2.1.2 行政区划

新区辖雄县、容城、安新三县，共 33 个乡镇 637 个行政村，其中雄县（含原任丘市鄚州镇、苟各庄镇、七间房乡）12 个乡镇 287 个行政村，雄州镇为雄县县政府驻地镇；容城县 8 个乡镇 127 个行政村，容城镇为容城县县政府驻地镇，安新县（含原高阳县龙化乡）13 个乡镇 223 个行政村，安新镇为安新县县政府驻地镇。

2.1.3 自然地理

新区位于冀中平原中部，地势平坦。春旱少雨，夏温多雨，秋凉干燥，冬寒少雪。华北平原最大的湖泊白洋淀位于新区中南部，淀区水域面积年际变化大，地形复杂，淀泊沟壕交织错落，苇田、台地、村庄交错，地貌景观独特。

2.1.3.1 地形地貌

新区位于太行山东麓、冀中平原中部、南拒马河下游南岸，在大清河水系冲积扇上，属太行山山麓平原向冲积平原的过渡带。新区地势平坦，自西北向东南略有倾斜，地面坡降小于 2%，海拔高度为 5~26 m。容城县贾光乡一带地势最高，地面高程达 26 m；容城镇 - 晾马台镇以北地区高程多大于 15 m；三台镇八于乡赵北口镇 - 米家务镇一线以北地区以及龙化乡局部地区地势较高，地面高程多为 10~15 m；其他地区地面高程大多为 6~10 m；同口镇、七间房乡、赵北口镇圈头乡等白洋淀及邻近地区地面高程低于 5 m。

2.1.3.2 气象气候

新区气候属于暖温带大陆性季风气候，四季分明，夏季高温多雨，冬季寒冷干燥，春季温和怡人，秋季天高气爽。受地理环境和季风的影响，全年盛行东北 - 西南走向的气流。气象灾害以干旱和洪涝灾害为主，此外还有强对流、高温、雾霾、沙尘等，气象灾害总体较轻，区域气候生态环境较好。

气温：新区年平均气温为 12.5 ℃，雄县最高，为 12.7 ℃；安新县最低，为 12.2 ℃；容城县为 12.6 ℃。新区气温较北京、天津、石家庄等地偏低，这与大城市的热岛效应及新区白洋淀水体的调节作用有关。年内，气温 7 月份最高，1 月份最低；标准差 2 月份最大，8 月份最小。

降水：新区平均年降水量为 480.8 mm，雄县降水量最多，为 494.8 mm；安新县最少，为 467.5 mm；容城县降水量为 480.3 mm。降水主要集中在 7~8 月份，降水量占全年的 67.6%，暴雨日数占全年的 92.9%。冬季降水最少，降水量仅占全年降水量的 1.9%。自有气象观测记录以来，1988 年降水量最多，全区平均为 868.8 mm；1975 年最少，为 258.2 mm。

日照：新区年均日照时数为 2 336 h，各地日照时数在 2 289~2 402 h 之间，安新县日照时数最多，为 2 402 h；容城县最少，为 2 289 h；雄县日照时数为 2 317 h。春季日照时数最长，夏、秋季次之，冬季最短。

风速：新区年平均风速 1.63 m/s，与保定和石家庄大部分地区相差不大，但较北京和天津的大部分地区小；年平均风速标准差为 0.46 m/s，较北京、保定和石家庄的大部分地区大，但较天津大部分地区小。年内，1 月份平均风速最小，4 月份最大。1962—2017 年，新区年平均风速总体呈减小趋势，其中冬季减小速率相对最大，夏季最小。

蒸发量：新区年蒸发量较小，平均为 1 572 mm，大部分地区的标准差为 200~220 mm，白洋淀地区由于水体的调节作用，标准差更小，只有 171 mm。年内，新区 6 月份蒸发量最大，达 242 mm，12 月份最小，不足 30 mm。

暴雨：新区平均年暴雨日数 1.4 天，最长连续降水日数 12 天（1977 年，容城县、安新县），最大日降水量为 263.4 mm（1991 年 7 月 28 日，雄县），最大连续降水量为 306.7 mm（1963 年，安新县）。1956 年、1963 年、1996 年及 2016 年，新区多次遭受严重暴雨洪涝灾害，其中 1963 年海河特大洪水，暴雨强度之大，受灾面积之广，影响之重为近百年所罕见，特大暴雨致白洋淀水位上涨迅猛并达历史最高水平，造成了近 2 个月大面积、长时间的洪涝灾害。

气象干旱：新区平均年气象干旱（轻旱及以上）日数达 143.9 天，最长连续干旱日数为 291 天，较保定和石家庄大部分地区少，较北京和天津等地略少。1961—2017 年，新区平均年干旱日数总体呈减少趋势，1999 年最多，达 291 天，1971 年、1975 年和 2006 年也都在 280 天以上。

高温：新区平均年高温日数达 11.8 天，最多达 33 天（1968 年，容城县），极端最高气温达 41.2° C（2000 年 7 月 1 日，容城县），高温日数较北京、天津等地多，极端最高气温高。新区平均高温初日为 6 月 2 日，终日为 7 月 22 日，高温初日最早出现在 5 月 7 日（1986 年），终日最晚出现在 9 月 16 日（2000 年）。2000 年新区平均高温日数为 29 天，其中 7 月 1 日安新县、雄县和容城县最高气温分别达 41.0 °C、40.9 °C和 41.2 °C。2018 年 6 月 20 日—30 日，京津冀东南部出现持续高温天气，其中 6 月 27 日，新区雄县最高气温达 40.4 °C，容城县和安新县均达 39.9 °C。

2.1.3.3 水文条件

1. 整体情况

新区位于海河流域大清河水系的中上游，大清河水系上游分为南北两支。北支水系上游为拒马河，自张坊出山口以下分为南、北拒马河。北拒马河在深州市境内有胡良河、琉璃河，小清河汇入后称白沟河。南拒马河与白沟河自新区北边界白沟镇汇流进入大清河。大清河从新区北侧流入，主要沿雄县县境西南边界向东流出。白沟河、南拒马河在白沟新城汇流，北支洪水经新盖房枢纽分别由白沟引河和新盖房分洪道入白洋淀和东淀。南支水系有游龙河、唐河、孝义河、府河、漕河、萍河等，均汇入白洋淀，南支洪水经白洋淀下口的枣林庄枢纽入东淀。

2. 白洋淀

白洋淀地处华北平原中部，属大清河水系，是华北平原最大的淡水湖泊，也是大清河水系重要的水利枢纽，上承九河（“九河”是指汇入白洋淀的白沟引河、萍河、瀑河、漕河、府河、唐河、孝义河和猪龙河等八条河道和“引黄入冀补淀”工程主干渠），连接 4 座较大水库（王快水库、西大洋水库、安格庄水库、龙门水库），下注渤海，流域面积为 3.12 万 km^2，是海河流域重要的蓄滞洪区。淀区地势自西北向东南倾斜，主要由白洋淀、马棚淀、烧车淀等大小不等的 143 个淀泊和 3 700 多条沟组成。周边堤岭环绕，东有千里堤，西有障水捻、北四门堤和南四门堤，南有淀南新堤，北有新安北堤。

白洋淀东西长 39.5 km，南北宽 28.5 km。当最大水位为 10.5 m 时，总面积约为 366 km^2，蓄水 4.4 亿 m^3，可调蓄库容为 2.9 亿 m^3，平均水深 2~4 m。当水位在 6.5 m 以下时，视为干淀。受气候及入注河流上游河道截流的影响，白洋淀淀区水域面积年际变化大，水位不稳定。

1956—1964 年为湿期，年降水量为 672.0 mm，年径流量为 57.4 亿 m^3，年入淀水量为 24.7 亿 m^3，年弃水量为 20.2 亿 m^3。1965—1988 年为干期，年降水量为 523.4 mm，年径流量为 26.2 亿 m^3，年入淀水量为 7.6 亿 m^3，年弃水量为 4.9 亿 m^3，其间出现 11 年干淀，以 1983—1988 年最为严重，为历史罕见。1988—1996 年，淀水水位一直保持在 6.5 m 以上。

白洋淀多年平均水资源总量为 4 124 万 m^3。经“引黄入冀补淀”跨流域补水之后，白洋淀水位为 7.5 m（大沽高程），水量为 1.54 亿 m^3，水城面积为 148.4 km^2。

3. 地下水

新区地下水主要分为浅层地下水和深层地下水。浅层地下水水位埋深一般为5~20 m，白洋淀周边区域地下水位埋深较浅，一般小于5 m。浅层地下水含水层大部分地区属于中等富水区：仅安新县西北角、容城县西南角及雄县东部等局部地区属于弱富水区。深层地下水含水层厚度一般为100~180 m，底板埋深一般为350~600 m，水位埋深一般为20~40 m。容城县北段局部地区属于强富水区；雄县北部、安新县中部至西北部和西南局部地段、容城县大部等地区属于较强富水区；雄县南部、安新县南部及东部地段、容城县西南部局部地段等地区属于中等富水区；容城县西南部局部地段、雄县西南部局部地段等地区属于弱富水区。

2.1.4 经济社会

新区设立之前，三县尚处于工业化初期阶段，经济社会相对欠发达；中小企业发展蓬勃，形成了系列特色产业；人口就业本地化特征突出，但人口存在一定程度的外流。第三产业发展主要依靠白洋淀淀区旅游资源。新区设立后，通过持续开展“散乱污”企业排查整治，传统产业外迁、转型、升级，为将来高端高新产业入驻落户腾出了空间。

2.1.4.1 人口情况

新区（不含原任丘市鄚州镇、苟各庄镇及七间房乡，高阳县龙化乡）常住人口比户籍人口少，人口存在少量外流。2017年，新区（不含原任丘市鄚州镇、苟各庄镇、七间房乡和高阳县龙化乡）户籍人口为113.9万，常住人口为110.9万。2012—2016年，新区（不含原任丘市鄚州镇、苟各庄镇、七间房乡和高阳县龙化乡）户籍人口与常住人口比值由102.43%增至105.06%。2017年，新区（不含原任丘市鄚州镇、苟各庄镇及七间房乡，高阳县龙化乡）设立后，两者比值降为102.71%，人口外流现象有所缓解。第七次全国人口普查结果显示，新区常住人口为120.5万，其中雄县常住人口为47.9万，容城县常住人口为27.3万，安新县常住人口为45.3万。

新区已面临人口老龄化的挑战。第七次全国人口普查结果显示，常住人口中，0~14岁人口为26.4万，占21.97%；15~59岁人口为72.3万，占59.96%；60岁以上人口为21.8万，占18.07%，其中65岁以上人口为15.7万，占13.05%。

2.1.4.2 经济发展

2017 年，新区（不含原任丘市鄚州镇、苟各庄镇和七间房乡，高阳县龙化乡）地区生产总值（地区 GDP）为 194.1 亿元，同比下降 18.1%。其中，第一产业增加值为 30.6 亿元，同比下降 7.3%；第二产业增加值为 97.3 亿元，同比下降 32.8%；第三产业增加值为 66.2 亿元，同比增长 11.5%。三次产业增加值的比重分别为 15.8%、50.1% 和 34.1%。全社会固定资产投资额达 1.8 亿元。

2018 年，雄安新区总体投资规模在 3 000 亿元左右，主要集中在基础设施建设和产业发展两大方面。其中，超过 2 300 亿元的投资集中在铁路、公路、排水、生态修复、拆迁安置等基础设施建设方面。

2020 年，雄安新区努力克服复杂局势和疫情影响，整体经济发展逐季加快，全年生产总值达 259 亿元，同比增长 20.35%。其中，第一产业增加值为 19 亿元，同比下降 19.7%；第二产业增加值为 92.7 亿元，同比增长 10.9%；第三产业增加值为 147.3 亿元，同比增长 36.6%。第一、二、三产业占比结构为 7.3%∶35.8%∶56.9%。

2021 年，雄安新区外贸进出口总值为 20.2 亿元，同比（下同）增长 64.4%。其中，出口额为 14.7 亿元，增长 46.4%；进口额为 5.5 亿元，增长 143.8%。

2022 年 8 月，全国首例数字人民币穿透支付业务在雄安新区成功落地，实现了数字人民币在雄安新区区块链支付领域应用场景新突破。

三县农业经济发展较为平稳；工业发展总体较为缓慢，工业产业结构正处于转型阶段；旅游业和服务业发展势头强劲。随着雄安新区规划建设的推进，雄安新区产业结构形成了“三二一”发展态势。

2.1.4.3 产业特征

第一产业：新区耕地面积为 958 km^2，粮食作物以冬小麦、夏玉米和水稻为主，经济作物有薯类等。

2018 年上半年，新区农林牧渔业总产值为 22.4 亿元，同比增长 9.6%；增加值为 13 亿元，同比增长 6.7%。

2020 年 7 月，新区安新县现代农业产业园区项目启动，采用“农业 +”与“智慧 +”双轮驱动发展思路，融入科技、人文等元素，探索创意农业、认养农业、观光农业、都市农业等新业态。

第二产业：2017 年 9 月，新区首批落户前沿信息技术类企业有 14 家，高端技术研究院有 7 家，绿色生态企业有 5 家。

截至 2020 年 3 月，新区规模以上工业企业有 163 家，其中，亿元以上工业企业有 30 家；规模以下企业已复产数量为 874 家，其中雄县、容城县、安新县分别有 626 家、197 家、51 家。

截至 2020 年第三季度末，新区法人单位达 1.99 万个，同比增长 28.3%。

截至 2020 年 10 月，新区有 100 多个重点工程项目建设进行施工。

2021 年 5 月，新央企中国中化控股有限责任公司在新区注册成立，注册资本为 552.58 亿元。截至目前，已有多家央企总部及子公司落户新区。

第三产业：2017 年 9 月，新区首批落户现代金融服务业企业有 15 家，高端服务业企业有 7 家。

2018 年，中国工商银行、中国农业银行、中国银行、中国建设银行和交通银行在新区设立河北雄安分行。

2.1.5　资源能源

2.1.5.1　土地资源

新区土地总面积为 177 007.72 hm^2，以农用地为主，建设用地次之。

土地质量整体良好，部分土地为绿色优质耕地。安新县绿色优质耕地面积最大，集中呈片状分布在白洋淀周边；雄县绿色优质耕地面积次之；容城县绿色优质耕地面积最小。

2.1.5.2　水资源

1. 大气降水

据新中国成立后水文资料记载，1951—1989 年，平均年降水量为 527.2 mm，年降水量为 2.7 亿 m^3，年平均河淀入境水径流量为 20.17 万 m^3。

2. 南水北调引水

南水北调中线天津干线在雄县占压区位于县城北部，由西向东贯穿朱各庄镇（王祥村、王储村、东阳村、大谢村、小谢村），大营镇（口头村、西柳村、东柳村、张码村、白码村、徐码村、甄码村），北沙口乡（小庄村、大庄村），米家务镇（板北村、蛮子营村）4 个乡镇的 16 个村子，上游与白沟交界，下游与廊坊市接壤，在雄县境内长度为 15.691 km，埋深约为 2.5 m。配套输水管道工程从南水北调天津干渠取水，线路自引水口向南至口头村西南，沿胜利干渠，经东王槐村、大营村西穿越保津城际铁路（保津城际铁路已为雄县输水管道预留涵洞），向南穿越保津高速公路后至新盖房分洪道左堤，沿新盖房分洪道左堤外侧向东铺设，到西河营村西转向东南，穿越新盖房分洪道后，经胡家台村东、望驾台村西至规划地表水厂，共涉及雄县 3 个乡镇（大营镇、朱各庄镇、雄州镇）9 个村子，线路全长为 11.22 km，占地面积为 60.36 hm^2，管道设计流量为 0.49 m^3/s，输水管道为直径 800 mm 钢管，埋深约为 2.0 m。依据《河北省南水北调配套工程规划》，年规划分水量为 1 200 万 m^3，按最低水量消纳计划管理规划，2017—2019 年过渡期内每年江水最低消纳水量分别为：2017 年度城镇生活和工业最低引用江水水量为规划分水量的 30%，即 360 万 m^3；2018 年度城镇生活和工作最低引用江水水量为规划分水量的 40%，即 480 万 m^3；2019 年城镇生活和工业最低引用江水水量为规划分水量的 50%，即 600 万 m^3。

3. 河水

20 世纪 70 年代以前，雄县大清河长年有水；20 世纪 70—80 年代，间断性有水；20 世纪 90 年代初至今基本属于干涸期。2016 年底，由于新盖房枢纽白沟引河闸拆除重建，大清河承担了导流任务；2018 年以来，上游来水经大清河顺利流往下游（最大流量达 36m^3/s）并成功入海。

2.1.5.3 文化资源

新区西望太行山脉，东临古黄河，在汉代以前为古黄河下游，自然条件适宜人类生存繁衍，历史文化丰富多彩。同时，新区作为中原与北方两大古文化区交流沟通的重要中间节点，孕育发展了北方平原水域的特色文化。从 1 万余年前的史前新石器时代起始至今日，历史文化发展传承轨迹清晰，文物及文化遗存众多，是河北古文化遗存最为密集的区域之一。以“容城三贤”为代表的著名历史人物、以“宋辽榷场”为特色的商业文化和民族融合文化和以“雁翎队”为代表的红色文化等都是新区重要的历史文化遗存。

现遗存的文物类别主要有古遗址、古墓葬、古建筑、近现代重要史迹及代表性建筑、石刻五大类，共计 261 处。其中，以南阳遗址、燕长城为代表的古遗址数量最多，有 187 处；以雁翎队战址为代表的红色文化多集中在近现代重要史迹及代表性建筑，有 16 处；其余古建筑 10 处、古墓葬 43 处、石窟寺及石刻 5 处。从文物保护单位的级别上看，全国重点文物单位 3 项 4 处（其中邢村边关地道与祁岗边关地道同宋辽边关地道被公布为全国重点文物保护单位）、省级文物保护单位 7 处、县级文物保护单位 53 处、未定级 197 处。

按时代统计，新石器时代文物保护单位 12 处、商至西周时期文物保护单位 8 处、东周时期文物保护单位 94 处、汉代文物保护单位 44 处、隋唐宋元时期文物保护单位 58 处、元明清时期文物保护单位 29 处、近现代文物保护单位 16 处。

从空间角度来看，历史文化遗存多集中在新区西北和东南地区，其中雄县 69 处（含鄚州镇、苟各庄镇和七间房乡）、容城县 119 处、安新县 73 处（含龙化乡）。多数文物集中分布在村镇周围及古河流流域。村镇稀疏的古洼地区域文物遗存稀疏。从文化面貌角度来看，历史文化遗存主要有四个片区，分别为：容城镇周边区域的新石器文化区，晾马台镇、大河镇和大王镇北部以南阳遗址为代表的东周文化区，雄州镇周边宋辽历史文化区，白洋淀周边红色文化区。

具有代表性的文物保护单位有以下几处。南阳遗址是全国重点文物保护单位，位于晾马台镇南阳村，是战汉时期的一座中型城遗址，对东周和汉代的城市考古和研究具有重要意义。三各庄遗址也是全国重点文物保护单位，位于七间房乡，主要有仰韶文化和龙山文化两个时期的遗存，为研究本地区史前社会的经济社会与文化发展提供了重要的实物资料，见表 2-1。此外，位于三台镇山西村的明塔、鄚州镇镇区以北的如州城遗址、安州古城墙和新安古城墙等，都具有较高的历史和文化价值，对研究新区历史演变和文化发展具有重要意义。

表 2-1　新区国家级及省级重点保护文物

序号	名称	地址	保护级别	年代	文物类别
1	南阳遗址	晾马台镇南阳村	全国重点文物保护单位	东周、汉代	古遗址
2	三各庄遗址	七间房乡三各庄村	全国重点文物保护单位	新石器时代	古遗址
3	邢村边关地道	雄州镇邢村	全国重点文物保护单位	宋辽	古遗址
4	祁岗边关地道	双堂乡祁岗村	全国重点文物保护单位	宋辽	古遗址
5	黑龙口燕长城	小里镇黑龙口村	省级重点文物保护单位	东周	古遗址
6	山西村明塔	三台镇山西村	省级重点文物保护单位	明代	古遗址
7	梁庄遗址	刘李庄镇梁庄村	省级重点文物保护单位	新石器时代	古遗址
8	留村遗址	安新镇西里街村	省级重点文物保护单位	东周、汉代	古遗址
9	晾马台遗址	晾马台镇景马台村	省级重点文物保护单位	西周	古遗址
10	陈调元庄园	同口镇	省级重点文物保护单位	民国	古遗址

续表

序号	名称	地址	保护级别	年代	文物类别
11	陈子正故居	昝岗镇李林庄村	省级重点文物保护单位	清代	近现代重要史迹及代表性建筑

2.1.5.4 矿产资源

境内石油资源生成于早第三纪地层中，分储于上第三系和元古界碳酸盐岩中，主要分布在牛东断层带上，即霸州市二台阶上的岔河集构造和南庄子 - 高家铺构造内，分属米家务镇、昝岗镇、张岗乡、龙湾镇、雄州镇等乡镇境内，县城南部也有零星油藏，但尚不具备开采价值。境内油田地面勘测始于 20 世纪 50 年代初，60 年代确认开采前景，70 年代投入钻井开采，到 1989 年境内共打成生产油井 377 眼、注水井 104 眼。日产原油 2 100 ～ 2 600 t，最高单井日产 90 t，同时产石油伴生气 18 万 m^3。为输送石油到外地，建有任 (丘) 京 (房山) 主干地下石油管道，南北纵贯全境，还建有霸 (州) 雄 (县)、苏 (桥) 雄 (县) 两条地下石油管道。2018 年，雄县县域内共有生产油井 765 眼、注水井 248 眼，日产原油 797.98 t，年产原油 26.92 万 t。

2.1.5.5 旅游资源

新区因优越的地理条件及历史文化资源，有着丰富的生态旅游与人文景观资源，如“文化资源”一节所述。但当前这些资源的开发主要围绕白洋淀开展，过于集中，结构单一，体系不完善，且旅游资源的开发与利用缺乏科学性与系统性，未有效处理资源保护与旅游开发的关系，未形成优质的旅游产业体系，旅游结构亟待调整。

1. 白洋淀景区

白洋淀是华北平原现存最大的淡水湖泊，有“华北明珠”之美誉。淀内壕沟纵横，河淀相通，田园交错，水村掩映；淀上波光荡漾，水鸟啁啾，芦苇婆娑，荷香暗送，构成了一幅生态美景。白洋淀既有浩浩荡荡的雄魄，又有水路相间的灵秀；水村涌浪、千里长堤烟柳、水上清水芙蓉、月下白洋淀、冰封白洋淀、码头夕照、芦苇及水禽鱼鸟等造就了白洋淀独特的自然景观，行宫遗址、抗日英雄“雁翎队”、中国文学“荷花淀派”构成了白洋淀丰富的人文资源。

白洋淀景区于 2002 年被河北省列为湿地自然保护区，2007 年经国家旅游局正式批准为国家5A级旅游景区，开发有文化苑、休闲岛、鸳岛、子印象、异国风情园、白洋淀之窗、水上游乐园、荷花大观园、王家寨水乡民俗村、十里荷香自然生态区、湿地保护中心等景点。

2. 宋辽边关地道

宋辽边关地道起点和核心区位于雄县，呈西南 - 东北走向，横跨雄县、霸州文安、永清等县市，绵延数十千米，规模大，类型多，功能齐全。结合所用的建筑材料、建筑结构与特征分析，宋辽边关地道应为持久性防御性军事工程，与长城功能相同，具有重要的历史、文化、军事价值，堪称“历史奇观”“地下长城”。

2007年5月，雄县被中国文联命名为“中国古地道文化之乡”，并挂牌“中国古地道文化研究中心”。宋辽边关地道景点（遗址公园）于2009年5月建成并正式对外开放，2011年12月挂牌2A级景区，2013年5月被国务院列为第七批国家级文物保护单位。2017年接待游客逾三万人次，已发展为新区文化旅游的热门景点。

2.1.6 道路交通

2.1.6.1 区域交通

新区境内现有京广高铁、京雄城际、津保铁路3条铁路。其中，京广高铁在新区西北部过境，于新区西侧设保定东站；京雄城际铁路连接北京和新区，在新区境内设雄安站；津保铁路东西向横穿新区，在新区境内设有白洋淀站和白沟站，见图2-1。

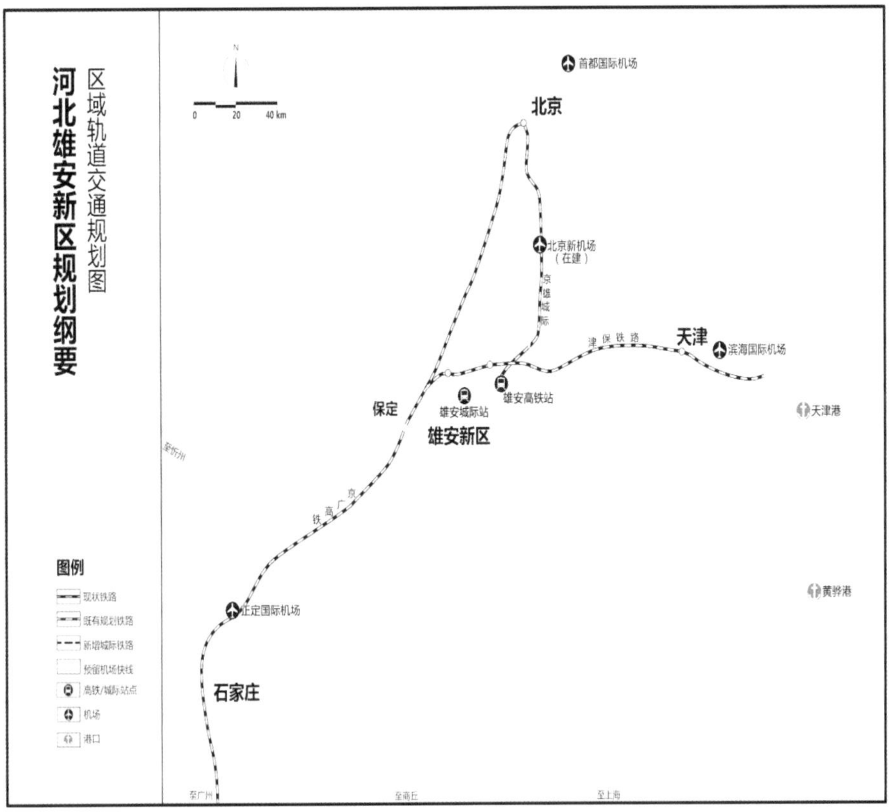

图2-1 新区周边铁路网布局

新区境内原有京港澳高速、大广高速、津雄高速。津石高速以及京雄高速、荣乌高速新线、京德高速一期 3 条对外通道，容易、安大普通干线公路 2 条建材通道，标志着新区“四纵三横”交通大动脉全面打通。国省干线公路主要有国道 G106（北京 - 广州）、G112（北京环线）、G230（通化 - 武汉）、G336（天津 - 神木）、S322N（廊坊 - 保定）、S334（保定 - 静海）、S333（津保北线）、S042（雄州镇 - 白沟）、S043（保静线 - 北京环线）、SLY5（大广高速雄县连接线）、SLZ1（京港澳高速保定连接线）、SLD1（大广高速白洋淀支线连接线）和 SLG3（白沟白洋淀温泉城连接线）。通过现有干线公路网络体系可实现 2 h 通达北京市、天津市和石家庄市，见图 2-2。

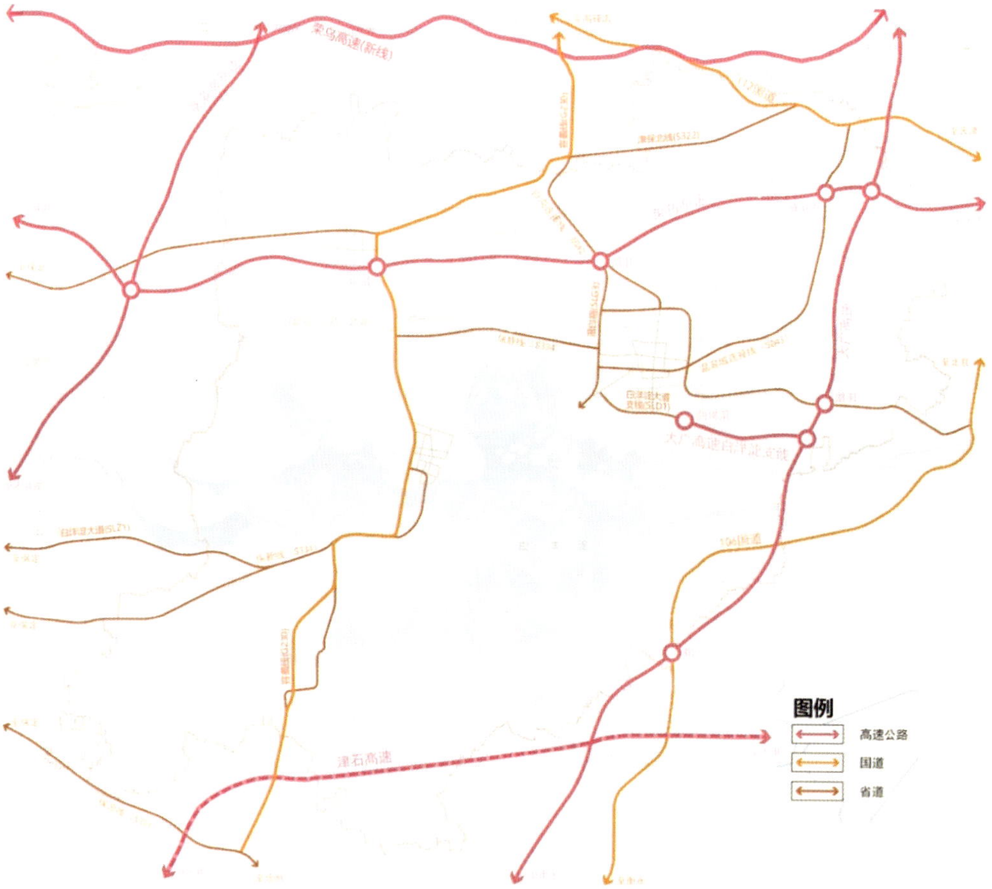

图2-2 新区公路现状分布

2.1.6.2 镇村交通

村庄内部道路系统多由贯穿村庄主要节点和出入口道路演变而来。仅村庄主要道路硬化程度较高，多数道路路况一般，但可满足村民基本的出行需求；产业基础较好的村庄道路系统较完善，硬化情况较好，出行也更加便捷。新区各乡镇区高速公路和国省道通达情况汇总见表 2-2。

表 2-2 新区各乡镇区高速公路和国省道通达情况汇总

序号	县名	镇名	高速公路出入口	国道	省道
1	容城县	容城镇	容城出入口（荣乌高速）	—	S333、S235

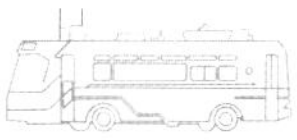

续表

序号	县名	镇（乡）名	高速公路出入口	国道	省道
2	容城县	南张镇	—	—	S333
3		小里镇	—	—	—
4		晾马台镇	—	—	S333、S04
5		大河镇	—	—	—
6		贾光乡	—	—	—
7		八于乡	—	—	S333
8		平王乡	—	—	S334
9	雄县	雄州镇	白洋淀出入口（大广高速白洋淀支线）	—	S042、S043、S334
10		昝岗镇	—	—	S043
11		米家务镇	雄县东出入口（荣乌高速）	G112	S043、S333
12		朱各庄镇	雄县出入口（荣乌高速）	—	S042
13		大营镇	—	—	S333
14		苟各庄镇	—	G106	—
15		鄚州镇	鄚州出入口（大广高速）	G106	—
16		张岗乡	—	—	S043
17		龙湾镇	雄县出入口（大广高速）	—	S334、S043
18		双堂乡	—	—	—
19		北沙口乡	—	G112	—
20		七间房乡	—	—	—
21	安新县	安新镇	—	—	S235、S334
22		大王镇	—	—	S235、S334
23		三台镇	—	—	—
24		安州镇	—	—	S235、S334
25		端村镇	—	—	—
26		刘李庄镇	—	—	—
27		同口镇	—	—	S235
28		老河头镇	—	—	S334
29		赵北口镇	—	—	—
30		圈头乡	—	—	—
31	安新县	芦庄乡	—	—	S331
32		龙化乡	—	—	—
33		寨里乡	—	—	—

2.2 三县公交发展概况

新区目前正处于全面建设阶段，起步阶段的公共交通发展仍处于不断适应新区发展变化过程，尚未实现一体化发展的状态，现状公交服务主要包括雄县、容城县、安新县城市公交、城乡公交、县际客运。

2.2.1 雄县线路概况

1. 城市公交

雄县公交由雄县公共交通有限公司承担运输经营，共有运营公交车 80 辆，均为纯电动客车。投入运营的城市公交线路总共 6 条，线路总长度为 66 km，基本覆盖城区所有中小学、商业住宅区等主要客流集散点，见图 2-3、表 2-3。雄县共设置 1 处公交场站、85 处站台，城区公交站点 500 m 覆盖率达 100%。

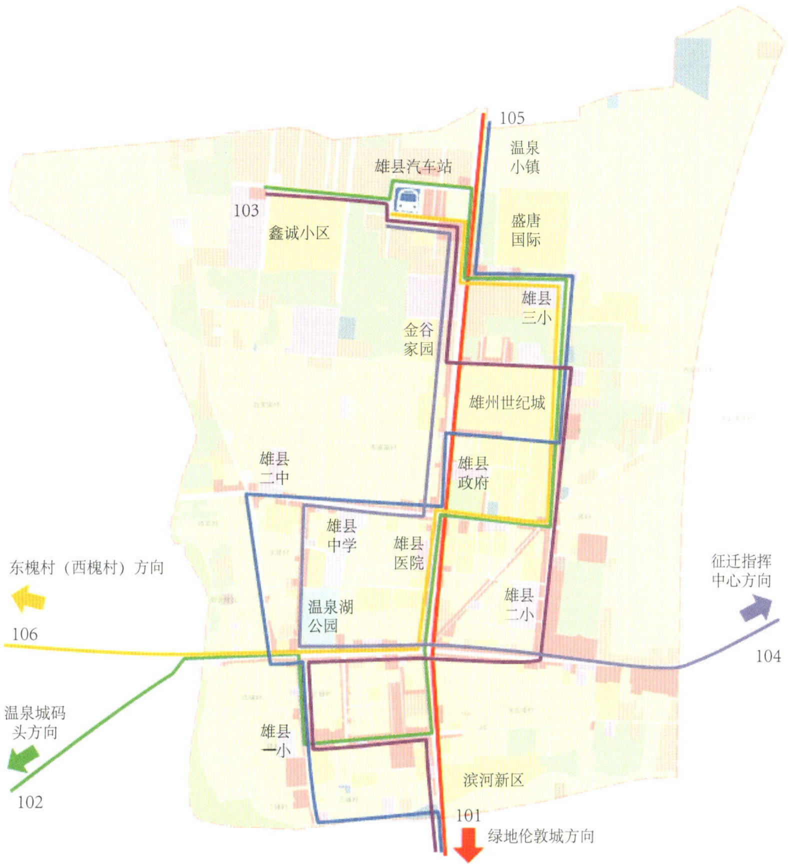

图2-3　雄县县城区公交线路

表 2-3　雄县城市公交线路

线路类型	线路名称	途经站点	运营时间	票制票价	车辆数
城市公交	101 路	绿地伦敦城—一铺东—全利公司—丹威花园—交通局—交警队—东市场—五道口南—五道口北—芙蓉南街—雄县医院—雄县政府—美合广告—世纪城—东华制版—济康医院—盛唐国际—温泉小镇	首 6:20 末 19:30 15 min/ 趟	1 元	9
	102 路	立亚公司—鑫城小区—鑫城小区东—7 天优品酒店—济康医院—世纪大街—第三小学—电力局—天奕商厦—良庭酒店—保定银行—政府广场—雄县医院—芙蓉南街—五道口北—五道口南—东市场—四通灯饰城—人民大街—联通公司—公安局—建设银行—城管大队—清河公园—菜园村—第二高级中学—绿港新城	首 6:20 末 19:30 15 min/ 趟	1 元	13

续表

线路类型	线路名称	途经站点	运营时间	票制票价	车辆数
城市公交	103 路	立亚公司—鑫城小区—鑫城小区东—公交办卡中心—雄县汽车站—济康医院—东华制版—双侯大街—青少年活动中心—电力局—天奕商厦—良庭酒店—宋辽边关古地道—第二小学—亚古城—五道口东—五道口西—温泉湖商厦—温泉湖百花影院—公安局—联通公司—人民大街—四通灯饰城—交警队—交通局—丹威花园—全利公司—一铺东—绿地伦敦城	首 6:20 末 19:00 15 min/ 趟	1 元	13
	104 路	汽车站—济康医院—东华制版—世纪城—美合广告—雄县政府—万博大厦—第一高级中学—PICC 中国人民保险—城关派出所—温泉湖—温泉湖百花影院—温泉湖商厦—五道口西—五道口北—芙蓉南街—雄县医院—政府广场—保定银行—宋辽边关古地道—第三小学—兴隆家居—民政局—全友家私—巨龙包装—崔村路口—崔村—帅康座椅—经济开发区—征迁指挥中心	首 6:20 末 19:30 15 min/ 趟	1 元	13
	105 路	温泉小镇—盛唐国际—济康医院—世纪大街—第三小学—电力局—天奕商厦—路欣家园—阳光街西段—县政府—万博大厦—第一高级中学—第二初级中学—五铺北—五铺村—五铺南—建设银行—公安局—第一小学—中医医院—二铺村—交通局—丹威花园—全利公司—一铺东—绿地伦敦城	首 6:20 末 19:00 15 min/ 趟	1 元	13
	106 路	雄县汽车站—济康医院—东华制版—双侯大街—青少年活动中心—电力局—天奕商厦—良庭酒店—保定银行—政府广场—雄县医院—芙蓉南街—五道口北—五道口西—温泉湖商厦—温泉湖百花影院—建设银行—城管大队—北菜园东—北菜园西—艾西楼村—杨西楼村—第三初级中学—邓西楼村（小区）—邓西楼村—红西楼小区—韩西楼村—鑫盛达公司—东槐村（西槐村）	首 6:20 末 19:00 15 min/ 趟	1 元	13

2. 城乡公交

目前雄县开通城乡客运线路 9 条，合计 84 辆，运营时间为夏季 6:30—17:30、冬季 7:00—17:00，发车间隔为 20 min/ 趟，收费标准根据里程核算，见表 2-4。

表 2-4 雄县城乡公交线路

线路类型	线路名称	途经站点	运营时间	票制票价	车辆数
城乡客运	201 路雄县—南三乡公交	雄县汽车站—雄县政府—芙蓉南街—五道口东—双隆商厦—大阴村—大阴村东—清河口—马召村北—马召村—马召村南—郑召村—宗家佐村—宗家佐村—宗家佐村南—卡河北堤—古州桥（鄚州大庙）—苟各庄镇中—三街小区—苟各庄镇政府—四街村—万各庄村—王各庄村—小董各庄村（将庄）—大董各庄—角口村—鄚州北道口—鄚州镇政府—鄚州南阁—七里庄村—西大坞一村—西大坞二村—西大坞三村—西大坞四村—七间房码头	首 7:00 末 17:30	2~5 元	6

3. 县际客运

雄县目前开通了 2 条客运班线（雄安新 1 路、新 2 路），由保运集团运营，分别联系雄县汽车站与容城汽车站、安新汽车站，见图 2-4、表 2-5。

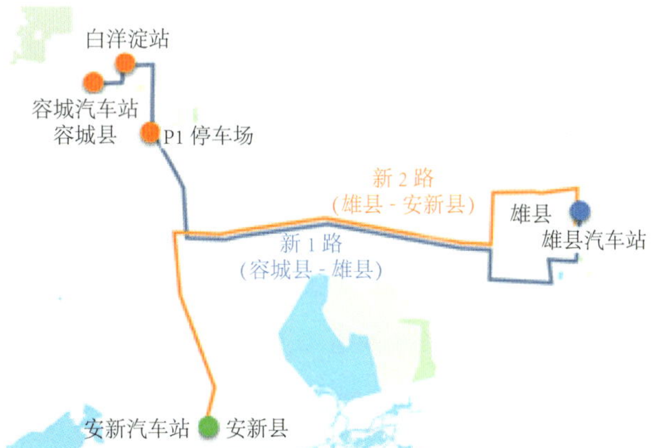

图2-4 雄县县际客运线路

表 2-5 雄县县际客运线路

行政区划	终点	线路长度 /km	发车间隔 /h	运营车辆
雄县—容城县	容城县	31	1.5	5
雄县—安新县	安新县	30	2.5	1
容城县—安新县	安新县	16	0.5	6

4. 客流量

雄县 2016—2020 年城市公交和城乡公交年度总客流和节假日高峰期客流情况见表 2-6。

表 2-6　雄县城市公交和城乡公交年度总客流和节假日高峰期客流情况

年度	城乡客运班车		城市公交	
	年度总客流量 / 万人	节假日高峰期客流量 /（每天 / 人）	年度总客流量 / 万人	节假日高峰期客流量 /（每天 / 人）
2016	233	9 700	33.439 6	9 082
2017	170	8 100	282.208 9	14 423
2018	150	7 300	561.276 9	19 482
2019	130	6 200	581.215 2	20 185
2020	98	4 500	168.856 9	16 580

2.2.2　容城县线路概况

容城组团的公交服务主要包括容城县城公交、雄安站高铁巴士、建设期接驳公交三个部分。

容城组团（容城、容东、容西）公交特许经营项目于 2021 年 7 月正式运营，运营单位为河北雄安容畅智慧公交有限公司（容畅公交公司由项目中标联合体中国雄安集团交通有限公司、北京公共交通控股（集团）有限公司、河北保定交通运输集团有限公司按照招标要求共同组建成立）。

自容城组团公交项目运营以来，已陆续开通 10 条城市公交线路、7 条城乡公交线路、5 条定制公交线路，初步形成“快线 + 干线 + 支线 + 定制公交”的服务网络，日均服务客流稳步提升，截至目前，已达到约 1.2 万人次 / 日。

公交公司现有纯电动公交车 175 辆，正在运营中的有 125 辆，其中 50 辆正在上牌中，未投入使用，运营公交线路 22 条，其中常规城市公交线路 10 条（301 路：雄安郊野公园 - 白洋淀站；302 路：南文营公交站 - 丹溪公交站；303 路：定安公交站 - 丹溪公交站；306 路：南文营公交站 - 丹溪公交站；310 路：定安公交站 - 阳光国际城；311 内路：白洋淀站 - 白洋淀站；311 外路：白洋淀站 - 白洋淀站；315 路：定安公交站 - 宣武医院；K12 路：定安公交站 - 雄县汽车站；K13 路：丹溪公交站 - 白洋淀游客中心站），城乡公交线路 7 条（361 路：白洋淀站 - 沟市村；362 路：白洋淀站 - 西四庄村；363 路：白洋淀站 - 李郎村；

364 路：南文营公交站 - 东张庄村；365 路：丹溪公交站 - 名剑鞋业；366 路：白洋淀站 - 小北张村；367 路：白洋淀站 - 师庄村），定制班线 5 条（D001 路：午方北 - 容城镇一中；D002 路：午方东 - 容城镇一中；D003 路：午方西 - 容城镇一中；D004 路：西牛村 - 北张中学；D005 路：东牛村 - 容城镇一中）。

2.2.3 安新县线路概况

1. 城市公交

目前安新县城开通 2 条城市公交线路，见表 2-7 和图 2-5，串联居住区、学校、医院等主要出行点，覆盖两条主要客流走廊。

表 2-7 安新县城市公交线路

线路	长度 /km	起点站	终点站	发车间隔 / min	配车 / 标台	车型 /m
601	13	临时停车场	临时停车场	15	10	6~8
602	6.6	临时停车场	安新汽车站	15	6	6~8
合计	19.6	—	—	—	16	—

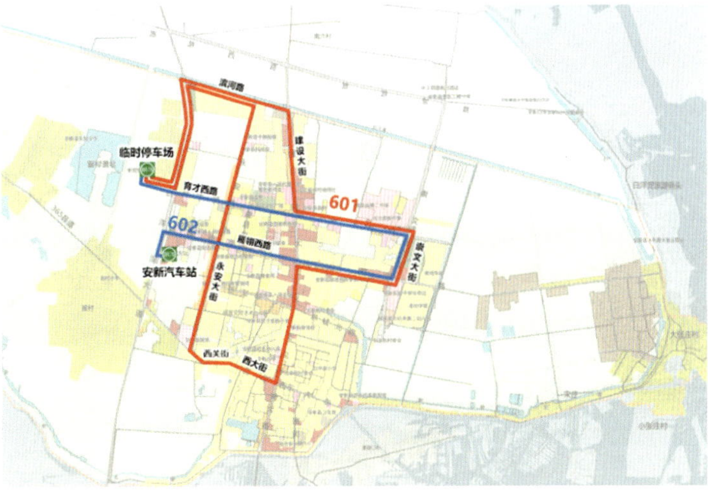

图2-5 安新县城市公交线路

2. 城乡公交

目前安新县开通城乡客运线路 8 条，见表 2-8，合计 42 辆，运营时间为：夏季 6:00—18:30、冬季 6:30—17:30，发车间隔为 20 min/ 趟。

表 2-8　安新县城乡客运线路

<table>
<tr><th>线路类型</th><th>途经站点</th><th>运营时间</th><th>票制票价</th></tr>
<tr><td rowspan="8">城乡客运</td><td>车站—码头</td><td rowspan="8">冬季：6:30—17:30
夏季：6:00—18:30
20 min/ 趟</td><td rowspan="8">2 元</td></tr>
<tr><td>车站—邸庄</td></tr>
<tr><td>车站—东西李庄</td></tr>
<tr><td>车站—龙化</td></tr>
<tr><td>车站—高楼</td></tr>
<tr><td>车站—北冯</td></tr>
<tr><td>车站—任丘</td></tr>
<tr><td>采蒲台—车站</td></tr>
<tr><td rowspan="4">刘李庄镇内公交</td><td>杨庄码头—杨刘庄村—北马庄村—小刘庄—大马庄村—刘李庄—刘李庄小学—派出所—郝庄村—刘李庄卫生院—镇中学—育才花园—淀南公交公司</td><td rowspan="4">—</td><td>—</td></tr>
<tr><td>南冯村—高庄—三义村—刘李庄卫生院—郝庄村—派出所—刘李庄小学—刘李庄—大马庄村—小刘庄—北马庄村—杨刘庄村—杨庄码头</td><td>—</td></tr>
<tr><td>高楼村—小北冯村—镇中学—育才花园—淀南公交公司</td><td>—</td></tr>
<tr><td>菜蒲台—梁庄村—淀南公交公司</td><td>—</td></tr>
</table>

2.3

新区公交起步面临之挑战

2.3.1 “90/80”高目标要求下，关键客流培育阶段如何高起点起步

一方面，《交通强国雄安试点方案》提出，要建成绿色出行示范区，实现绿色交通出行比例达到 90%、公共交通占机动化出行比例达 80%。然而目前国际上仅东京地区公共交通机动化出行可达 80%，可见要实现这一目标难度之大。新区提出了全国绝无仅有的高目标。作为率先启动建设的容城组团如何构建这一高质量的公交系统备受关注，不仅需要站位高、理念新还需要突出落地性、示范性。

另一方面，根据现状容城县城交通出行特征调查结果，容城县机动车保有量 2017—2019 年年均增长率高达 21.9%，目前组团内机动化出行增长迅速，老县城内交通运营状况持续恶化，而市民公交出行意愿较低，公交服务水平较差，导致公共交通全方式分担率仅为 3.2%，见图 2-6。另外，根据新区目前建设进度，近期内轨道交通难以开通运营，这要求常规公交需承担培育和引导近期交通出行需求的艰巨任务，因此在近期关键客流的培育阶段，如何切实提升公共交通服务质量及扩大网络覆盖面，扭转并实现以“公交 + 慢行”为主导的持续发展交通出行结构，成为本次实施方案制定的挑战之一。

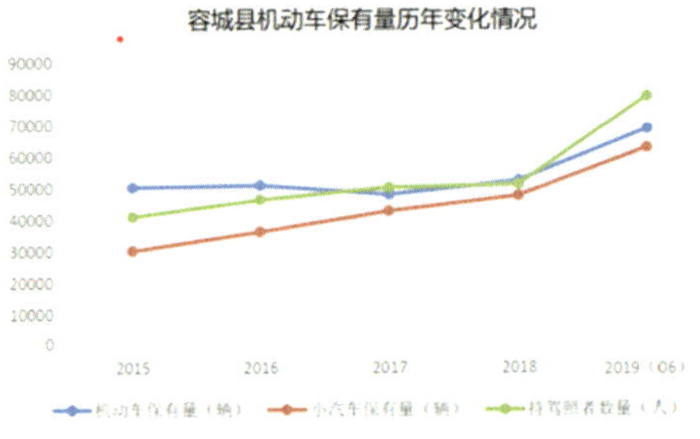

容城县机动车保有量2017年至2019年年均增长21.9%

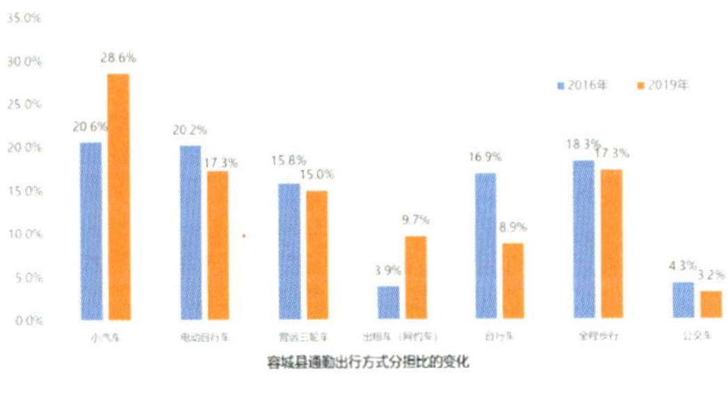

“公交+自行车+步行”　比例快速下降

图2-6　容城机动化保有量及交通出行比例变化示意

2.3.2 面对巨变过程，公交系统如何兼顾服务水平和效率，伴随新区发展高效率成长与建设

根据上位规划对建设时序的要求，新建片区虽是从零起步，但随着新建片区陆续交付，片区不仅内部功能趋于完善，同时支撑和保障起步区、启动区建设的服务功能也将充分显现。可见以雄安速度推进建设下的各组团将一直处于发展阶段不断变化的过程中，尤其是近期三年片区内客流需求变化剧烈。作为直接服务客流的基础设施，公共交通系统必须具有足够的发展弹性才能伴随新区发展高效率成长与建设，同时还需重点兼顾服务水平和运营效率的平衡性。

2.3.3 老县城基础设施水平落后，成为公交一体化发展的主要掣肘

交通运输基础设施是国民经济的基础性、先导性产业，是经济社会发展的基础和必备条件，抓好了可以为发展积蓄能量、增添后劲，而建设滞后则可能成为制约经济发展的“瓶颈”。国内外长期的交通实践表明，提高客运效率，用有限的道路资源承担尽可能多的出行是解决城市交通问题的必由之路。世界上几乎所有的国家和地区在经历了痛苦和曲折之后，都“旗帜鲜明”地选择了优先发展公共交通的道路。

公共交通涉及面广、关注度高，与人民群众生活息息相关。根据现状调查情况，老县城内的基础设施相较于新建片区差距过大，特别是直接影响公交服务网络设计的道路、场站、站台等方面均受到较大限制，成了制约公共交通发展的“瓶颈”问题。

（1）老城内部分道路通行条件差，且缺乏公交路权保障，运营的安全性和速度都难以保障

施划公交专用道是落实公交优先发展战略的重要举措和基本保障。公交专用道让公交车有了专属通行路权，这使公交运行速度和准点率不断提升，公交出行吸引力得到有效改善，同时专用道断面客流量较高，使得有限的道路资源得到了高效利用，对实现公交优先发展，满足市民便捷、绿色、低碳的通行需求，推动城市交通节能减排发挥了积极作用。路权是融合社会制度、交通规则、工程技术、价值观念的综合体现。道路上的交通控制设施，以及道路使用者在道路上的种种行为，都反映出路权概念的存在。

老城内部分道路通行条件差，且缺乏公交路权保障，这使运营的安全性和速度都难以保障，导致公共交通服务水平和吸引力不足。

（2）可用公交场站少，缺乏基本的公交首末站锚固线网

老县城公交枢纽、综合车场建设相对滞后，目前还没有正规的综合车场和公共交通枢纽，公交车辆停车主要依靠租借或司机自行解决，公交枢纽建设缺口较大。这严重影响到公交线网的结构优化和空间布局优化，导致公交车无法停靠，线路过长、环线公交线路较多，大部分公交车辆只能停靠路边过夜。干线网络和支线网络重叠，城乡网络和城区网络难以区分，这也加大了优化线路的难度。

（3）公共交通停车站点分布不均衡

老县城部分道路缺乏公交站台设施，部分道路无人行道，无法设置标准站台，有的地方公交站点设置过少，很多的公交车或出租车只能借用狭小的公共道路暂时停车，这很容易导致交通阻塞。有部分公交站点设置过多、过密或不规范，导致公交车辆进站停车的时候只能占道停车，这也很容易造成路口拥堵，对城市的整体交通影响较大，甚至埋下安全隐患。

老县城相关公交基础设施建设水平的落后，成为公交一体化发展的主要掣肘，因而需要提出相应改建措施，切实保障公共交通系统整体的运营效率及服务水平。

3

CHAPTER 3

第 3 章

三全公交体系建设基石

3.1

公交新区空间规划

3.1.1 发展区位

雄安新区区位优势明显，交通便捷通畅，地质条件稳定，生态环境优良，资源环境承载能力较强，现有开发程度较低，发展空间充裕，具备高起点高标准开发建设的基本条件。

本次新区规划范围包括雄县、容城、安新三县行政辖区（含白洋淀水域），任丘市鄚州镇、苟各庄镇、七间房乡和高阳县龙化乡，规划面积 1 770 km²。选择特定区域作为起步区先行开发，在起步区划出一定范围规划建设启动区，条件成熟后再有序稳步推进中期发展区建设，并划定远期控制区为未来发展预留空间。

容城组团作为雄安新区的“五辅”之一，是与起步区一体化发展的重要组团。《河北雄安新区规划纲要》提出规划形成“一主、五辅、多节点”的新区城乡空间布局。“一主”即起步区，是新区的主城区，由北城、中苑、南淀三大功能部分组成。“五辅”即雄县、容城、安新县城及寨里、昝岗五个外围组团。“多节点”即若干特色小城镇和美丽乡村。容城组团紧临起步区北侧，包含容城县城、容东片区、容西片区三个部分，是雄安新区“五辅”的重要组成部分。

容城组团包括容城县城和容东、容西三个片区。容东片区是雄安新区启动区三个安置区之一，位于容城县城以东、启动区和现状荣乌高速以北、津保铁路以南、张市村以西，规划用地面积 12.7 km²。

3.1.2 功能定位

雄安新区作为北京非首都功能疏解集中承载地，要建设成为京津冀世界级城市群的重要一极、现代化经济体系的新引擎、推动高质量发展的全国样板、高水平社会主义现代化城市。

3.1.2.1 绿色生态宜居新城区

贯彻落实习近平生态文明思想，坚持把绿色作为高质量发展的普遍形态，树牢绿水青山就是金山银山的理念，坚持生态优先、绿色发展，划定生态保护红线、永久基本农田和城镇开发边界，合理确定建设用地规模，完善生态功能，统筹绿色廊道和景观建设，构建蓝绿交织、清新明亮、水城共融、多组团集约紧凑发展的生态城市布局，创造优良人居环境，实现人与自然和谐共生，建设天蓝、地绿、水秀美丽家园。

3.1.2.2 创新驱动发展引领区

坚持把创新作为高质量发展的第一动力，实施创新驱动发展战略，推进以科技创新为核心的全面创新，积极承接京津及国内外创新要素资源，发展高端高新产业，推动产学研深度融合，建设创新发展引领区和综合改革试验区，布局一批国家级创新平台，打造体制机制新高地和京津冀协同创新重要平台，建设现代化经济体系。

3.1.2.3 协调发展示范区

坚持把协调作为高质量发展的内生特点，通过集中承接北京非首都功能疏解，有效缓解北京“大城市病”，发挥对京津冀乃至全国的辐射带动作用，推动城乡、区域、经济社会和资源环境协调发展，提升区域公共服务整体水平，打造要素有序自由流动、主体功能约束有效、基本公共服务均等优质、资源环境可承载的区域协调发展示范区，为建设京津冀世界级城市群提供支撑。

3.1.2.4 开放发展先行区

坚持把开放作为高质量发展的必由之路，顺应经济全球化潮流，积极融入“一带一路”建设，加快政府职能转变，促进投资贸易便利化，形成与国际投资贸易通行规则相衔接的制度创新体系；主动服务北京国际交往中心功能，培育区域开放合作竞争新优势，加强与京津、全国其他区域及世界各国的交流合作，打造扩大开放新高地和对外合作新平台，为提升京津冀开放发展水平作出重要贡献。

容东片区作为雄安新区的首个人口安置区，不仅是雄安新区最先启动建设的组团，更是与雄安主城起步区紧密相连的外围组团。根据《河北雄安新区总体规划》，容东片区所在的容城组团将是与起步区一体化发展的重要组团，与起步区空间协调、设施共享，主要城市交通线路、生态走廊与起步区互联互通。可见容东片区既是雄安新区开发建设的先行区，亦是唯一与起步区协同发展的一体区。

3.1.3　产业及人口

合理控制人口密度，新区规划建设区按 1 万人 /km^2 控制。划定起步区、外围组团、特色小城镇开发边界。起步区集中承接北京非首都功能疏解和人口有序转入，发挥示范带动作用。五个外围组团与起步区共同形成新区的中期发展区，构建功能完善、生态绿色的组团式城市空间格局。规划 20 个左右特色小城镇和 100 个左右美丽乡村，实行分类特色发展，划定特色小城镇开发边界，严禁大规模开发房地产。

承接符合新区定位的北京非首都功能疏解，高起点布局高端高新产业，推进军民深度融合发展，加快改造传统产业，建设实体经济、科技创新、现代金融、人力资源协同发展的现代产业体系。

坚持产城融合、职住均衡和以水定产、以产兴城的原则，采取集中与分散相结合的方式，推动形成起步区、外围组团和特色小城镇协同发展的产业格局。

3.1.3.1　启动区

有效承接北京非首都功能疏解，落户一批龙头骨干企业和企业总部，超前布局一批科技创新和前沿重大产业项目，加快推进高端高新产业基地建设。以国家级创新平台、科研机构集聚，打造全球知名的新一代信息技术创新高地；承接知名企业及跨国公司，打造高端商务功能区；承接金融机构疏解及新设金融总部，建立多层次、全覆盖的金融服务体系，建设国际“金融岛”；布局互联网、生命科学与生物技术、高端服务等产业，支持创新创业，打造自主创新基地。

3.1.3.2　起步区

构建一流的承接平台、基础设施、公共服务，重点承接北京疏解的事业单位、总部企业、金融机构、高等院校、科研院所等功能，重点发展人工智能、信息安全、量子技术、超级计算等尖端技术产业，建设国家医疗中心。

先期建设启动区，协同外围组团，结合城市轴线布局金融机构、总部企业、新一代信息技术、网络技术和互联网产业、数字创意、文化产业，逐步打造国家级的互联网产业、文化产业集聚区；吸引集聚跨国公司和民营企业，打造高端商务区。考虑技术创新、产业迭代的影响，功能安排留有弹性，空间布局适当留白。

3.1.3.3 外围组团

因地制宜布局相关产业，有序拓展发展空间。雄县组团重点建设高端装备、智能制造、新材料、文化旅游等产业功能区。容城组团延伸布局新一代信息技术产业，汇集设计、数字创意高端资源。安新组团布局休闲旅游、文化创意等现代服务业。寨里组团发展现代生命科学与生物产业，建设国家级科研平台，集聚创新资源，打造具有全球影响力的生物产业高地。昝岗组团建设军民融合产业园区，发展新一代信息技术、新材料、医疗健康等产业。

3.1.3.4 周边特色小城镇

因镇制宜，发挥优势，有序承接北京非首都功能疏解，合理布置科研教育、企业总部、高端高新产业等功能，形成各具特色的科教、产业发展格局。北部小城镇以发展高端服务、网络智能、军民融合等产业为主。南部小城镇以发展现代农业、生态环保、生物科技、生命健康、科技金融、文化创意、体育健身等产业为主。规划建设高等教育小镇和智能小镇等。

根据《河北雄安新区容东片区控制性详细规划》，容东片区总面积为 1 270 hm^2，为以生活居住功能为主的宜居宜业、协调融合、绿色智能的综合性功能区。片区内规划人口约 17 万，其中安置人口约 7 万，导入人口约 10 万，就业岗位约 10 万（图 3-1）。

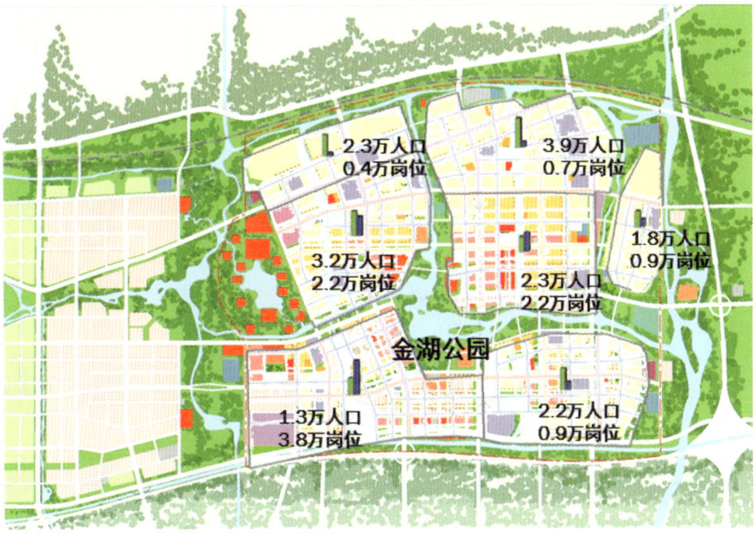

图3-1 容东片区各组团人口就业分布情况

容东片区随形就势，构建“一园四区”的空间结构。“一园”即在片区中心规划建设约 100 hm^2 的金湖公园，围绕公园打造生态与文化相兼容的容东城市客厅；“四区”即依托金湖公园延展蓝绿交织的生态网络，形成四个职能各有侧重的生活居住区和城市功能区。在金湖周边，布局文化休闲和商业服务功能；环绕金湖公园，布局新一代信息技术等高端高新产业功能，建设创新孵化平台，发展汇集数字城市、数字设计、设计创意、软件开发等新型产业；在片区西部，布局商务、商业、金融和旅游配套服务功能，提供现代化的商务、金融和文化旅游服务；在片区东部，建设创业平台和传统产业的设计研发设施。依托四个生活居住区布局公共服务中心，结合社区中心和邻里中心安排商业服务和社会服务功能。在中央生态绿带西侧布置辅助配套服务区。

从容东片区空间结构可见，未来容东片区将形成“十”字形公共设施轴，公共活动集中于此。

围绕金湖公园，逆时针布局了城市客厅—创业产业园—文化服务产业园—商业金融产业园，组团式分布，集约化开发。

沿中央生态绿带东侧构筑了“国际会议中心—商务服务中心—市民服务中心”公共服务轴，见图 3-2。

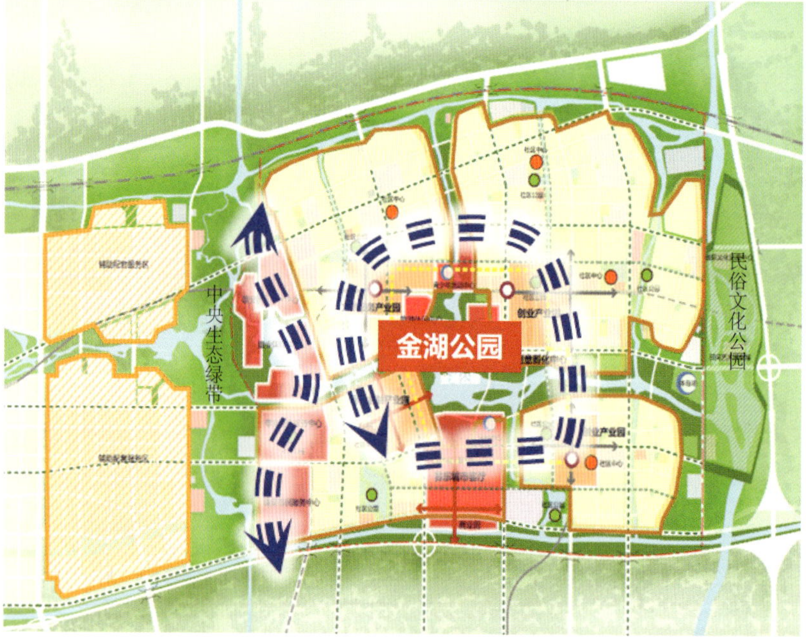

图3-2　容东片区公共空间轴线

3.2 公交需求特征分析

3.2.1 模型构建

本次需求预测模型的构建范围为城市总体规划中确定的雄安新区行政范围，主要包含：起步区、容东、容城、容西、雄县、雄东、安新、寨里、昝岗等组团和片区。规划目标年份为近期 2022 年，远期 2025 年，远景 2035 年。技术路线如图 3-3 所示。

本次预测重点研究范围为雄安新区容东片区城镇开发建设用地范围，规划面积为 12.7 km^2，考虑过境交通对雄安新区容东片区的影响，本次模型预测研究范围与新区总体规划范围一致，包括雄县、容城、安新三县行政辖区，任丘市鄚州镇、苟各庄镇、七间房乡和高阳县龙化乡，规划面积为 1 770 km^2。雄安新区距北京、天津均为 105 km，距石家庄 155 km，距保定 30 km，距北京新机场 55 km，雄安新区目前处于大建设阶段，外来人口较多，因此将北京、石家庄等地划为重点考虑外围区域。

规划道路网络依据《雄安新区综合交通规划》《启动区控制性详细规划》《雄县组团控制性详细规划》《雄东片区控制性详细规划》《容西片区控制性详细规划》《容城片区控制性详细规划》《容东片区控制性详细规划》《雄安站枢纽片区控制性详细规划》等相关规划的道路网络为基础进行路网加密。道路网按快速路、主干路（含二级公路）、次干路（含三级公路）、支路（含四级公路）进行等级划分（图 3-4，图 3-5）。

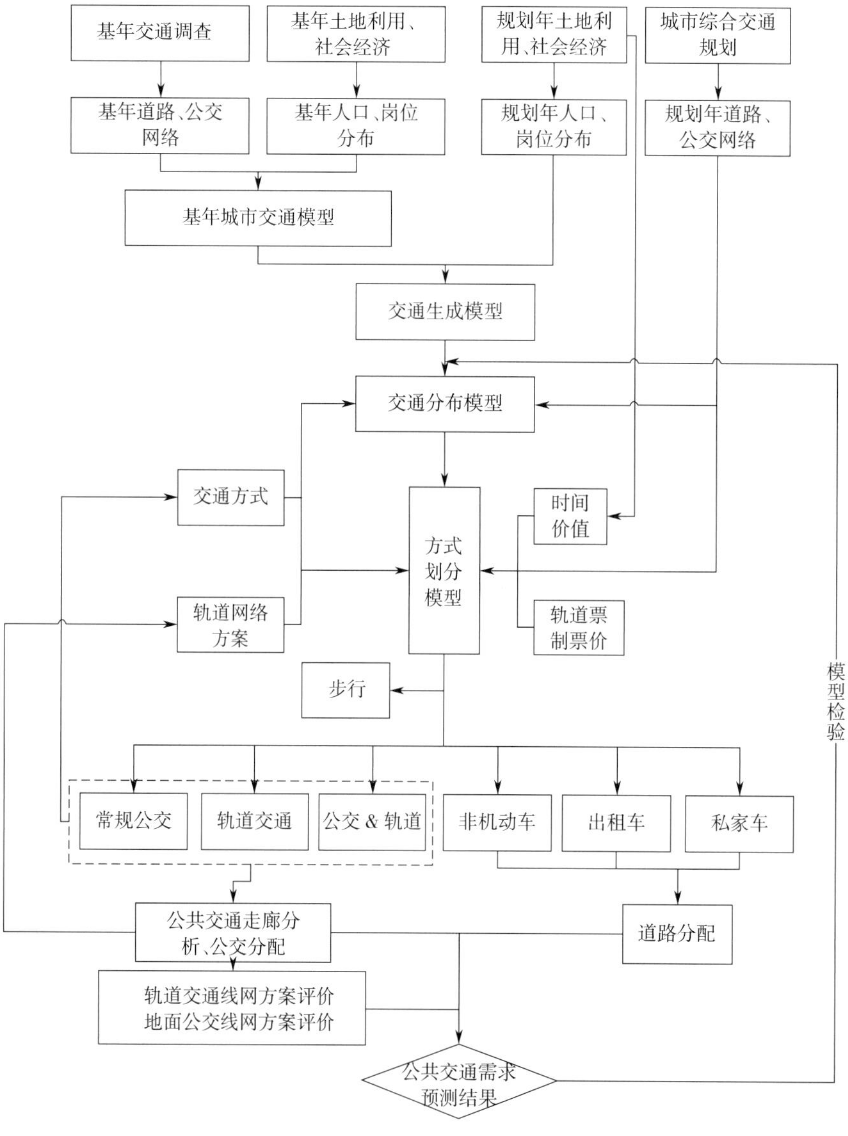

图3-3　公共交通需求预测技术路线

图3-4 规划年新区道路系统

图3-5 规划年容东道路系统

轨道交通作为城市大运量公共交通出行的代表，在应对“城市区域化”“城市交通供需矛盾”等问题时可提供良好的解决方案。应充分发挥轨道交通引导城市空间的作用，引导城市有序发展。

轨道交通网络依据《容东片区综合交通规划》《雄安新区综合交通专项规划》等相关

上位规划编制模型轨道网络，按照网络化、多模式、集约化等相关原则，以起步区和外围组团为重点，设置功能层次分明、运行高效的由城市轨道快线与城市轨道普线两种制式相结合的雄安新区轨道交通系统，并在普通站点和换乘站点添加轨道站点步行连杆和换乘通道连杆，实现轨道网络与地面道路网络以及轨道网络间的可达性（图 3-6）。

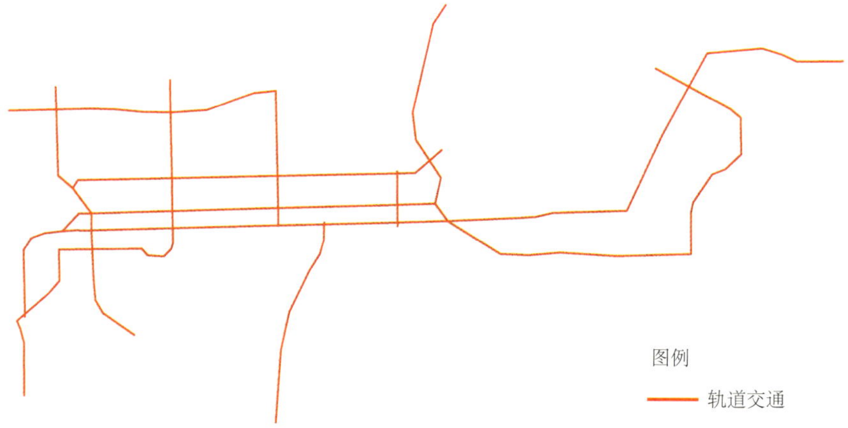

图3-6　规划年雄安新区轨道交通网络模型

由于城市组团功能各异，不同区域的人口经济、居民出行、交通供给等特征均有差异，同时也为了细化交通分析的精细程度，需要将研究范围进行细分。交通小区划分是交通模型构建的核心基础，所有交通数据的分析及校核、模型的标定及应用等都是依托交通小区系统展开的，因此交通小区系统构建的科学性直接决定了上层交通模型应用的精度和有效性。

在划分交通小区时，除了依据主干道、河流等城市天然分隔进行划分的常规原则以外，还必须兼顾与城市用地功能相匹配。为方便分析功能组团的区域交通特征，需要将交通小区进行聚合，形成与城市发展规划、城市管理分区相适应的交通中区。在交通中区的基础上进一步聚合，以城市规划分区、行政分区和天然分割为边界，形成交通大区，以适应片区交通特征分析、交通数据采集和发布的需要。本次客流预测将雄安新区划分为 1 051 个交通小区（图 3-7），并将其合并为 15 个交通大区（图 3-8），重点研究范围为容东片区（图 3-9）。

图3-7 雄安新区交通小区

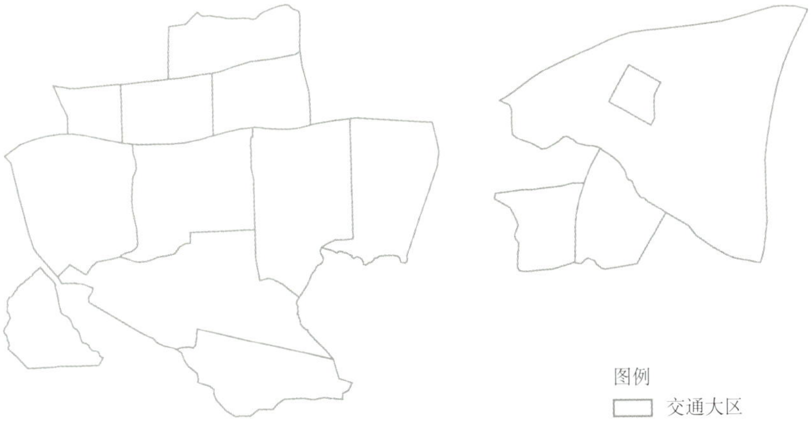

图3-8 雄安新区交通大区

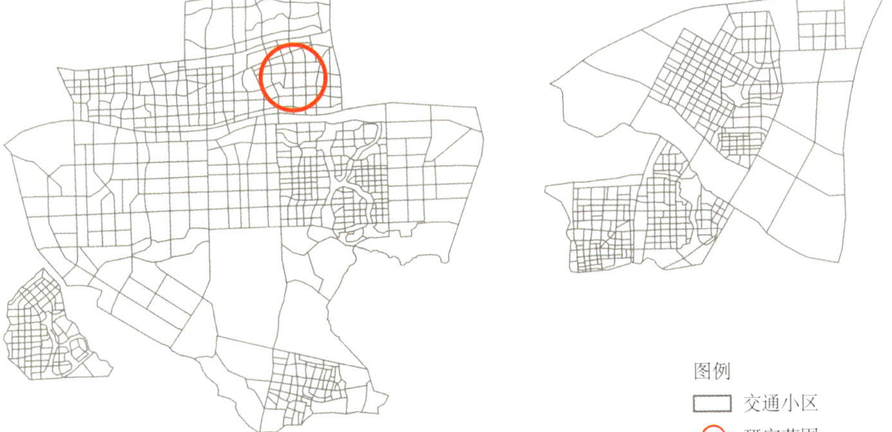

图3-9 重点研究范围位置示意

3.2.2 城市发展趋势预测

3.2.2.1 土地利用

根据雄安新区总体规划要求，雄安新区应在 2035 年布局疏密有度、水城共融的城市空间，分类打造特色小城镇。全面建设美丽乡村，构建机乡融合、功能完善的组团式城乡空间结构，形成“一主五辅、多节点”的新区城乡空间布局。

构建“一主、五辅、多节点”的新区城乡空间布局综合考虑新区定位、发展目标和现状条件，坚持城乡统筹、均衡发展、宜居宜业。规划形成“一主、五辅、多节点”的新区城乡空间布局。

“一主”即起步区，位于容城、安新两县交界区域，是新区的主城区，按组团式布局，先行启动建设，集中承接北京非首都功能疏解和人口有序转入，发挥示范带动作用。

“五辅”即雄县、容城、安新县城及寨里、昝岗五个外围组团，全面提质扩容雄县、容城两个县城，优化调整安新县城，建设寨里、昝岗两个组团，与起步区之间建设生态隔离带。五个外围组团与起步区共同形成新区的中期发展区，构建功能完善、生态绿色的组团式城市空间格局。“多节点”即规划 20 个左右特色小城镇和 100 个左右美丽乡村，实行分类特色发展，划定特色小城镇开发边界，严禁大规模开发房地产。

同时综合考虑地形地貌、水文条件、生态环境等因素，科学布局城市建设组团，形成“北城、中苑、南淀”的总体空间格局。“北城”即充分利用地势较高的北部区域，集中布局五个城市组团，各组团功能相对完整，空间疏密有度，组团之间由林带、水系和湿地隔离：“中苑”即利用地势低洼的中部区域，恢复历史上的大源古淀，结合海绵城市建设，营造湿地与城市和谐共处的特色景观：“南淀”即南部临淀区域，通过对安新县城和淀边村镇改造提升和减量发展，严控临淀建设，利用白洋淀生态资源和燕南长城遗址文化资源，塑造传承文化特色、展现生态景观、保障防洪安全的白洋淀滨水岸线。

在起步区北部，集中布局高等院校、科研院所和新一代信息技术、现代生命科学、新材料等高端高新产业，建设重大科学基础设施集群和具有领先水平的综合性科学研究实验基地：依托国家实验室、国家重点实验室、工程研究中心等国家级创新平台，形成新区科技研发创新的重点区域。

在起步区中部，建设区域性资本集聚中心、财富管理中心和金融创新中心，集聚企业总部，有效助力京津冀参与全球产业链、价值链重组。引入银行、证券、信托、保险、基金、租赁等金融业态，推进金融科技发展，引导新技术在普惠金融、证券交易、金融监管等领域先行先试，发展总部商务、设计、咨询、电子商务等商务服务业，建设国际水准的总部基地。

在起步区南部，建设宜居宜业的生态型单元空间，着力发展生态型创新产业。承接和建设批创新型企业和服务平台，发展创意设计、高端影视、内容服务等文化产业，建设科技创新产业基地。

划定各组团城镇开发边界，严格保护各组团和起步区之间的生态空间和农业空间。坚持产城融合，依法整治违法建设，严禁大规模房地产开发。雄县组团规划建设用地 22 km^2，容城组团规划建设用地 28 km^2，安新组团规划建设用地 8 km^2，寨里组团规划建设用地 12 km^2，昝岗组团规划建设用地 30 km^2，土地利用情况如图 3-10 所示。

高标准建设雄东片区，配套完备公共服务设施，提供充足的就业岗位，保障高铁枢纽周边居民的搬迁安居。加强县城更新，提升城市功能：保护古城历史格局，修复历史街巷，彰显人文气息和古城韵味。修复大清河生态环境，塑造新盖房分洪道景观带。

容东片区规划城市建设用地 970 hm^2，居住用地（R）300.82 hm^2，占规划用地的 23.69%；公共管理与服务设施用地（A）95.45 hm^2，占规划用地 7.52%；商业服务业用地（B）98.11 hm^2，占规划用地的 7.73%；综合用地（F）117.08 hm^2，占规划用地的 9.22%；交通运输用地（S）251.46 hm^2，占规划用地的 19.80%；公用设施用地（U）14.51 hm^2，占规划用地的 1.14%；公园绿地（G）392.57 hm^2，占规划用地的 30.91%，详情如图 3-11、图 3-12 所示。

图3-10 雄安新区土地利用规划

图3-11　容东片区土地利用规划

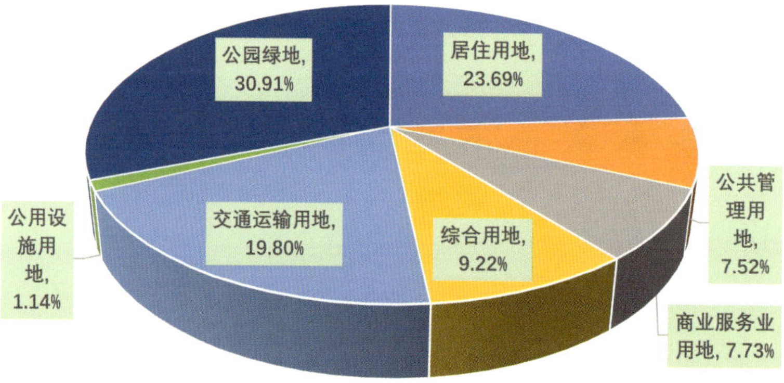

图3-12　容东用地类型占比

3.2.2.2　人口规模

根据《雄安新区起步区控制性规划》《雄东片区控制性详细规划》《容东片区控制性详细规划》《容西片区控制性详细规划》《枢纽站片区控制性详细规划》等规划预测规划年雄安新区人口密度，如图 3-13 所示，其中容东片区与雄安新区启动区等组团人口密度较高。容东片区是以生活居住功能为主的宜居宜业、协调融合、绿色智能的综合性功能区，容东北部为当地人口导入片区，居住人口较为集中。

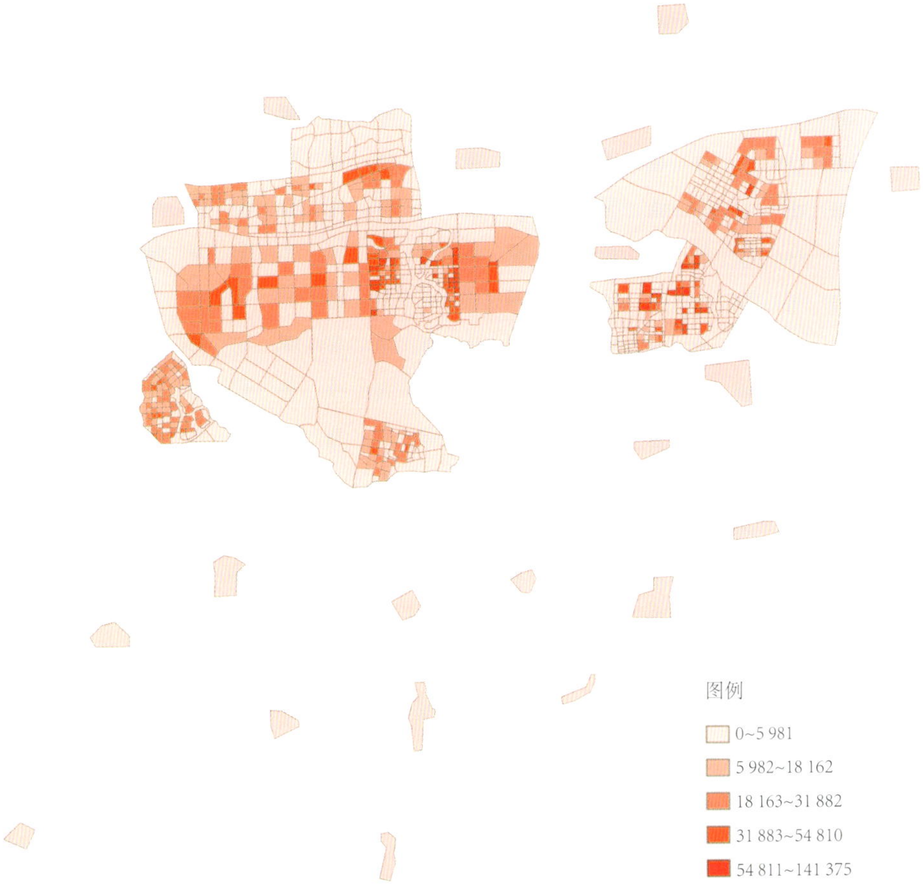

图3-13 规划年新区人口密度

容东片区将安置包括启动区、容东片区、起步区内石雄城际铁路沿线三部分的现状人口，共计 36 个村庄、约 7 万人口，其中，启动区涉及 17 个村庄，安置人口 3.33 万，包括容城县 7 个村庄、1.29 万安置人口和安新县 10 个村庄、2.04 万安置人口；容东片区 11 个村庄，1.75 万安置人口；起步区内石雄城际铁路沿线 8 个村庄，1.92 万安置人口。

根据容东片区人口和就业发展定位，近期安置人口 7 万，并有部分外来导入人口，近期发展目标基本实现职住平衡。远期，容东片区外来导入人口约 10 万，人口总规模 17 万。根据容东片区建设实施计划及人口导入计划，容东片区近期、远期及远景年新增人口如表 3-1 所示。

表 3-1 容东规划人口预测

单位：万人

行政区	2022 年人口	2025 年人口	2035 年人口
容东	9	12	17

根据规划用地情况将容东片区分为 7 个控制单元，分别为 A、B、C、D、E、F、G。对各单元控制人口按照交通小区进行划分，得到容东片区交通小区人口密度（图 3-14），可以看出容东片区居住人口主要分布在北侧安置房片区。

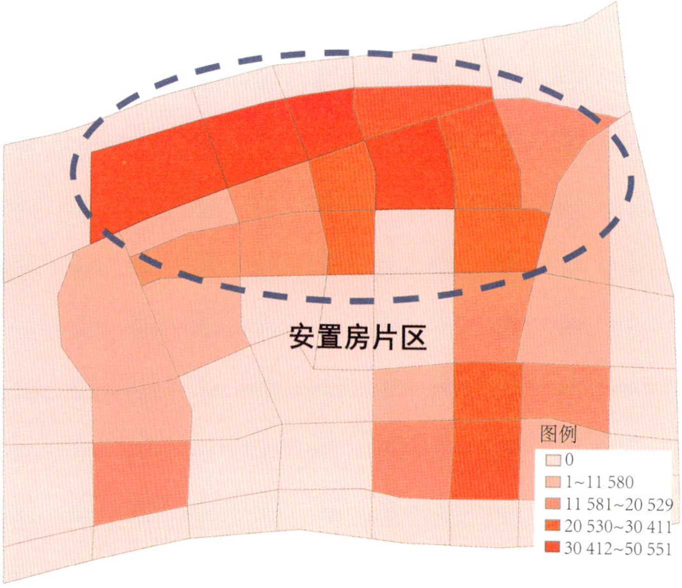

图3-14　容东交通小区人口密度

3.2.2.3　就业岗位

根据《雄安新区起步区控制性规划》《雄东片区控制性详细规划》《容东片区控制性详细规划》《容西片区控制性详细规划》《枢纽站片区控制性详细规划》等规划预测规划年雄安新区岗位密度如图 3-15 所示。

雄安新区起步区为工作岗位密集地区，具有多元城市生活、服务功能。约 75%~80% 工作岗位与起步区的居住人口实现职住平衡，约 20% 的工作岗位吸引周边组图的居住人口。容东片区内部提供就业岗位不能满足全部居住人口需求，可判断容东片区与雄安起步区的职住具有一定的互补性，容东片区部分就业人口将在起步区就业，与起步区通勤交通联系紧密。

容东片区具有完善公共服务设施配套和一定的产业功能，规划就业岗位约 10 万个，围绕金湖公园集中于“十”字形的公共设施轴中。各单元人口、岗位明细如图 3-16 所示。

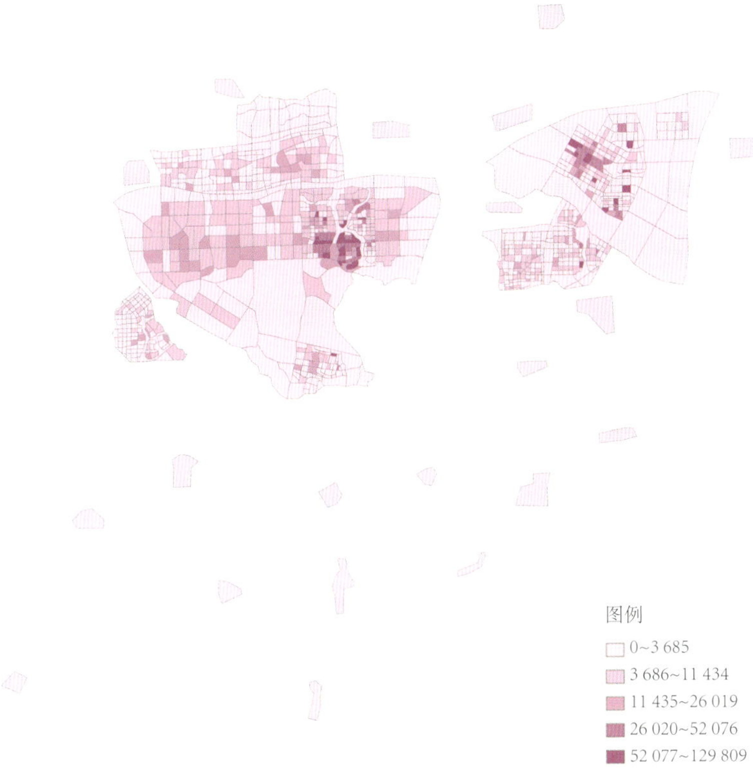

图3-15 规划年雄新区岗位密度

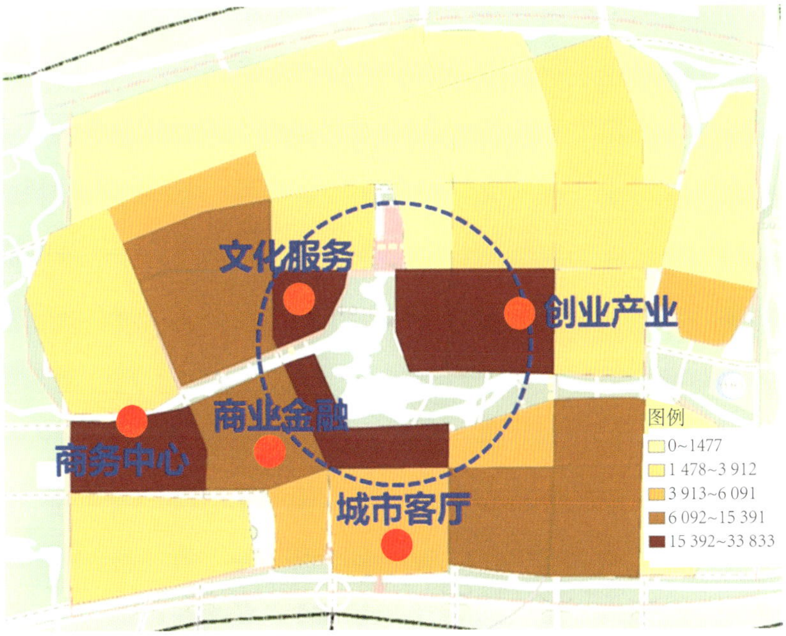

图3-16 容东交通小区岗位密度

3.2.3 城市交通出行预测

3.2.3.1 出行生成预测

出行生成预测包括出行发生量预测和出行吸引量预测。

1. 出行发生量预测

出行发生量预测采用交叉分类中的产生率法，按不同出行目的确定各交叉类别的出行次数（次 / 人 • 日）。

$$P_i = \sum_k R_{ik} T_{ik}$$

式中：

P_i 一交通小区 i 的出行产生量；

R_{ik} 一交通小区 i 出行目的 k 的出行率；

T_{ik} 一交通小区 i 出行目的 k 的人口数。

2. 出行吸引量预测

出行吸引量预测采用吸引率法，建立吸引量与人口、就业岗位间的线性关系。

$$A_j = \alpha \cdot T_j + \sum_k \beta_k \cdot E_{jk}$$

式中：

A_j 一交通小区 j 的出行吸引量；

T_j 一交通小区 j 的人口数；

E_{jk} 一交通小区 j 岗位 k 的数量；

α，β_k 一关联系数。

除了按上述公式之外还对具有特殊活跃性的地区（商业吸引力特别强的地区，如国际酒店、会议中心等地）考虑加入特殊的核心地区系数。

3.2.3.2 出行率

人均出行次数是衡量城市交通出行强度的重要指标，也是确定出行总量规模的重要因素，主要与城市用地性质、社会经济活动强度、人口年龄结构、交通工具拥有情况、就业等因素有关，并随着人民生活水平提高有所增加。同时，城市的人均出行次数是一个相对稳定的数值，随时间变化的发展变化比较缓慢。

比照国内外类似城市，常住人口的日平均出行次数大多为 2.3~2.8 次，流动人口的日平均出行次数为 3.0~3.5 次。

考虑今后城市发展趋势、与国内外城市类比分析，出行目的构成分析，基于家的工作出行率基本保持不变，基于家的其他出行率有较快增长，而非基于家的出行率有较快增长。远期容东片区常住人口人均出行率推荐采用 2.8 次 / 日，流动人口日均出行次数取 3.5 次 / 日（表 3-2），不同人群平均出行率如表 3-3 所示。

表 3-2　容东片区居民出行产生率

单位：次 / 日

2022 年	2025 年	2035 年
2.60	2.66	2.80

表 3-3　规划年容东片区人员平均出行率

单位：次 / 日

人口分类	年龄	HBW（基于家工作出行）	HBS（基于家上学出行）	HBShop（基于家购物出行）	HBO（基于家其他出行）	NHB（非基于家出行）
有车人口	0~6 岁	0.00	0.00	0.00	0.00	0.00
	6~19 岁	0.10	1.60	0.16	0.14	0.19
	20~39 岁	1.64	0.04	0.45	0.40	0.33
	40~59 岁	1.74	0.00	0.48	0.42	0.35
	60~79 岁	0.25	0.00	0.97	0.86	0.21
	80 岁以上	0.02	0.00	0.53	0.47	0.10
无车人口	0~6 岁	0.00	0.00	0.00	0.00	0.00
	6~19 岁	0.10	1.58	0.12	0.11	0.18
	20~39 岁	1.54	0.03	0.44	0.39	0.27
	40~59 岁	1.63	0.00	0.46	0.41	0.29
	60~79 岁	0.21	0.00	0.91	0.81	0.21
	80 岁以上	0.02	0.00	0.53	0.47	0.10

3.2.3.3 出行量

根据交通生成预测模型预测得到规划年容东片区出行总量 56.4 万人次 / 日（表 3-4）。北侧居住区出行产生量大，南侧岗位密集区出行吸引量大（图 3-17）。

表 3-4 容东片区常住人口出行量（2035 年）

	人口规模 / 万人	出行总量 / （万人次 / 日）	出行率 / （次 / 日）
常住人口	17	47.6	2.8
流动人口	2.5	8.8	3.5
合计	19.5	56.4	2.89

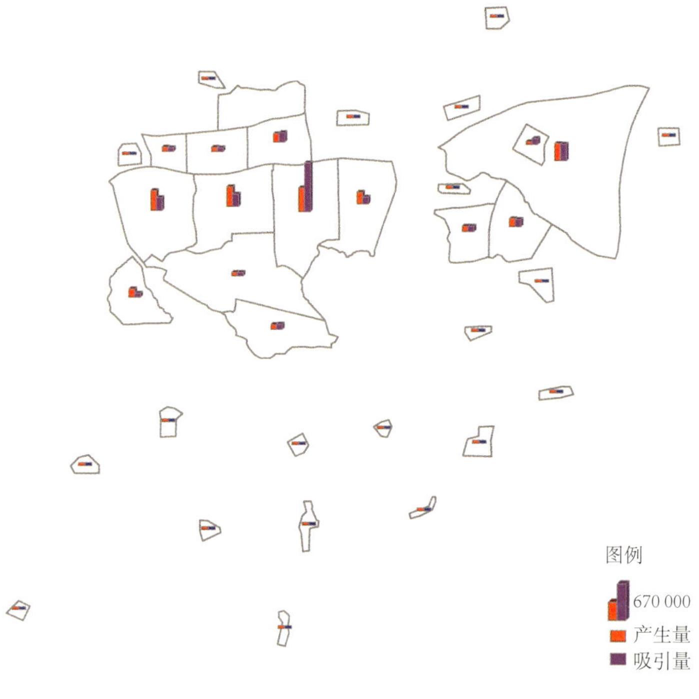

图3-17 雄安新区交通大区出行产生吸引量分布

3.2.3.4 出行分布预测

本次规划预测模型采用国际通用的重力模型法。新区交换量最大的片区为起步区与启动区之间的客流需求（图 3-18）。从容东片区出行特征分析，容东片区跨区出行占比 55%，其中与启动区联系最强，占总出行量的 32.2%，其次容城县为 14.1%；容东片区内部出行占比 45%，主要集中在重要集散点之间出行（图 3-19）。

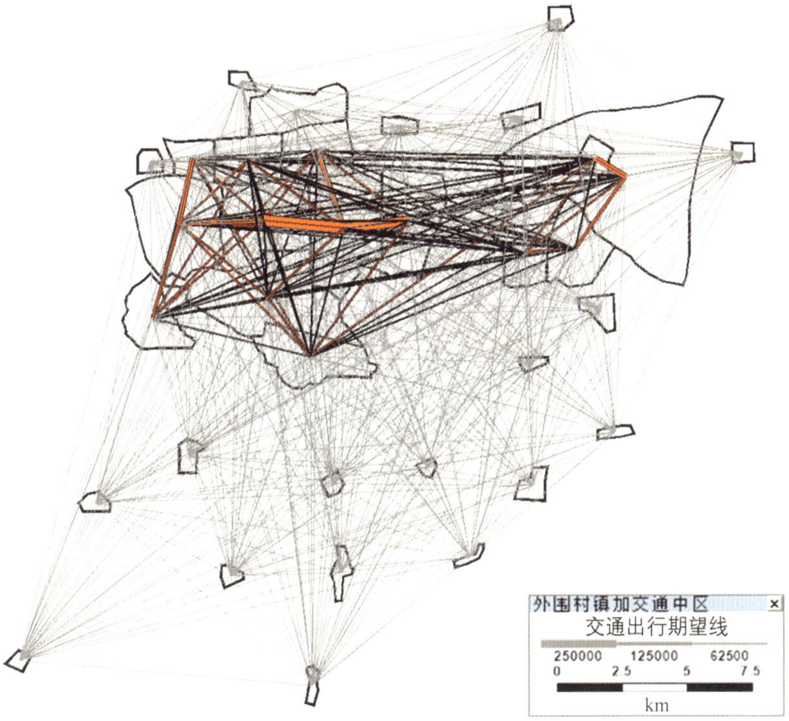

图3-18 新区交通大区出行期望线分布

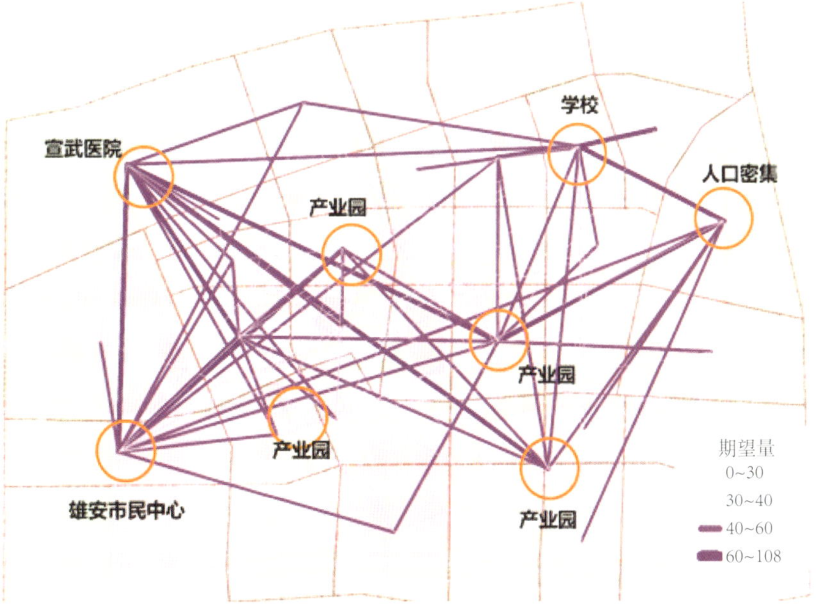

图3-19 容东片区内部出行期望线分布

整体平均出行距离为 6.4 km，主要集中在 3~12 km 之间。由于新区各组团功能分布各不相同，组团之间的交换量较大，出行距离整体偏长。

3.2.3.5 出行方式划分

打造便捷、安全、绿色、智能交通体系，是规划建设雄安新区的明确要求。远期规划构建以“公交 + 慢行”为主导，层次丰富的绿色出行系统，实现绿色交通出行比例达到 90%、公共交通占机动化出行比例达到 80% 的目标。其中，50% 左右为步行与非机动车出行，40% 左右为多元公交出行，私人小汽车出行不超过 10%（表 3-5）。内部出行需求采用“步行 + 自行车 + 公交”方式；对外出行采用“轨道交通 + 快速公交”方式；构建不以服务小汽车为主的道路交通系统。

此目标的实现需要构建多方式协调的公共交通客运服务系统，确立公共交通的主体地位，提供多种交通方式便捷换乘的政策及设施支持。因此，达到城市综合交通规划目标，提高城市公共交通服务水平，应进一步加强交通需求管理。

1. 方式划分步骤

出行方式分为：慢行、公共交通（含轨道）、小汽车。

宏观控制：通过估算各种交通方式的运能，确定各种交通方式所承担的出行比重，用来控制各种方式的出行总量。

微观划分：具体计算在不同交通条件和出行距离等情况下小区间各种出行方式的比重。

2. 居民出行方式划分

在满足宏观方式结构的前提下，采用定性与定量相结合的方法：对慢行、小汽车和公共交通则采用三方式竞争模型法确定。

竞争模型法的基本思路是，分别建立慢行和公共交通（含轨道）和小汽车的道路网络，得到三类方式的时间最短路矩阵，并考虑到公交的换乘时间、两端步行时间和票价，统一换算为价值，然后采用改进的 Logit 模型来确定：

$$P_{ij}^{k}=\frac{e^{-\theta \cdot C_{ij}^{k}/C_{ij}}}{\sum_{m=1}^{3}e^{-\theta \cdot C_{ij}^{m}/C_{ij}}}$$

式中：

P_{ij}^{k} 一交通小区 i，j 间 k 方式的出行比例；

C_{ij} 一交通小区 i，j 间的平均出行费用；

C_{ij}^{k} 一交通小区 i，j 间 k 方式的出行费用；

θ 一待定参数。

表 3-5　雄安新区全日居民出行方式结构

出行方式	2035 年
慢行交通	50%
公共交通	40%
私家车	10%

3.2.3.6　公共交通预测

规划年（2035 年）容东片区常住人口 17 万，全方式出行量 56.4 万人次 / 日，公共交通出行量 22.6 万人次 / 日，占全方式比重 40%。其中地面公交出行量为 14.7 万人次 / 日，占公共交通总出行量的 65%，高峰小时地面公交出行量为 2.2 万人次 / 日（表 3-6）。

表 3-6　容东片区公共交通出行量预测

指标	数值	备注
容东片区常住总人口（万人）	17	—
容东片区流动总人口（万人）	2.5	占常住总人口比重为 15%
就业岗位数（万人）	9~10	—
常住人口总出行量（万人次 / 日）	47.6	人均出行次数为 2.8
流动人口总出行量（万人次 / 日）	8.8	人均出行次数为 3.5
公交总出行量（万人次 / 日）	22.6	公交分担率为 40%
地面公交出行总量（万人次 / 日）	14.7	地面公交分担率为 65%，轨道交通分担率为 35%
高峰小时地面公交出行量（万人次 / 日）	2.2	占全天地面公交的 15%

3.2.3.7 交通分配

1. 道路交通量分配

机动车分配路网采用规划路网，其中容东片区内部采用《容东控制性详细规划》划定路网；容东片区以外片区、乡镇所涉及规划路网采用《雄安新区综合交通专项规划》路网。通过分级路网上车辆行驶速度和道路网络密度空间分布的模拟，更真实地体现小区之间由于道路资源的差异而体现出来出行时间上的差别。

道路交通量分配方法即采用 U-E 均衡分配模型（User Equilibrium）对远期高峰小时机动车 OD 矩阵进行交通分配，并对对外车流和过境车流限制其行驶路径，采用多模式分配的方法。机动车分配结果如图 3-20 所示。

图3-20　2035年道路交通分配

2. 公共交通廊道分析

研究城市客流走廊，主要是研究未来年份城市客流主要通道，这些通道往往是迫切需要大运量的轨道交通来完成客流的快速集散，因此轨道交通的线路位置与客流实际需求关系密切，只有尽可能地将轨道交通布设在客流主通道上，让大容量的快速轨道交通承担起客流主要集散功能，才能真正发挥轨道交通的主体作用，缓解城市地面交通拥堵。

在线路未知的情况下，或者在对既有规划线网进行优化的情况下，对客流走廊进行分析都是很有必要的，只有合理把握未来年份城市的客流走廊，才能明确布线原则以及调整优化的策略。

远景年预测雄安新区公共交通客流走廊为三横三纵式布局，三纵主要为起步区与容东、昝岗、寨里等组团的客流交换，三横主要为起步区五组团之间客流交换所形成（图 3-21）。

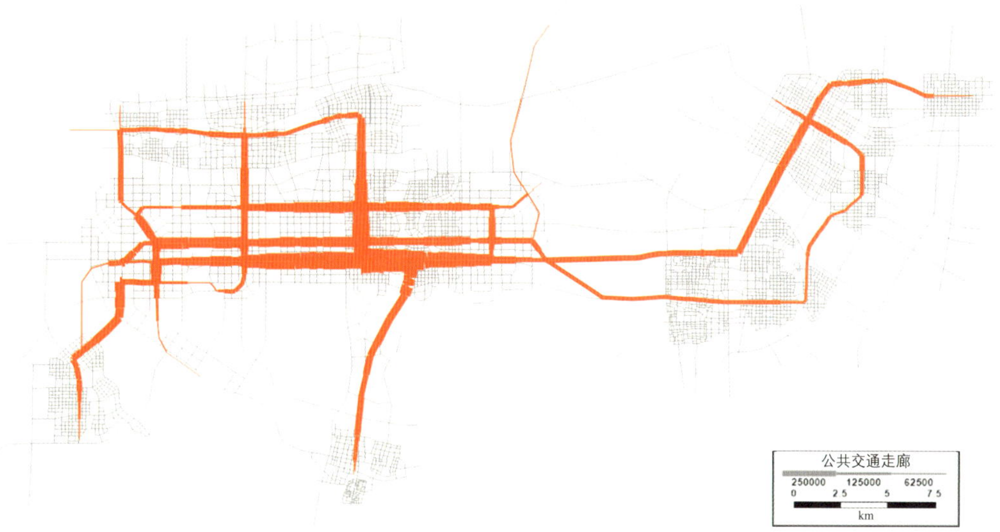

图3-21 远景年公共交通走廊

3.3
三全公交基础条件

3.3.1　综合立体的对外交通系统

3.3.1.1　畅通的对外综合交通网络

优化完善区域高速铁路、城际铁路、高速公路网，高效接驳区域综合交通枢纽，推动联通内河航道，构建“四纵两横”区域高速铁路网络（“四纵”为京广高铁、京港台高铁京雄—雄商段、京雄—石雄城际、新区至北京大兴国际机场快线，“两横”为津保铁路、津雄城际—京昆高铁忻雄段）、“四纵三横”区域高速公路网络（“四纵”为京港澳高速、大广高速、京雄高速（含北京大兴国际机场北线高速支线）、北京大兴国际机场至德州高速，“三横”为荣乌高速新线、津雄高速、津石高速），形成多节点、网络化的综合交通体系。

1. 高速铁路

利用现状线路、优化规划线路、合理预留线路通道，构建区域“四纵两横”高速铁路交通网络。“四纵”为京广高铁、京港台高铁京雄—雄商段、京雄—石雄城际、新区至北京新机场快线，“两横”为津保铁路、津雄城际—京昆高铁忻雄段。“四纵两横”区域高速铁路交通网络的构建将助力新区实现高效融入“轨道上的京津冀”，20 min 到北京新机场，30 min 到北京、天津，60 min 到石家庄（图 3-22）。

2. 高速公路

加快推进京雄高速公路、荣乌高速公路新线、津石高速公路、北京大兴国际机场至德州高速公路建设。利用既有线路，优化调整穿越新区路段，补充加强重点通道能力，合理规划新增线路，形成“四纵三横”高速公路网，加强新区与天津港、黄骅港交通联系，畅通新区出海通道（图 3-23）。

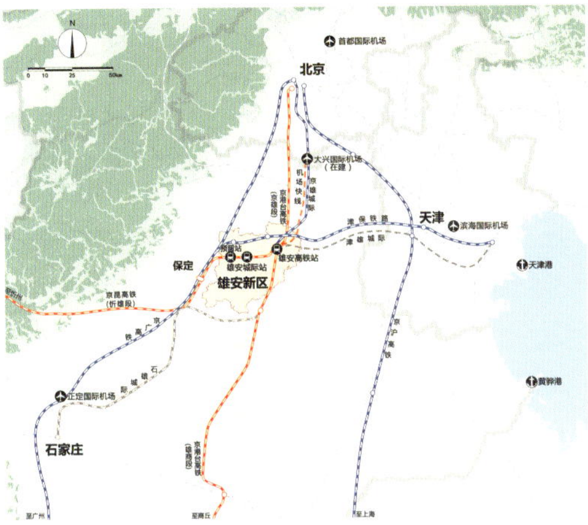

图3-22 雄安新区高速铁路网络

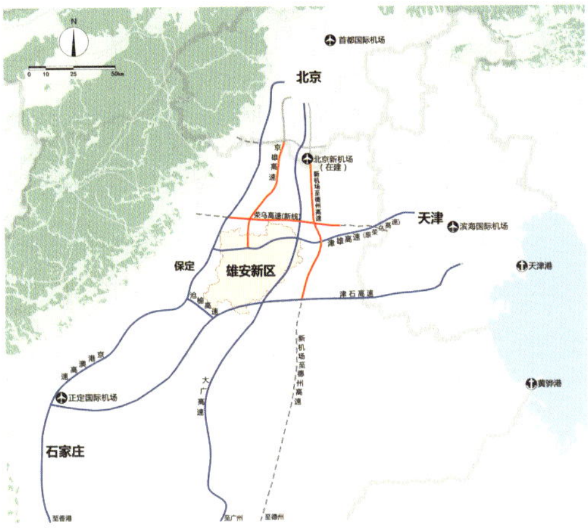

图3-23 雄安新区高速公路规划

3. 周边骨干公路

通过外绕、改建穿越新区的国道 G336、G230、G112、G106、省道 S322 等公路，分流过境交通，形成骨干公路外环和对外放射型公路网。促进高速公路和城市快速路、区内其他道路在规划布局、技术标准、交通转换等方面相衔接，避免形成瓶颈路段和拥堵点。

1）新区北向公路联系。新建省道 S227（含定兴机场联络线），改建国道 G230（北京至白沟段）、省道 S225（固安至新区段），与省道 S322（廊坊至新区段）、容固路等形成新区北向骨干公路，实现新区与北京、高碑店、定兴、廊坊、固安等快速连通。

2）新区东向公路联系。新建津雄干线公路、省道 S326（新区至文安段）和 S327（新区至文安段），改建原国道 G336（新区至文安段），与现状国道 G112 等形成新区东向骨干公路，实现新区与天津、文安、霸州等快速连通。

3）新区南向公路联系。新建津石高速连接线，改建原国道 G230（新区至高阳段），与现状国道 Gl06（新区至任丘段）等形成新区南向骨干公路，实现新区与高阳、任丘等快速连通。

4）新区西向公路联系。新建省道 S106（容城至易县段）、S326（安新至大册营段）、S524（新区至保定段）、新区至徐水公路，改建省道 S322（新区至保定城区段）、原国道 G336（新区至保定城区段），与现状白洋淀大道等形成新区西向骨干公路，实现新区与保定、徐水、满城等快速连通。

3.3.1.2 布局合理的综合交通枢纽

依托高速铁路、城际铁路站点，强化路网对接和多种交通方式衔接。雄安高铁站枢纽布局在昝岗组团，依托国家高速铁路网，便捷联系全国；雄安城际站枢纽布局在启动区，实现与京津冀核心城市直连直通；在起步区西部预留小里站。白洋淀站、白沟站依托既有线路，服务新区北部外围组团，兼顾货运物流。推进雄安高铁站与周边城市空间紧密融合，枢纽功能与城市功能互联互通，站城一体开发，运输服务衔接，最大限度地减少旅客换乘距离；积极创新候车模式，提高乘车效率和出行体验，引进旅客自助进站、站台电子地标、站内导航、安检互认等智能车站系统，着力打造智能车站典范。

1. 打造雄安高铁站对外综合交通枢纽

雄安高铁站是新区重要的高铁门户车站和新区高铁、城际线路的组织中心，远期集高速铁路、城际铁路、公路客运、旅游大巴、城市轨道交通、城市公交等多种方式于一体，打造集约布置对外多种交通方式，内外交通衔接转换顺畅的综合交通枢纽。枢纽内各类设施统一规划设计，按照实际需求逐步投入使用。线路引入京港台高铁、京雄—石雄城际、津雄城际—京昆高铁忻雄段、津保铁路联络线、新区至北京大兴国际机场快线等多条线路，同时为城市轨道交通预留接入条件，便捷联系起步区、雄县及周边组团。（图 3-24、图 3-25）

依托国家高速铁路网，雄安高铁站实现新区与山东半岛、中原、辽中南城市群主要城市济南、郑州、沈阳高铁约 3 h 可达，与长三角、关中、长江中游城市群主要城市上海、南京、杭州、武汉、西安等高铁 3~5 h 可达，形成新区便捷联系全国的对外轨道交通格局。

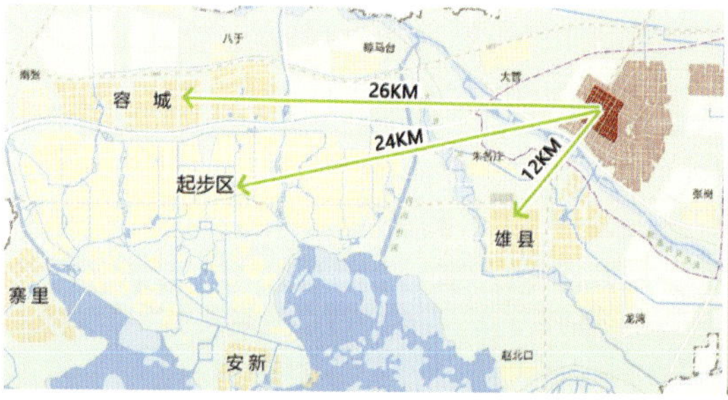

图3-24 雄安站枢纽区位

图3-25 雄安站枢纽候车区

2. 打造雄安城际站、预留小里站“站城一体”交通枢纽

规划石雄城际起步区段沿东西轴线地下敷设，于启动区设雄安城际站、第一组团设预留小里站，是起步区面向京津冀主要城市的对外交通服务中心。雄安城际站、预留小里站与城市组团中心耦合布局，站城一体开发，集合高铁城际、城市轨道、城市航站楼、旅游大巴、城市公交、慢行交通等交通方式，打造绿色交通方式主导的城市综合交通枢纽。（图 3-26、图 3-27）

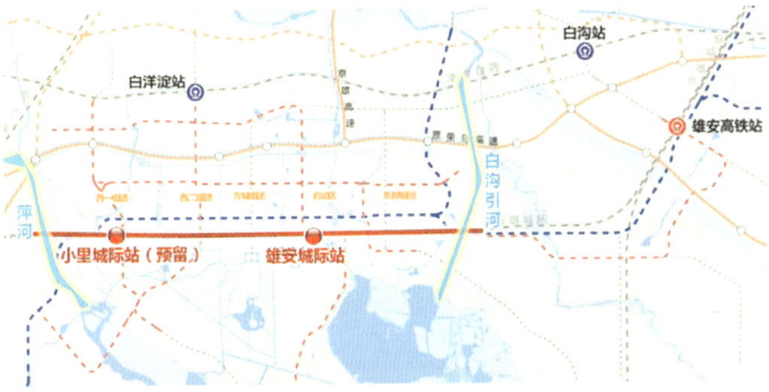

图3-26 雄安城际站、预留小里站区位

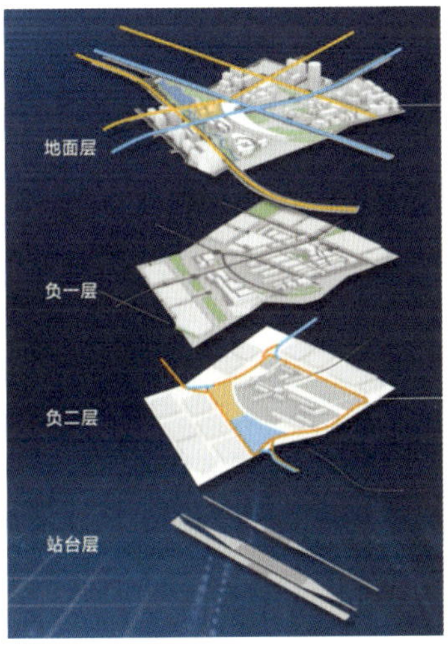

图3-27 城际站分层组织思路

3. 合理改建白洋淀站和白沟站交通枢纽

根据需要预留建设综合交通枢纽的条件，依托既有铁路线，考虑未来提供长途客运、外来车辆接驳换乘、城市交通服务、货运物流中转等功能，将白洋淀站和白沟站打造成为服务新区北部外围组团的枢纽节点（图 3-28、图 3-29）。

图3-28　白洋淀站枢纽现状

图3-29　白沟站枢纽现状

3.3.2　便捷高效的新区交通系统

3.3.2.1　功能层次分明的城市轨道交通线网

以起步区和外围组团为重点，规划建设功能层次分明、运行高效的城市轨道交通，通过打造“一主多支”快线网、4 条轨道交通普线网，强化起步区与外围组团、城镇的便捷联系（图 3-30）。

1. 布局“一主多支”轨道快线

规划“一主多支”城市轨道交通快线，支撑新区东西向城镇发展走廊，承担起步区与外围组团间长距离出行，实现起步区与保定、徐水、白沟、霸州等周边城镇及北京大兴国际机场的快速直达联系。轨道快线按大站快车模式设计运行，设计时速 120 km 以上（图 3-31）。

一条主线，利用新区至北京大兴国际机场快线，在起步区内东西向串联五组团，向东经雄县组团、雄安高铁站至北京大兴国际机场，实现起步区快速联系外围组团和区域重大枢纽，和北京大兴国际机场快线贯通运行；向西经寨里组团、减村镇至保定东站，并预留与保定规划的城市轨道交通衔接条件。多条支线，分别联系徐水、白沟和霸州等组团，提高新区对周边腹地的辐射带动能力。

图3-30 雄安新区城市轨道交通网络

图3-31 R1快线走向示意

2. 布局网络化的轨道普线

规划预留的 4 条城市轨道交通普线，远景形成网络化运行的轨道交通系统。轨道普线 M1 沿东西轴布局，串联沿线各组团功能中心、城际枢纽并延伸至高铁站，与轨道快线共同构成起步区和昝岗、雄县之间的东西向骨干公交走廊。轨道普线 M2 经容城组团，贯通第四组团，串联城际站、金融岛向南延伸至安新组团，承担启动区南北向公交功能，支撑企业总部区、金融岛等功能中心区域的发展。轨道普线 M3 南北贯通第一组团，衔接城际预留小里站、创新岛和北部科研基地，向东服务起步区北部发展带东西向出行需求，M3 支线联系起步区北部发展带和第五组团东部。轨道普线 M4 起自白洋淀站，南北贯通第二组团，连接第一组团、寨里组团，服务起步区西部与容城、寨里组团间的南北向出行需求，提高起步区对周边组团的辐射带动能力。

3.3.2.2 级配合理、功能完善的城市道路系统

按城市快速路、组团连接道路、单元集散道路三种类型布局起步区城市干路，作为城市机动化出行的主要通道，支撑起步区城市空间格局，应对不同场景下交通需求。通过尺度宜人的城市街道，形成开放的充满活力的城市街区，畅通城市交通微循环。以服务人为中心设计城市街道，满足交通出行需求，促进社会交往，构建小街区、密路网的路网体系，将起步区整体路网密度控制在 10~15 km/km^2。

1.“一横两纵”城市快速路系统

外迁荣乌高速新区段，改造原线位为东西向城市快速路，承担起步区东西向对外交通联系。通过外迁形成新区公路外环，分流过境交通。新增雄县、昝岗方向快速路连接线，并预留向北延伸接入京雄高速条件，形成与起步区、容城等组团的快速联系通道。新增至保定市区快速路连接线，强化与保定的便捷联系，共同形成“一横两纵”快速路系统。结合新区北侧发展备用地预留东西向快速路通道，支撑远景空间拓展。

2.“四横十二纵”组团连接道路

起步区规划“四横十二纵”组团连接道路，服务起步区内跨组团中长距离机动化出行，向外延伸与周边组团干路网联通，形成“1+5”组团之间统筹布局、联系高效的整体干路网系统，是起步区城市道路的主干路系统（图 3-32）。

“四横”沿城市东西向发展轴带边缘布局，形成四条东西向贯通干路，同时衔接东西方向对外道路。北侧干路沿起步区北侧边缘布局，以交通功能为主；中央两条干路分别沿北部创新产业带中心和东西轴线布局，以服务功能为主；南侧干路沿南部生态创新带北侧边缘布局，兼顾交通与服务功能。四条干路向东延伸，与雄县和昝岗组团联系，向西南方向与寨里组团联系，并进一步向周边特色镇村延伸。“十二纵”沿各组团边缘南北向布局，与绿地水系共同形成组团之间分隔带，向北与容城组团联系，部分干路向南与安新组团联系。

3. 加密布局单元集散道路

单元集散道路主要在组团内结合规划管理单元布局，承担组团内中短距离机动化出行功能，是起步区城市道路的次干路系统。道路间距按 300~500 m 控制。沿规划管理单元边缘布局单元集散道路，内部形成交通稳静化区。根据跨组团交通联系需求，连通部分相邻组团单元集散道路，辅助承担跨相邻组团出行联系。

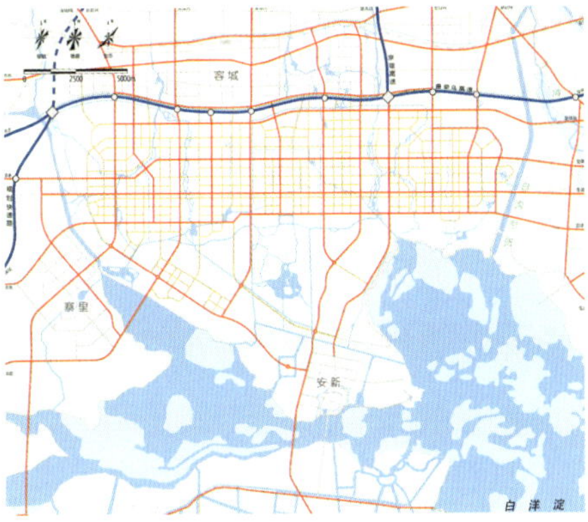

图3-32　骨干道路系统规划示意

4. 分区差异化控制城市街道

以城市干路网为基础，在不同功能片区有针对性地完善城市街道，构建社区邻里道路网络，形成起步区城市道路的支路系统。合理设计道路宽度，通过差异化路网形态和交通组织，构建级配合理、尺度宜人的道路系统，形成不同区域疏密有致的路网布局，满足不同片区交通需求。起步区整体路网密度达到 10~15 km/km^2。各组团商业商务等中心区域道路密度达到 10~20 km/km^2。北侧科教园区契合科研创新等主导功能，道路密度达到 8 km/km^2 以上。南部淀边区域道路随景观布局设置，道路密度控制在 4~8 km/km^2。

3.3.2.3　设计尺度宜人的道路空间

以道路功能为依据，结合两侧不同用地与建筑要素，因地制宜合理设计断面，充分考虑关键截面的交通需求，满足多种交通情形下的应用场景。道路空间按照行人和自行车高于公共交通、公共交通高于小汽车的次序进行分配，优先保障慢行空间的连续性，道路空间中慢行加景观空间整体控制在 50% 左右。在市政道路红线内高标准布置双侧慢行道，沿各级城市道路全覆盖，网络密度达到 10~15 km/km^2，单侧人行道宽度不小于 2 m，非机动车道宽度不小于 2.5 m。干路断面空间充分预留弹性，在道路红线基本稳定的情况下，车道数保留各种变化可能，在跨组团截面考虑将双向 4 车道、6 车道拓宽为双向 6 车道、8 车道等变化需要。精细化布局道路附属设施，合理设置公交站、自行车停放点、出入口、导向标识等附属设施，利用路侧空间设计智能驾驶共享泊位，供智能公交、货运车辆、行动不便人士车辆等临时停靠。

3.3.3 高效智能交通系统建设

3.3.3.1 建设多系统集成的数字化交通基础设施

以物联感应、移动互联、人工智能等技术为支撑，构建车路协同的智能交通基础设施体系，实现交通网、信息网、能源网“三网合一”。基于智能驾驶汽车等新型载运工具，实现车车、车路智能协同，提供一体化智能交通服务。推进信息化建设与交通基础设施工程同步规划、同步建设、深度融合，与综合交通枢纽、轨道、城市道路施工同步，提前布设用于人车环境感知、边缘计算等设施。道路基础设施建设应为智能交通设施和技术升级充分预留各类条件。建设智能化停车设施，部署和预埋用于绿色换能、自动泊车、场地调度的智能化传感、通信、计算设备。建设智能停车物联网平台，联网共享停车数据，实现车位预定、自动存取车辆、无感支付等停车场管理与运营服务的全面智能化（图 3-33）。

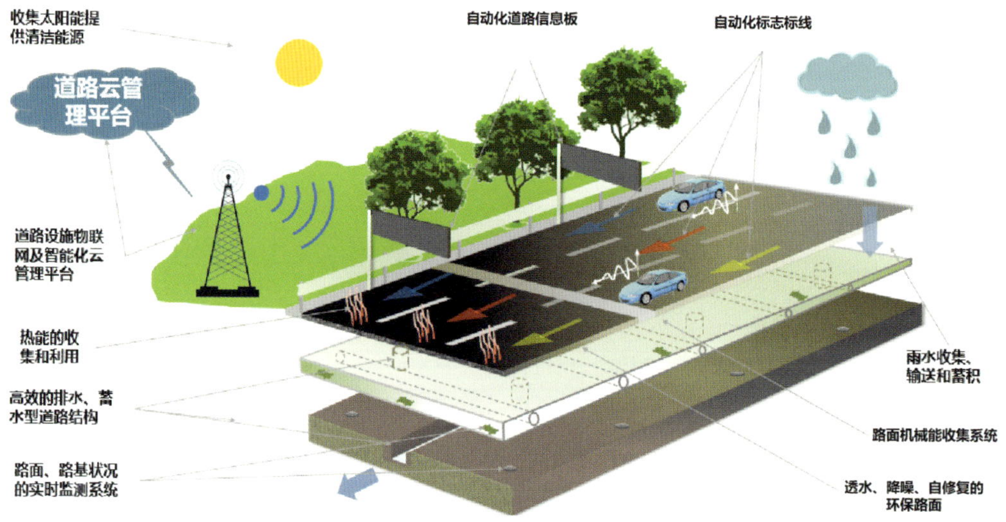

图3-33 智能道路结构示意

3.3.3.2 示范应用共享化智能运载工具

率先推动智能公交车辆示范应用，适应新区不同阶段发展，以需求响应式公交为突破口，逐步搭建城市模块化智能移动平台，在路侧统筹布局需求响应式公交上下客泊位，实现需求响应式公交停放和维保。应用清洁能源、车路协同式的智能公共出行车辆，根据出行人数、出行和路线匹配，智能分配不同规格的模块化移动舱及其组合，实现传统运载工具向模块化智能移动平台转变，并在起步区主要通勤廊道优先推动示范应用。以安全、清洁、共享为导向，有序推进智能驾驶技术向私人小汽车渗透，推动私人小汽车全面清洁能源化，配备车路协同、自动泊车、智能驾驶等功能，提升交通安全水平，推动私人小汽车共享化利用。

构建绿色智能的新能源供给系统。新增和更新车辆、船舶以及公共交通车辆全部采用新能源或清洁能源。构建以电能为主、氢能、LNG 等多种清洁能源兼顾的新区交通能源供给体系。综合考虑新区运载工具多样化需求、运载工具分布和运行特征，配备快速充电设施。布设智能充电系统，建设全城覆盖的汽车新能源供给系统，探索无线充电、氢能等新型能源示范应用。

3.3.3.3 智慧交通出行服务模式

随着移动互联网技术、车辆技术（电动化、智能化、网联化及共享化）的进一步革新与应用，以及配套基础设施的改造升级，未来的交通组织与服务模式将发生根本性的变革。公共运输、私营运输、共享运输之间的边界将会非常模糊，出行即服务（Mobility as a Service，简称 MaaS）将进入实际运营阶段，并承担主要的客运周转量（图 3-34）。

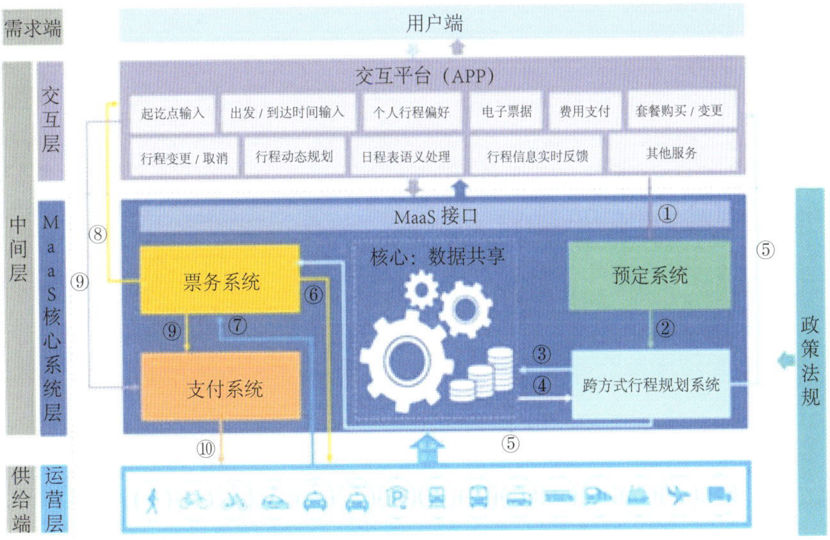

图3-34 出行即服务（MaaS）功能架构

从大运量、集约运行组织到小运量、灵活交通组织将呈现出以下三种类型。

类型一：高客流及大中客流走廊上仍然依托轨道交通和定点定线的快速公交进行客运

服务。

类型二：分散式、个性化且对服务品质要求高的出行，可由响应式公交等各种方式完成客运服务。

类型三：一旦自动驾驶技术获得广泛应用，当前网约出租车、巡游出租车以及分时租赁都将殊途同归，共同构成“共享客车”服务方式。小客车私人拥有、私人使用的模式将由于高昂的成本，不再成为主流，取而代之的是共享客车的服务模式。

基于 MaaS 理念，未来的交通组织服务模式如图 3-35 所示。公共交通服务组织模式主要有：定站定线（轨道交通、常规公交）、定站不定线（站点固定、线路灵活设置）、不定站不定线（站点、线路均灵活设置）的三种组织模式。定站定线的常规公交提供保底的、广覆盖公交服务，其他公共交通组织模式提供个性化出行服务。

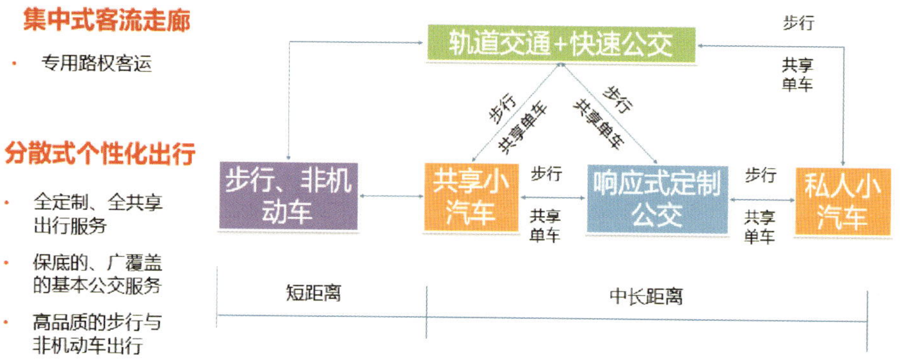

图3-35 未来交通组织与服务模式示意

未来雄安新区公共交通系统基于 MaaS 系统架构，打造智能出行城市，智能化将会是新型公交系统的最重要特征。《雄安新区交通强国试点方案》中提出：要搭建智能交通出行体系，构建实时感知、瞬时响应、智能决策的新型城市智能交通体系。在容东片区推进自动驾驶示范应用，建设开放式智能网联区域。推进共享化智能运载工具应用，发展定制化公共交通系统，实现城市公交和共享汽车资源的智能化配置。

因此，要大力发展 MaaS 系统，以数字城市和智能基础设施建设为基础，打造城市智能交通运营管理体系；基于城市数据中心和交通管理中心，构建实时感知、瞬时响应、智能决策的交通信息平台。实现信息平台和用户终端的互联互通，实时发布交通运行信息，瞬时响应用户出行需求，为居民提供个性化的绿色共享交通服务。发展需求响应式的定制化公共交通系统，智能生成线路，动态响应需求。

3.3.3.4 构建基于数据驱动的交通管理系统

以出行需求管理、多模式出行诱导等手段引导交通需求和行为，实现交通时空资源的有效利用。以多交叉口动态寻优、车路协同信控、区域诱导联控等方式实时优化管控策略，实现交通状态及特性变化的自主适应控制，依托交叉口可变导向、路段潮汐通行、区域单向循环组织等手段，构建动态优化的交通组织管控体系，充分挖掘路网潜力。利用汽车电子标识实现身份认证、通行许可、路线审核、通行收费、停车管理。构建精准指挥与执法管理一体化智能管控集成平台，强化交通事件的辨识和监测，实现交通状态监视、预警研判、应急指挥与调度、信息发布等功能。推动构建城市综合交通大数据共享平台，统一采集汇聚各类交通信息和数据，开展情报分析研判，实现交通管理科学决策、快速响应处置、资源精准调配。

3.3.3.5 提升智能交通创新能力

建立以企业为主体、以市场为导向的交通技术创新体系，实现产学研深度融合，构建畅通高效的科技成果转换机制，加快创新成果推广及转化应用。加快建立技术、市场和资本共同推动的智能交通产业发展模式，以智能交通技术的示范应用带动壮大智能交通产业。支持智能交通前沿科技研发，加强与国家重大科技项目、行业重点项目、重大工程的衔接。建立关键核心技术攻坚机制，发挥国家科研机构、高校的基础骨干作用，在新区布局智能交通科技创新基地、研发平台及数据中心，建设具有国际影响力的实验室、试验基地、技术创新中心等科研创新平台，鼓励建立新区智能交通技术创新联盟，推动协同创新，实现关键技术突破。支持和鼓励建设综合交通新型智库，积极推进交通科技创新人才队伍建设（图 3-36）。

图3-36 雄安新区车路协同示范项目（来源：雄安发布）

4

CHAPTER 4

第 4 章

三全公交体系战略引领

4.1

公交都市战略指引

4.1.1 80/90公交都市内涵解读

根据《河北雄安新区规划纲要》《河北雄安新区总体规划（2018—2035年）》的批复精神，按照“世界眼光、国际标准、中国特色、高点定位”的理念，提出了构建“公交+自行车+步行”的出行主导模式，制定了“80/90”（即绿色交通出行比例达到90%、公共交通占机动化出行比例达到80%）具备前瞻性、高定位、高标准的新区公交都市创建目标，这不仅是新区交通体系发展愿景与目标，更是新区对城市建设开发模式的创新定力以及对人民高品质出行的服务承诺。秉持“一步到位、资源集约、成本可控”的发展目标，以“公交+慢行”为交通出行结构的主导方式，构建步行系统、骑行系统、公交系统及轨道交通系统共同构成的复合型绿色智能交通体系，为构建宜居宜业新城区、协调融合先行区及绿色智能示范区的发展要求提供有力支持与引领（图4-1）。

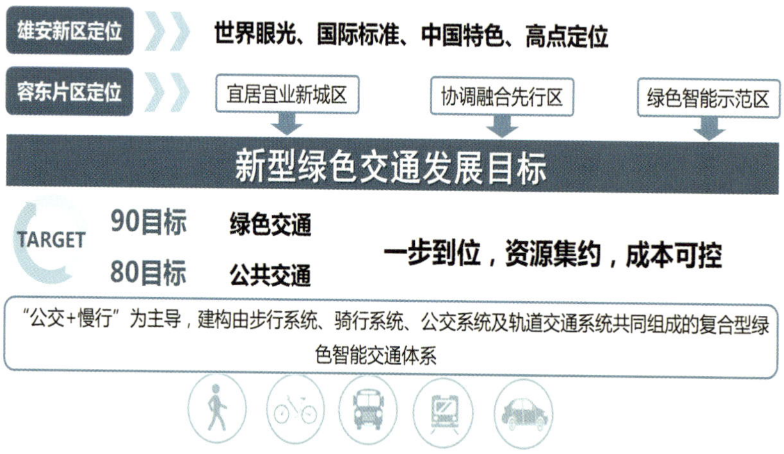

图4-1　新区公交都市发展目标示意

根据国际公交都市建设经验，公交都市是国际大都市发展到高级阶段，在交通资源和环境资源紧约束的背景下，为应对小汽车高速增长和交通拥堵所采取的一项城市战略。构建快捷、可靠、方便、舒适的一体化都市公交体系，提升公共交通的吸引力，使之与城市发展相互协调，实现交通与城市、经济、生活和谐共生，是公交都市希望达到的最终目标。

因此，我们并不能简单地将其理解为一个以公共交通出行为主的地区，正如《公交都市》作者罗伯特·瑟夫罗所说：一个功能卓著和可持续的公交都市并不等同于一个公共交通在很大程度上取代小汽车，或者甚至承担了大多数机动化出行的地区，而是代表一种城市形态和机动化环境，那里的公共交通是比目前在许多工业化国家里存在的更加值得尊敬的一种能有效替代小汽车出行的交通方式。一个城市能够称为公交都市，是由于它的公共交通服务与城市形态相互默契配合，可以有效发挥公交优势。

纵观国际化公交都市公共交通发展水平可知，新区提出的公共交通机动化分担率80%、绿色出行分担率90%是具备世界级眼光的发展目标，目前全球也仅有日本东京区部地区能够达到，因此新区80/90公交都市创建理念应当是一项长期秉承的城市发展战略，是为了支撑新区“新城市、新生活、新交通、新样本”四新城市发展愿景而打造的安全、绿色、便利、智慧的“三高三低三零”交通系统，其中“三高”即公共交通系统设施的高集约、公共交通网络模式的高融合、公共交通服务水平的高便利，“三低”即城市空间用地职住平衡的低出行、城市有限道路资源的低占用、城市交通系统的低消耗，“三零”即城市交通系统的零排放、城市交通运行的零事故、城市交通衔接换乘的零距离。通过构筑公交都市新区，营造绿行示范新区，建设低碳智慧新区，创建绿色出行友好城市，打造健康持续发展城市，引领未来智慧向往城市，最终实现较小汽车出行有压倒性优势的公共交通服务系统，市民出行自觉、自愿选择公共交通出行（表4-1）。

表 4-1 国际化公交都市公共交通分担率发展指标一览

城市	面积 / km^2	人口 / 万人	岗位 / 万人	人口岗位密度 / （人 /km^2）	公共交通全方式分担率 /%	公共交通机动化分担率 /%
东京区部	627	915	613	24 370	51.0	81.0
香港	1 104	737	396	10 263	45.5	72.5
首尔市	605	1 030	515	25 537	56.5	71.0
新加坡	719	554	330	12 295	44.0	63.0
巴黎核心集聚区	726	671	386	14 559	26.7	49.3
大伦敦	1 579	870	490	8 613	35.7	48.4
斯德哥尔摩市	188	87	55	7 553	30.0	48.0
哥本哈根市	88	55	36	10 341	22.0	40.0

容东片区是以生活居住功能为主的宜居宜业、协调融合、绿色智能的综合性功能区，与新区总体规划对容城组团的功能定位保持一致，引领容城组团发展和功能提升，承担着为起步区、启动区开发建设提供支撑的重要功能，以及探索建设经验、创新开发模式的重要使命。

为此，容东片区将围绕建设职住均衡的综合性功能片区，加快当地居民与导入人口的融合，推进社区建设；以优质服务和良好环境吸引创新型、设计型产业导入，发展传统产业的研发设计与市场营销，发展电子商务及旅游配套服务业，促进商业服务与社会服务的发展，增加本地居民自主就业机会；实现不同人群混合居住、设施共享、社区共建，构建多元并蓄、活力创新的宜居宜业新城区。按照绿色、智能、创新的要求，率先推广绿色低碳的生产生活方式，打造绿色生态环境，培育设计与数字创意产业，推行绿色智能的建造技术和城市运营模式。以互联网、大数据、人工智能运用为载体，打造绿色便捷的智能交通体系，布局绿色智能的基础设施，执行绿色建筑标准，创建低碳生态、智慧泛在的绿色智能示范区。

同时，坚持公交优先，综合布局各类城市交通设施，以“公交＋慢行”为主导，建构由步行系统、骑行系统、公交系统及轨道交通系统共同组成的绿色智能交通体系，加强交通设施与用地布局协调，实现绿色出行服务全覆盖。建构容东片区便捷、安全、绿色、智能的交通体系，实现多种交通方式的顺畅转换和无缝衔接。因此，容东片区作为先行试点区，其公共交通发展战略及系统建设需要符合新背景、实现新发展，从而为市民提供新的生活体验（图4-2）。

具体而言，容东片区公共交通系统建设首先需要符合发展新背景，充分响应生态优先、绿色发展、宜居宜业的新发展理念，落实绿色交通出行比例达到90%，公共交通占机动化出行比例达到80%的新目标，实现公交系统高品质发展、市民真正乐享公交的发展新目标。

其次，容东片区公共交通系统建设需要实现城市新发展，在MaaS系统新模式下，在精准定位、无人驾驶、智慧大脑等新技术下，实现公共交通系统的一体化发展，为市民提供多样化、个性化、一体化的新出行方式。

再次，容东片区公共交通发展要为市民带来新的生活体验，提供高质量、一体化、集成式服务的新公交系统，让市民的每一次出行都优雅舒适，让市民真正乐享公交，让绿色成为主导，让低碳环保、安全经济成为新生活的主基调。

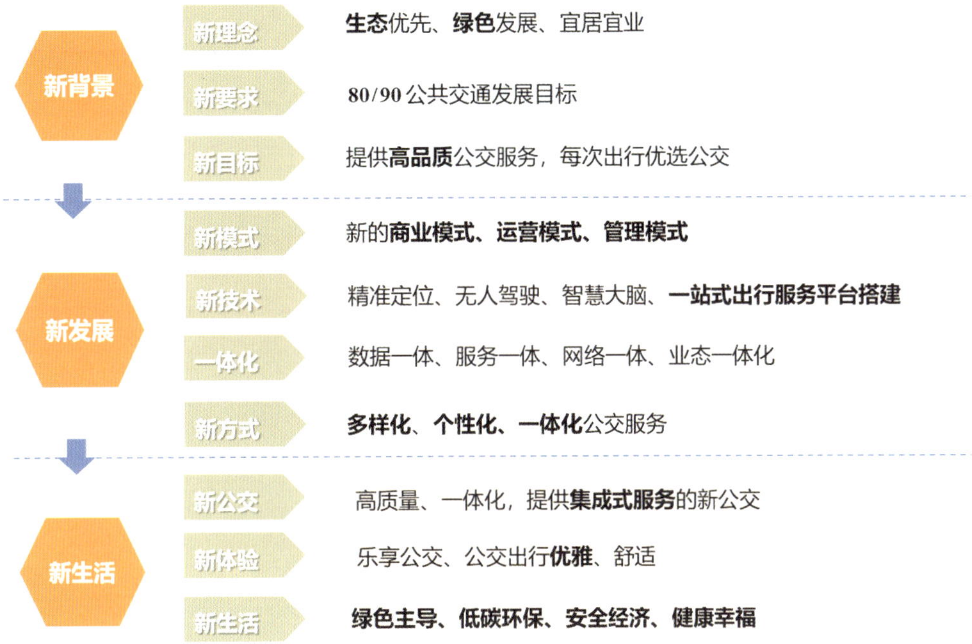

图4-2 容东片区公交发展战略指引示意

4.1.2 80/90公交都市核心要素

新区公交都市建设的核心在于坚持公共交通对城市开发的先导和引导，合理布局城市空间结构，创建紧凑型城市形态，提高土地混合利用程度，实现小汽车交通需求减量和交通需求时空分布均衡，提高土地利用效率，减少小汽车出行频率。因此，新区80/90公交都市组成的三大要素包括：土地利用、公交系统、公交乘客。

土地利用是公交都市功能载体，通过不同的用地功能组成和形态布局影响城市人口、岗位的分布，决定居民社会活动模式，同时用地空间结构、开发模式也对公交设施的配置提出不同要求。

公交系统是公交都市设施支撑，公交系统通过为居民提供大容量、便捷化的公共交通服务，满足居民出行活动需求。而公共交通设施只有切实与城市空间形态相结合，与居民出行空间模式相匹配，才能真正成为居民出行的主要载体，反过来也为城市功能的集聚和疏散提供有力支撑。

公交乘客是公交都市服务对象，是体现土地利用与公交系统之间互动关系的主体。其出行活动的静态模式（起讫点、空间布局、出行目的）受城市用地布局影响，其出行动态模式（出行链组成、出行方式）受交通设施配置影响。公交乘客正是通过对出行设施的选择体现公交设施与用地之间的契合程度。

可见，公交都市正是基于三大要素提出来的一种城市有机发展机制。在这种机制下，公交系统通过与城市用地功能契合来获得大量公共交通客流，反过来公交设施的建设引导城市空间的合理演变，通过这种互动关系使城市发展更为有序、理性。

4.1.3 80/90公交都市主要特征

4.1.3.1 公交与城市空间：公交走廊枢纽与城市空间结构互相契合、互相支撑

以公交设施引导城市开发、支撑城市形态是公交都市最大的特色。用地开发集中于轨道交通沿线两侧的走廊带内，不论是如东京这般的特大城市，还是北欧的哥本哈根、斯德哥尔摩，都是沿着轨道交通进行城市扩张，人口分布也与轨道交通形态互相契合。

如瑞典斯德哥尔摩72万人口，其中约一半的人群居住在规划建设的新城镇中。环绕在斯德哥尔摩市中心周围的新城镇以区域地铁轨道系统为纽带与市中心相连，该市大部分居民和就业者乘坐地铁或公交上下班，沿走廊线形的社区以TOD模式发展产生高效双向交通流，有效减弱了斯德哥尔摩市中心的交通压力。哥本哈根同样采用用地开发集中于轨道交通沿线两侧的走廊带内的轴向开发模式引导城市空间布局与功能优化。

而相对独立组团一般位于远郊，在其与中心城区或近郊新城联系的轴向上，一般通过大站距限制维护远郊市镇与中心城区之间的空间关系，保障生态格局的完整，防止形成过长的城市连绵发展带。在其组团内部，一般采用以公交枢纽为核心的点状开发模式。结合公交枢纽建设综合体，通过多功能的土地复合式利用充分发挥出公交枢纽的综合城市服务功能，提升市民的公交出行意愿，提高公交出行比例。

对于新区而言，公交都市是对公交优先发展战略的践行与落实，突破以往就公交系统改善公交服务的局限，将公共交通提升到引导城市发展的高度，是公交优先战略的提档升级。这具体体现为形成以公交为导向的城市空间布局，以公交为引导的城市土地开发，以公交为支撑的城市交通体系，以公交为主导的城市出行结构，强调站点周边高密度、多功能的混合使用，突出城市生活区与工作商业功能区的“邻近可达性”，有利于城市空间的紧凑设置，减少对私人小汽车的依赖，缓解交通矛盾，创造便捷舒适的城市（图4-3）。

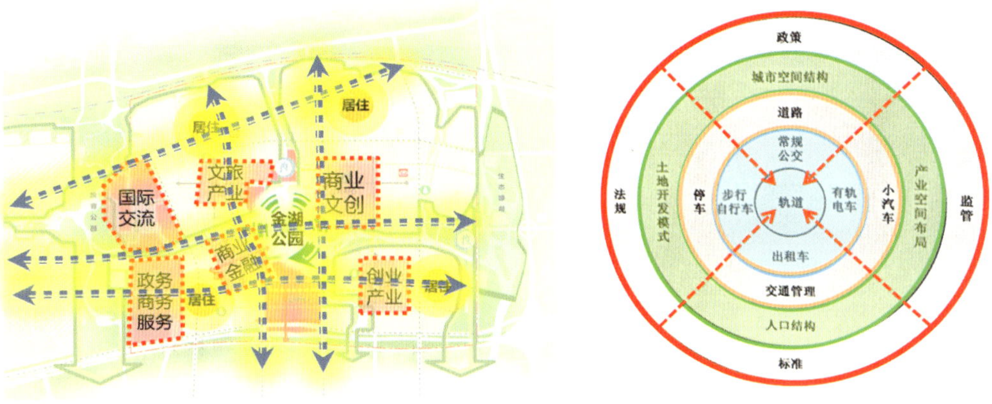

图4-3 公交走廊引领城市空间布局关系与要素示意

4.1.3.2 公交与土地开发：城市形态紧凑有序、土地开发集聚节约

依托公交枢纽进行高密度开发，实现公共交通走廊对居住和岗位分布的高覆盖。以香港为例，《香港城市规划标准与准则》中有专门的轨道导向的住宅开发密度分层规定，规定将住宅发展密度分为三个区，分别对应不同的开发密度上限：有大容量的公共运输系统服务的地区的第一区，可以进行最高密度的开发；有大容量公共运输系统服务但不是很方便的第二区，可以进行中密度的开发；公共运输系统容量极为有限的第三区，只能进行低密度的开发。与此同时，还要求在轨道站点周边进行多元化开发。在此导向下，香港的公共交通覆盖了 53% 的人口以及 75% 的就业岗位（表 4-2、图 4-4）。

表 4-2 香港土地分区住宅开发密度

发展密度区	地区类别	地点	容积率上限
住宅发展密度第 1 区	现有发展区	香港岛	8.9、10
		九龙及新九龙	7.5
		荃湾、葵涌及青衣	8
	新发展区及综合发展区	—	6.5
住宅发展密度第 2 区	新发展区及综合发展区	—	5
住宅发展密度第 3 区	新发展区及综合发展区	—	3

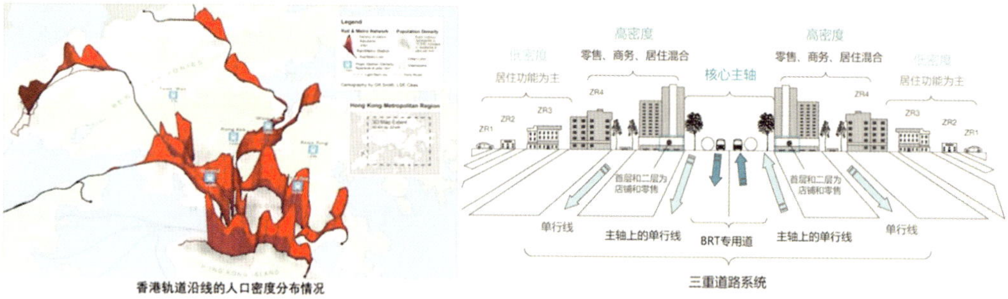

图4-4　公共交通布局与城市用地开发关系示意

因此，要求新区公共交通线网规划与设施布局要与城市土地开发高度协同一致，在公共交通站点沿线服务覆盖更多的人口与就业岗位，并依托城市中心体系同步布局公交枢纽用地，鼓励复合化、多元化、一体化的开发建设模式，实现“站城一体”的高效率、集约化用地开发目标（图4-5）。

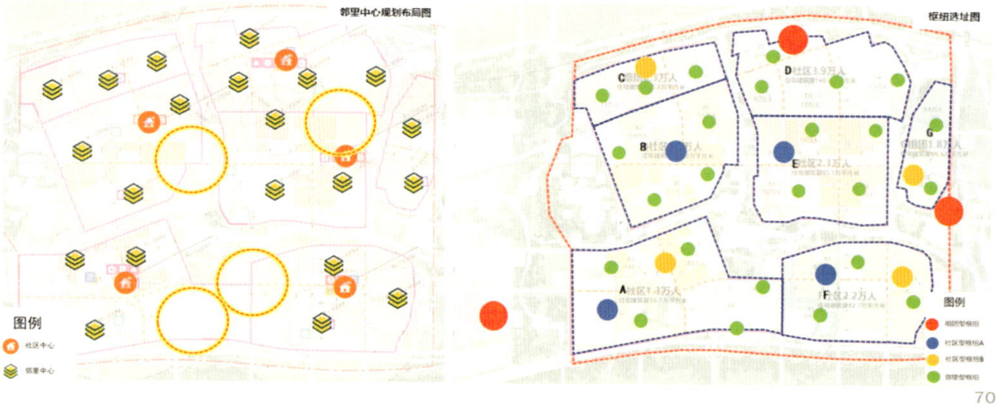

图4-5　容东片区公交枢纽与用地复合化开发示意

4.1.3.3　公交体系层次：多模式、多层次公交系统功能承接不同客流需求

随着城市空间结构的扩展、城市尺度的增大，城市公共交通出行需求呈现多层次分布，因此在公交都市里，公共交通系统必须进入多模式发展阶段。无论是以轨道为骨干的东京、首尔，还是以快速公交为骨干的库里蒂巴、波哥大，均围绕骨干网络构建了大量的枢纽设施，以此将整个公交系统进行锚固，在区域上形成铁路网络与地铁网络耦合公交骨架体系，在城市内部，形成公交巴士与轨道交通无缝衔接广覆盖的公交体系。

要求新区建立服务优质、形式多样的新型公交系统，合理布局“干线+普线”两级城乡公交网络，干线服务起步区与外围组团、城镇，普线连接外围组团与村镇的公交系统。起步区布局“快线+干线+支线”三级城区公交网络，快线服务区内组团间出行，干线服务组团内出行，支线灵活设置线路、站点深入社区，实现地面地下协同调度、各类公交便捷换乘的高品质服务。

4.1.3.4 公交品质服务：公交出行快捷准点、舒适可靠，具有明显竞争优势

世界级公交都市十分注重高品质公交服务的建设，以乘客感受作为考核公交服务的主要指标，在公交服务方面实现了从“面向线路运营”转变为“面向乘客体验”，以全天候、全覆盖、多模式的高品质服务体系满足乘客多样的出行需求，实现全过程“门到门”的品质公交服务，为全体公民提供非歧视性的公共交通服务，引导出行者优先选择公交出行（图4-6）。

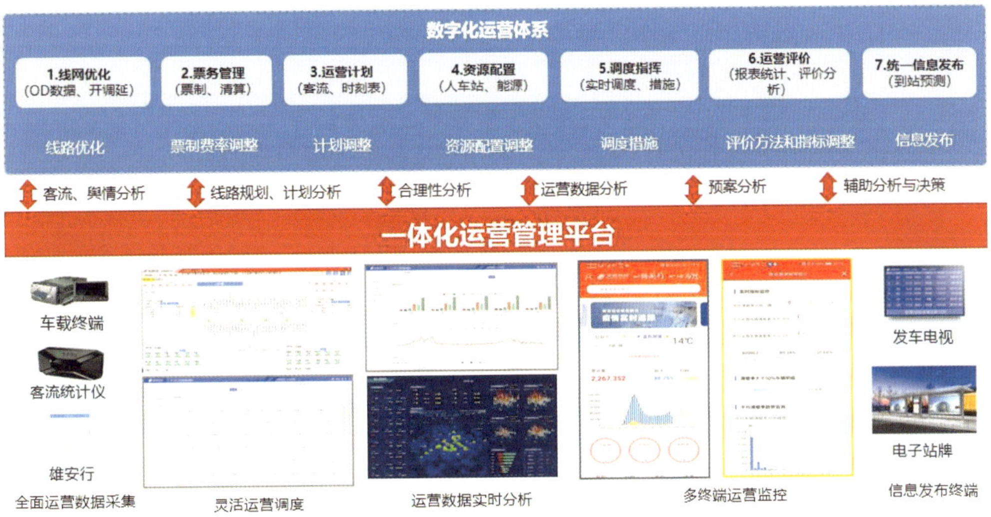

图4-6 新区数字智能化公交运营管理平台示意

1）搭建智能公共交通体系框架，建设数字化智能交通基础设施。以数据流程整合为核心，适应不同应用场景，以物联感应、移动互联、人工智能等技术为支撑，构建实时感知、瞬时响应、智能决策的新型智能交通体系框架。通过交通网、信息网、能源网“三网合一”，基于智能驾驶汽车等新型载运工具，实现车车、车路智能协同，提供一体化智能交通服务。

2）示范应用共享化智能运载工具。推进智能驾驶运载工具的示范应用，发展需求响

应式的定制化公共交通系统，智能生成线路，动态响应需求。探索建立智能驾驶和智能物流系统。

3）打造全局动态的交通管控系统。建立数据驱动的智能化协同管控系统，探索智能驾驶运载工具的联网联控，采用交叉口通行权智能分配，保障系统运行安全，提升系统运行效率（图4-7）。

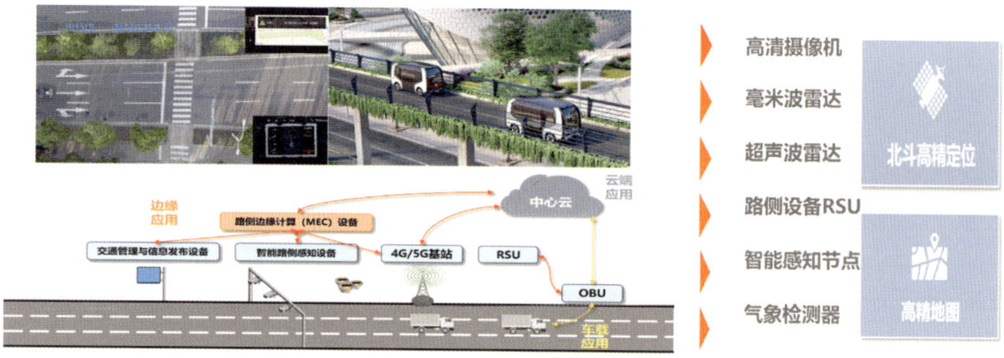

图4-7 新区全局动态交通管控系统示意

4.1.3.5 公交运营保障：健全高效的保障机制，保障公交优先、可持续发展

健全高效的保障机制是实现公交都市的重要保障。纵观各发达城市公交发展制度，主要涵盖财务优先、制度优先、用地优先、路权优先、运营体制机制等相关配套保障措施。在公交管理体制方面，无论是以新加坡为代表的市场主导型（公交运营市场化）还是以伦敦为代表的政府主导型（政府购买公交服务），政府都通过完善的监管机制对公交企业进行考核，以保证公交服务质量。此外，成熟的公交财政制度对于公交都市的发展也相当重要，具备系统化的财政体系、多样化的财政来源以及针对性的补贴机制才能保证公交运营的可持续性（表4-3）。

表4-3 公交优先发展政策制度保障框架一览

核心制度		制度要点
管理	公交行业管理制度	管理架构、权责体系、资源整合模式
规划	公交规划标准化制度	规划体系、深度要求、技术标准
	公交设施用地配套制度	用地分类、控制储备机制、协调规划机制

续表

核心制度		制度要点
建设	用地综合开发制度	开发主体、开发模式、开发原则
	路权优先分配制度	路权分配标准、线路运营保障
运营	特许经营管理制度	竞争招标机制、准入准出机制
	运营服务标准化制度	运营服务分类、提供标准
财政	公交财政保障制度	财政体系、财政来源
	公交财政补贴制度	补贴模式、补贴机制
监管	公交都市建设综合考核制度	考核主体、考核客体、考核方法
	企业信用档案制度	信用分级、信用考核、更新机制

新区发展要求结合数字化、信息化、智能化建设着力实现创新变革，因此公共交通财务体系要尽可能实现“政府少兜底、企业多赢利、乘客少付费”的健康可持续发展目标。要实现此目标，就要将公交资源进行市场化运作，多渠道拓宽开发、经营渠道，盘活公交资源，获取收益来不断反哺公交发展。政府使用策略主要包括：①公交与土地价值互长反馈机制。结合片区的公交走廊、公交枢纽等开展土地一体化开发，实现公交与土地价值的互长。②公交数字资源价值挖掘机制。在新时期共享经济快速发展的背景下，可通过多元公共交通出行及运营数据资源分析挖掘获取外溢收益，用以反哺公交运营费用。③公交与多业态融合发展机制。考虑将公交服务与多业态服务相结合，由获利方支付一定的费用用于公交发展。

4.2
公交优质服务目标

4.2.1 发展愿景

按照“世界眼光、国际标准、中国特色、高点定位”的要求，以人民为中心，以绿色为基调，以创新为驱动，以智慧为手段，结合新区大规模建设的实际，抓住新区公交从零开始的机会，发挥新区建设智能城市的优势，加强公共交通顶层设计，建立“开放、多元、创新、融合”的一体化高质量公共交通系统，推动以公共交通为核心的多种交通方式协同发展，建立覆盖乘客完整出行链条和支撑市场有序竞争的公交运营管理机制，以容东为试点，构建便捷、安全、绿色、智能、共享交通体系。具体而言，它包括：

1）构建开放包容、一体衔接的公共交通系统。城市公共交通系统建设，对外应面向区域出行，通过发展多式联运，完善一体出行，承接城市对外交通（航空、铁路、公路等）集散客流；对内应面向城市出行，积极尝试新技术，发展新型公交，吸纳新型公交方式（城际巴士、互联网+、定制服务等）。

2）针对不同出行需求提供多元、定制的公交网络服务。①面向长距离、追求速度的快捷出行，由大运量轨道交通、中运量快速公交以及中低运量公交快线网络提供服务；②面向中短距离、追求高可达性的舒适出行，则可通过多层级的常规公交网络以及解决最后一千米的共享交通满足需求；③面向高品质、有个性化要求的特别出行，则可由“互联网+”等新技术带来的需求响应式公交以及共享汽车来满足。

3）公共交通需要不断吸纳新技术，优化提升公交智慧服务水平。①依靠大数据、人工智能等新技术优化改善既有系统设施服务；②研究探索新模式、新业态，不断丰富公共交通服务功能，形成公共交通与土地开发互利共赢的TOD开发模式。

4）多元公交带来多层级的公交网络，这些网络必须通过一体化的整合，才能发挥公共交通系统的整体效能。首先是满足狭义层面要求，即以高效便捷的换乘体系优化多层网络的铆合节点，通过集约化的空间设计实现节点的立体布局，高效利用有限的土地资源；精细化的交通组织，注重微观设计与组织，达到“无缝”换乘的目标，最大化地减少网络转换的损失；协调化的运营调度，从服务上完成系统整合，形成“大公交”系统，发挥整体效益。其次是实现对一体公交理解的外延，即公交网络与土地利用的整合，公交廊道即为客流廊道、公交网络节点即为片区中心，通过联合开发提升枢纽功能，方便市民多目的出行一次完成。

4.2.2 发展战略

4.2.2.1 始终坚持交通强国发展战略

深入贯彻落实党的十九大精神，以习近平新时代中国特色社会主义思想为指导，坚持稳中求进工作总基调，坚持新发展理念，紧扣我国社会主要矛盾变化，按照高质量发展的要求，围绕统筹推进“五位一体”总体布局和协调推进“四个全面”战略布局，以供给侧结构性改革为主线，以改革、创新、开放为动力，着力推动城市公共交通运输发展的质量变革、效率变革、动力变革，着力服务人民、服务大局、服务基层，全面建成世界领先、人民满意、有效支撑雄安新区现代化建设的安全、便捷、高效、绿色、经济的公共交通运输系统。

进一步地，对照“交通强国”战略要求，重点瞄准以下“五个方向”。

（1）打造人民满意的公交服务

要坚持政府主导、统筹协调的战略方针，围绕高标准完成公交都市建设的目标，科学定位公交服务，加强城市公共交通分工协作，形成以轨道交通为骨干，常规公交、有轨电车等各种运输方式为一体的综合交通运输方式。

（2）深化公交领域改革

继续坚持公交优先战略，通过深化公交体制改革，拓宽投融资渠道，完善政府购买服务机制，优化公交票价机制，推进换乘优惠政策研究，加强公交考核评价。

（3）优化公交运力结构

按照资源节约和环境保护的要求，以节能减排为重点，加快清洁能源汽车等产品的推广和应用。科学投放公交运力，推进充电桩建设，加大新能源汽车推广应用。完善公共交通网络，强化公交运营组织，实现公交运力和服务品质的双提升。

（4）推进公交场站改革

加强场站土地综合开发，推进公交场站“站运分离”。按照分区建设、分批实施的原则，加快城市综合客运枢纽等场站设施建设，形成功能完备、布局合理、辐射城市的公交场站布局。

（5）规范公交运营管理

推进公交与“互联网+”深度融合，推进“城市数据大脑”在公交行业的应用。加快构建综合信息服务系统。

4.2.2.2 始终坚持公交优先发展战略

（1）提高对公交优先战略认识，充分意识到公交优先的“三个不等于”

公交优先发展不完全等同于线网优先发展，不能片面强调扩大运营规模而忽视服务质量和效率的提高。公交优先发展不完全等同于公交路权优先。在缺乏科学规划的前提下，盲目设置公交专用道等设施，不重视改善换乘和接驳条件，将导致公共交通设施效率不高，投产比较低。公交优先不完全等同于“高分担率”，因而不能过度追求高分担率而忽视公共交通优先发展对城市交通结构和对居民出行习惯引导的演化过程。

（2）发展全面公交优先，保障“立法优先、政策优先、规划优先、路权优先、财务优先、服务优先”

要进一步在法律、投资、财政、税收、土地、规划、建设、管理和服务等各个环节，为公共交通发展提供优先条件，重点从立法优先、政策优先、规划优先、路权优先、财务优先、服务优先等多方面联合全力保障公共交通优先发展，避免公交优先陷入片面发展误区。这要求政府部门需要在刚性法律条文与综合交通政策上确立公交优先发展的地位，在规划建设上确立公共交通优先安排的顺序；在道路通行权上确立公共交通优先的权利，在财政税收上确立公共交通优先的倾斜力度，在服务水平上加大对公交服务质量的监督管理（图4-8）。

4.2.2.3 始终坚持公交引领发展战略

（1）以公共交通为导向，引导可持续的城市用地开发

新区作为多中心组团城市，多种目的出行需求线型叠加，适合通过公共交通引导城市土地利用集中式高密度发展，通过多样化土地利用类型混合开发减少公共交通的无效出行，通过和谐式的慢行交通空间开发为居民营造良好的居住环境。

（2）以绿色交通为主体，引导健康综合交通体系形成

在TOD模式指引下，通过公交走廊对居住及岗位分布的高覆盖，同步推进公共交通基础设施供应，改善公交运营环境，提升公交品质服务，为广大市民提供完善、满意的公交服务，构建以绿色交通为主体的可持续健康发展城市交通体系（图4-9）。

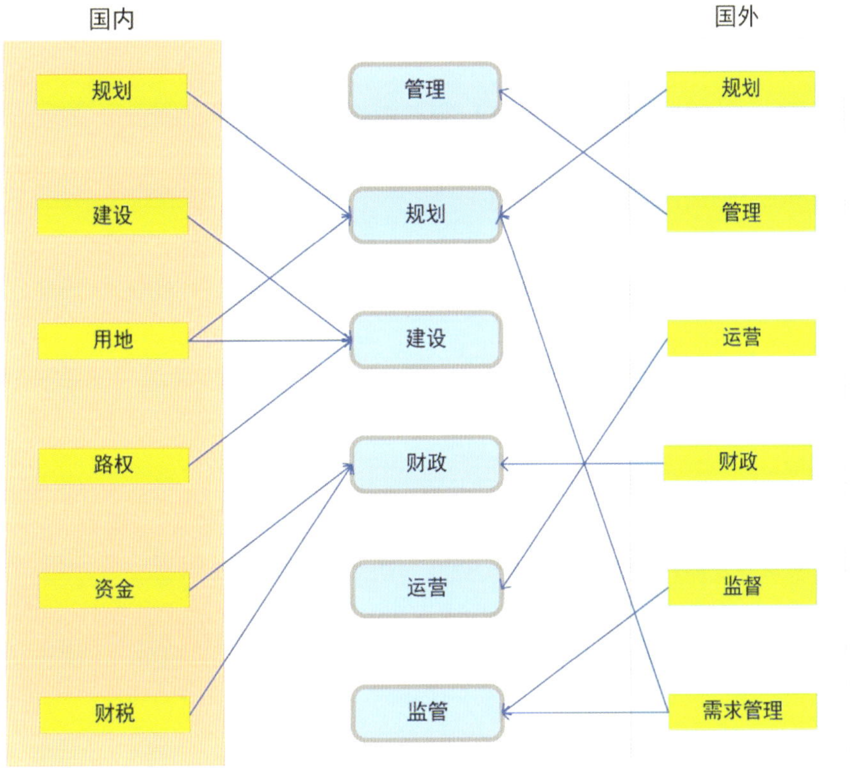

图4-8 公交优先发展战略制度体系示意

4.2.2.4 始终坚持公交多模式、一体化发展战略

构建多层次公交骨架体系衔接对外枢纽，锚固城市中心，拉近区域时空可达性，提升城市区域地位；构建多层次公交主体网络支撑城市细胞单元，促进客流有序集散，提高公交体系网络运行效率，最大限度地提高公交系统可达性，保障公交相比小汽车具有较强的速度优势，促进小汽车出行方式向公共交通转移。

结合城市特征完善城区内部换乘枢纽体系，打造层次清晰、多位一体的公共交通换乘枢纽体系，实现各模式公共交通方式之间的无缝衔接；创造人车分流、无缝接驳的换乘环境，培养市民换乘理念，鼓励市民进站换乘，以换乘枢纽为核心和锚固节点，协调各种交

通方式，形成集约、高效的公共交通体系（图4-10）。

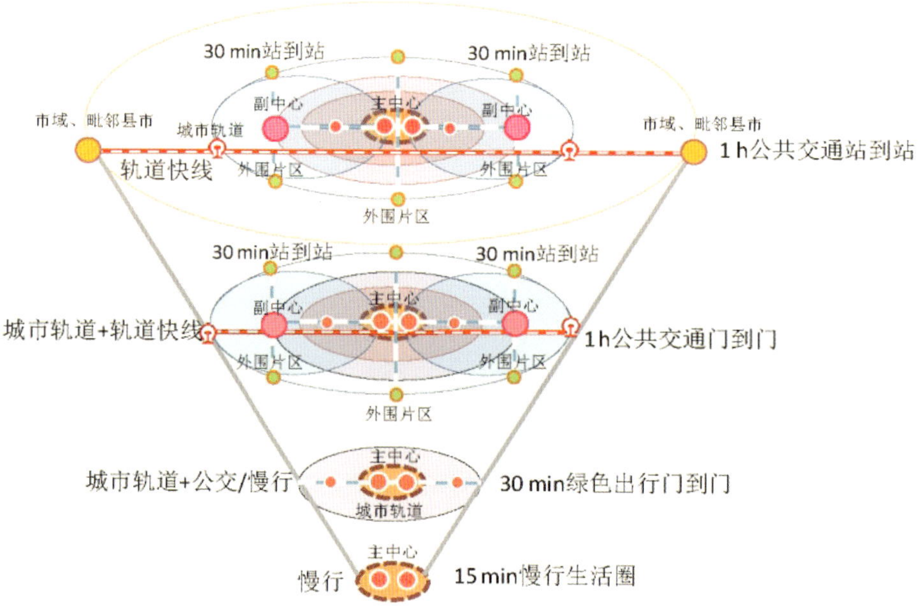

图4-9　以绿色交通为主体的健康综合交通体系示意

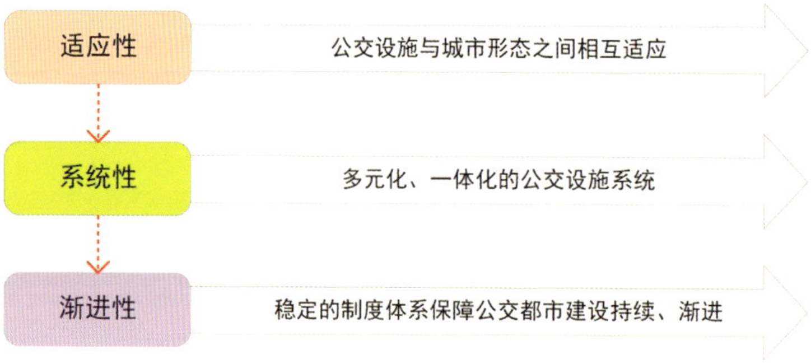

图4-10　多模式一体化公共交通体系内涵解读示意

4.2.3　目标体系

以建设世界级公交都市为目标导向，以公交都市核心要素为发展脉络，兼顾雄安新区发展特性，形成“一个目标、四项策略、四项方案”的总体发展目标体系，打造市民乐乘、愿乘的公共交通智慧服务体系。

“一个目标”是指通过全力打造网络多元化、设施集约化、运行高效化的公共交通系统，为居民提供高品质的公共交通服务，支撑新区世界级、生态型公交都市建设，最终实现“畅达雄安、乐乘公交”的公共交通系统高质量服务目标。

“四项策略”包括：①构建多模式、成长型公交服务网络，深化公共交通网络布局与衔接，为不同出行距离的居民提供合适的公共交通网络，同时考虑到新区城市建设的动态化要求，公共交通网络布局要具备成长性，与新区建设同步发展，以此奠定乐乘公交的网络基础。②建设复合化、集约型公交设施体系，通过公共交通供给侧结构性改革，着力推进城市道路路权向“公交+慢行”最大限度地倾斜与保障，同时针对各类公交场站用地开展TOD复合化开发建设，提高土地使用效率，以此完善乐乘公交的载体基础。③打造精细化、人性化智能服务系统，面向政府监管、乘客出行、企业运营等多个方面，建设实时高效的公共交通智能化系统，实现公共交通网络、设施与信息的一体化衔接与互通，以此构建乐乘公交的服务基础。④完善系统化、全方位公共交通政策体制，坚定秉持“公交都市”建设与“公交优先”发展战略，在路权优先、财务投入、用地预控、考核补贴、运营机制等公共交通涉及的各方面提供强有力的保障，以此形成乐乘公交的政策基础。

“4项方案”包括：①形成顶层化、长效化的公交制度体系方案，编制完善公共交通运营管理、考核补贴、滚动优化等公共交通具体发展所需制度与体制保障方案，同时面向小汽车需求管控，提出相应的静态停车、动态运营等方面的政策制度，切实保障公共交通的可持续健康发展。②形成多层次、一体化的公交网络布局，系统制定公共交通网络设计方案，涵盖公交快线、公交干线、公交支线、需求响应公交及特色定制公交等全方式链出行网络布局方案。③形成专路权、高效率的公交设施建设方案，系统制定公交专用道、公交停保厂、公交枢纽站、公交首末站、公交站台及公交车辆配置等公共交通基础设施的建设方案。④打造高品质、智慧化的公交服务系统，制定公交智能化系统建设框架与需求设计、公交票制票价、公交财务体系等相关智慧服务设计方案。

以“畅达雄安、乐乘公交”公共交通系统总体服务目标为导向，面向市民公共交通出行的具体需要，构建容东公共交通系统“五高一低”的指标考核体系。具体而言，公共交通“五高一低”发展目标是指“高水平”目标、“高可靠”目标、“高可达”目标、“高舒适”目标、“高智慧”目标以及“低换乘”目标。

（1）公共交通“高水平”目标

公共交通“高水平”目标反映了城市公共交通发展的总体水平及乘客对公共交通的满意程度，具体是指公共交通在城市全方式交通出行中，与慢行交通共同占有绝对主导地位，而在城市机动化出行方式比例中，公共交通相对于小汽车占据出行主导地位，同时，公交乘客对公共交通服务水平非常认可与满意。

（2）公共交通“高可靠”目标

相较于小汽车“门到门”的出行方式，公共交通出行方式需要完成多个出行环节，形成完整方式链条后方可抵达终点，因此公共交通服务吸引力的重要保障需要实现“高可靠”发展目标，即面向市民公共交通出行的全过程，对于乘客步行到站时间、站台候车时间、乘车车内时间等各阶段进行时间精准管控，最大限度地提高出行市民出行效率，才能真正吸引市民愿乘、乐乘公交。

（3）公共交通“高可达”目标

公共交通系统发展应满足“高可达”目标，通过合理的多层次公交线路走向设计及换乘枢纽建设等手段，保障居民出行区域的覆盖与时间控制。以容东片区为例，公共交通系统应满足市民“20 min内容东区内任意点可达、45 min内接驳重要枢纽、60 min内雄安新区跨组团之间可达”的高可达服务目标，从而提升公共交通高可达吸引水平（图4-11）。

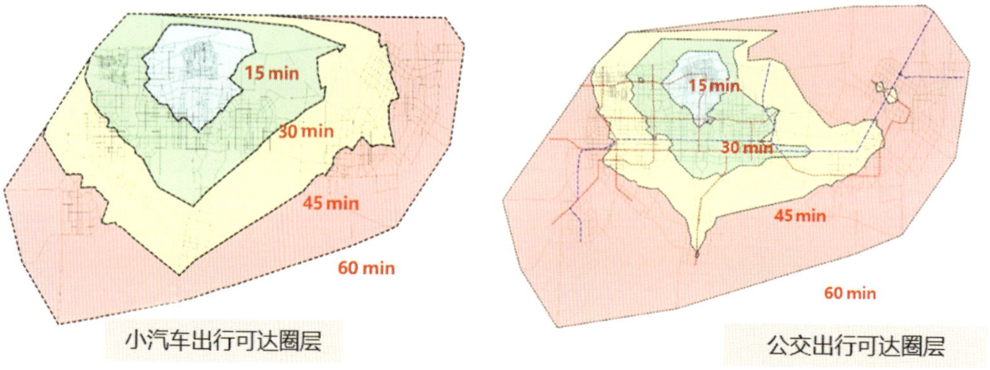

图4-11　片区交通出行时间可达圈层分布

（4）公共交通“高舒适”目标

公共交通系统在提供快速、准点、可达的服务目标之外，还需要重视公共交通服务的“高舒适”目标，为市民提供全过程自主、舒适的服务体验，包括一键式出行服务平台、多种可选的公交服务、舒适的候车环境、乘车环境等方面，以便提升公共交通出行的舒适程度（图4-12）。

图4-12　面向全程的舒适出行体验示意

（5）公共交通“高智慧”目标

智慧化是新区公交系统的重要特征，要精准响应每位乘客的个性化出行需求，打造供给与需求高度拟合的公交系统，需要面向政府监管决策、乘客出行规划、企业运营调度等三个方面，建设公共交通智慧化平台系统，构建实时感知、瞬时响应、智能决策的新型城市公共交通智能服务体系，实现公共交通系统“高智慧”服务目标。

（6）公共交通“低换乘”目标

公共交通出行中除了上述提到的“高水平、高可靠、高可达、高舒适、高智慧”目标以外，针对出行方式链的高效品质，需要制定“低换乘”服务目标，严格控制城市公共交通出行的换乘次数，同步提升系统换乘效率的要求，通过测算在不同出行距离下，小汽车出行、公交一站直达出行、公交一次换乘出行所需时间得出，中短距离要一站直达、中长距离最多接受一次换乘，从而实现公交系统服务时间与小汽车服务时间的同级服务水平（图4-13）。

雄安新区容东片区公共交通发展指标体系的构建主要从需求侧市民感受度以及供给侧系统设施两个维度，分别围绕高水平目标、高可靠目标、高可达目标、高舒适目标、高智慧目标以及低换乘的目标要求，详细制定了雄安新区容东片区公共交通发展的具体控制指标要求，从服务时间、服务品质等多方面进行管控，让市民真正能够乐享公交，同时从设施规模、配置要求等方面对公共交通系统设施提出了具体的指标指引，实现并引导新区公共交通系统由规划理念向实际运营的切实落地（表4-4）。

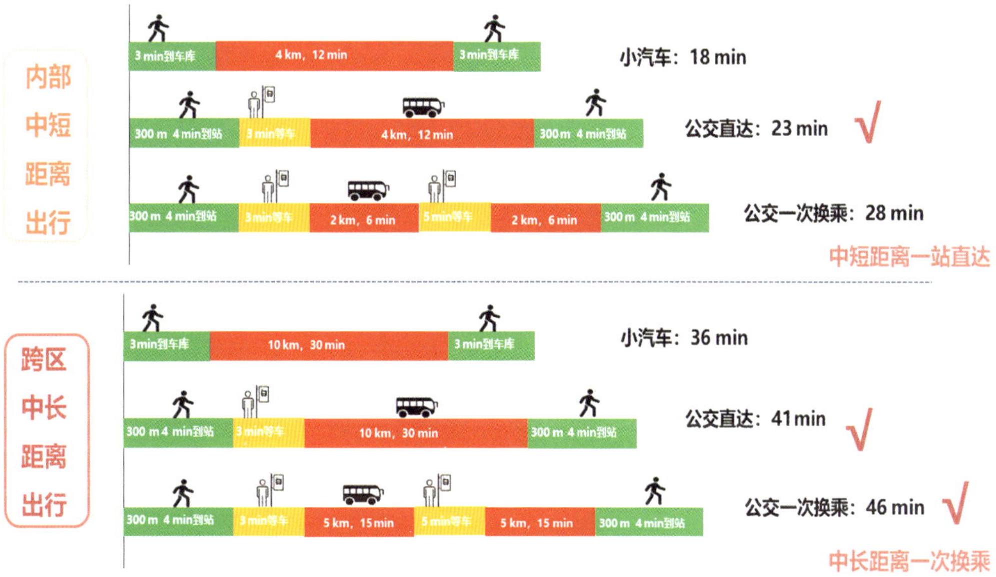

图4-13　不同出行距离出行时间测算对比分析

表4-4 新区容东片区公共交通发展指标体系

指标类别	指标分类	
	市民感受度指标	系统设施指标
高水平	市民公交满意度达 90% 以上	绿色交通出行占全方式出行比例达 90%
		公共交通出行占机动化全方式出行比例达 80%
高可靠	步行到站时间在 4 min 内	公交站点 300 m 覆盖率达 100%
	候车时间在 3 min 内	公交枢纽复合生活功能比例达 100%，公交站台配套便民设施率不低于 50%
高可达	45 min 内接驳重要枢纽	公交运营车速高峰不低于 20 km/h
	60 min 内雄安新区跨组团之间可达	公交运营准点率达 95%
	20 min 内容东区内任意点可达	公交单车日均载客≥ 200 人次
高舒适	公交枢纽室内候车率达 90%	候车亭座椅覆盖率达 100%
	基本线路车内满载率不高于 70%	公交进场率达 100%
	公交枢纽、站台、车辆 Wi-Fi100% 覆盖	新能源车辆比例达 100%
高智慧	智能出行方案提供率达 100%	智慧站台比例达 100%
	需求响应间隔在 3 min 内	公交优先信号交叉口比例达 100%
低换乘	容东片区内保证一站直达、雄安整体确保一次换乘可达率达 85%	市民出行需求响应率达 100%
	换乘时间在 3 min 内	公共交通不同方式不同线路之间尽可能无缝换乘，换乘距离最远不超过 100 m

4.3

全域公交实施策略

4.3.1 全域 TOD 模式落地与公交都市建设

合理布局城市空间结构，创建紧凑型城市形态，提高土地混合利用程度，实现小汽车交通需求减量和交通需求时空分布均衡。坚持公交对城市开发的先导和引导作用，利用轨道交通建设机遇，推动轨道站点及周边区域土地混合集约利用和一体化交通衔接，提高土地利用效率，减少小汽车出行频率。推动全域 TOD 发展模式，以公共交通为核心资源，打造公交都市、公交走廊、公交社区和公交楼宇。

4.3.1.1 公交都市

以公交设施引导城市开发、支撑城市形态是公交都市最大的特色。用地开发集中于客流走廊沿线两侧的走廊带内，沿着客流轴进行城市的扩张，人口分布也与客流轴形态互相契合。

公交系统架构包括公交设施的组成、功能定位、服务范围，与城市规模、空间形态等息息相关。国际上关于大都市区公交系统架构的搭建基本达成较为统一的共识，大体分为三个层次，具体如下。

1）国土层面：半径为 50~150 km，非公交化运营范围，设施一般以城际铁路、普通铁路为主。

2）都市区层面：半径为 20~50 km，已进入公交设施服务范围，一般以轨道快线或市郊铁路为主，对近远郊市镇进行串联。

3）中心城区层面：半径在 20 km 以内，城市高密度开发地区，以城市轨道系统（干线、加密线）为骨架，覆盖主要客流走廊，同时地面公交系统提供网络化公交服务，成为公交设施主体（图 4-14）。

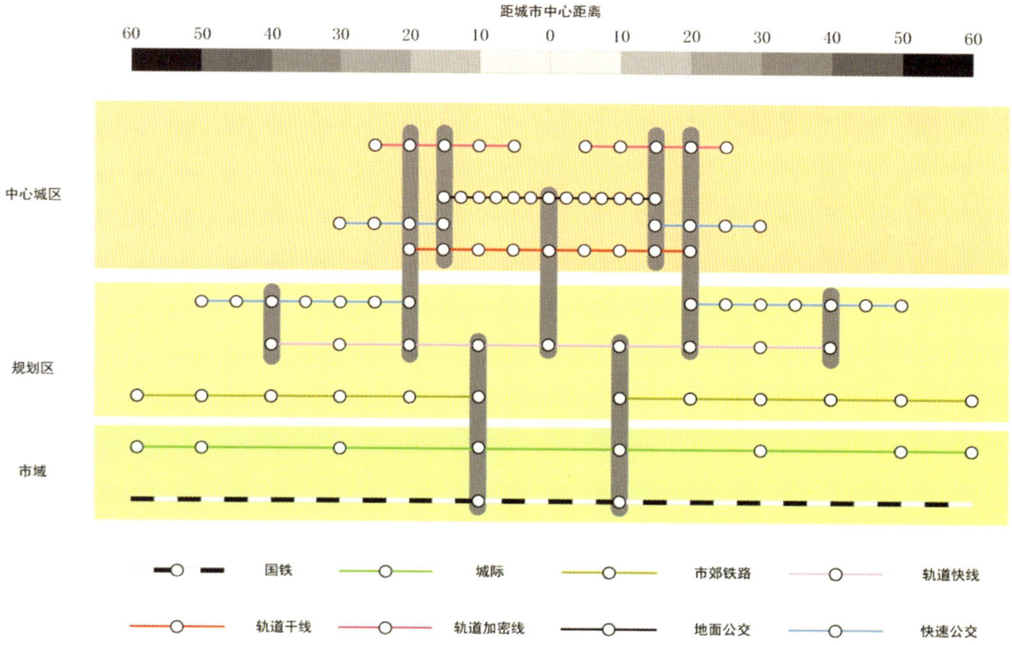

图4-14 公交设施总体架构示意

除此之外，巴黎、东京等特大型城市还利用有轨电车、快速公交等中运量公交设施补充既有公交设施系统，一般设置于外围大型组团内部，成为组团内主要公交系统，并与轨道快线、市郊铁路等骨架公交设施形成良好的接驳换乘关系（表 4-5、表 4-6）。

表 4-5 首尔公交系统设施架构

空间层次	服务形式	功能定位
国土层次	广域电铁	国土层面客流直达服务
首尔都市圈(半径为 50 km)	都市圈电铁	串联都市区近郊新城与首尔特别市，为用地轴向拓展提供支撑
	广域电铁	服务首尔特别市与远郊新城之间直达客流
首尔特别市(半径为 15 km)	首尔地下铁	集中服务首尔特别市范围内城市主要客流走廊
	地面公交	辅助地铁提供网络化公交服务，形成良好的接驳关系

表 4-6 巴黎公交系统设施架构

空间层次	服务形式	功能定位
国土层次	高速铁路	国土层面客流直达服务
大巴黎区（半径为 50 km）	区域快轨	衔接巴黎市区与近郊新城、机场枢纽
	通勤铁路	服务巴黎市区与远郊新城之间通勤客流
	有轨电车	主要服务于外围独立新城内部的公交客流走廊
巴黎市区（半径为 6~8 km）	城市地铁	集中服务于巴黎市区范围内城市主要客流走廊
	地面公交	辅助地铁提供网络化公交服务，形成良好的接驳关系

4.3.1.2 公交走廊

公交设施对城市空间的引导表现在公交设施对城市形态的轴向支撑和公交枢纽对周边用地高密度功能集聚的支撑两个方面。其中，中心城区内应以轨道系统为骨架，轴向引导中心体系的形成，并围绕站点进行 TOD 开发提升用地效率；同时，网络化地面公交系统提供全覆盖公交设施服务。

依托于容东片区内部的公交优先走廊，在走廊沿线进行高密度开发，尽可能覆盖更多的居住人口与就业人口。容东规划的优先走廊实现了 300 m 覆盖 100% 人口和岗位。

4.3.1.3 公交社区

公交枢纽是城市 TOD 发展模式的主要载体，也是城市功能高度集聚区域。通过对中国香港、新加坡等高密度开发城市相关经验的总结，公交枢纽的点状功能集聚的实现需要从岗位人口的覆盖、公共设施的建设、多种模式整合等方面展开。

为了切实将公交枢纽与用地开发相结合，国外发达城市一般选择将换乘设施与周边用地协同开发的模式，形成了枢纽商办体、枢纽综合体等新型的枢纽形式。在这些开发模式中，枢纽设施一般设置于地下、地面，城市用地功能一般位于二层以上，两者之间通过垂直换乘设施进行衔接，保障用地开发的效率，同时也为枢纽周边用地功能的实现打下基础。

为了支撑公交枢纽与周边用地功能的联动机制，需要建立无缝换乘的客流转换体系，包括轨道交通、中运量公交、公共汽车、出租车等公交系统内部组成设施之间的高效接驳，以及公共交通与慢行系统、小汽车之间的便捷换乘。

以容东为例，在轨道交通站点周边建设高密度、小户型的居住小区，并围绕轨道站点实行差异化、梯度化、功能混合的土地开发，使得轨道交通站点周边聚集尽可能多的居住和就业人口。容东片区内部 3 个轨道站点 600 m 半径辐射圈覆盖了约 43.3% 的岗位和 24.9% 的居住人口。

4.3.1.4　公交楼宇

将轨道交通站点与公共交通、配送中心、停车场、候车区等交通换乘空间一体化融合，形成集约化的交通换乘中心。轨道交通站点应尽量多设置出入口，并直接连通至公共性地块内部。有条件的轨道交通站点还可整合社区活动中心的功能，实现站城一体化开发（图 4-15）。

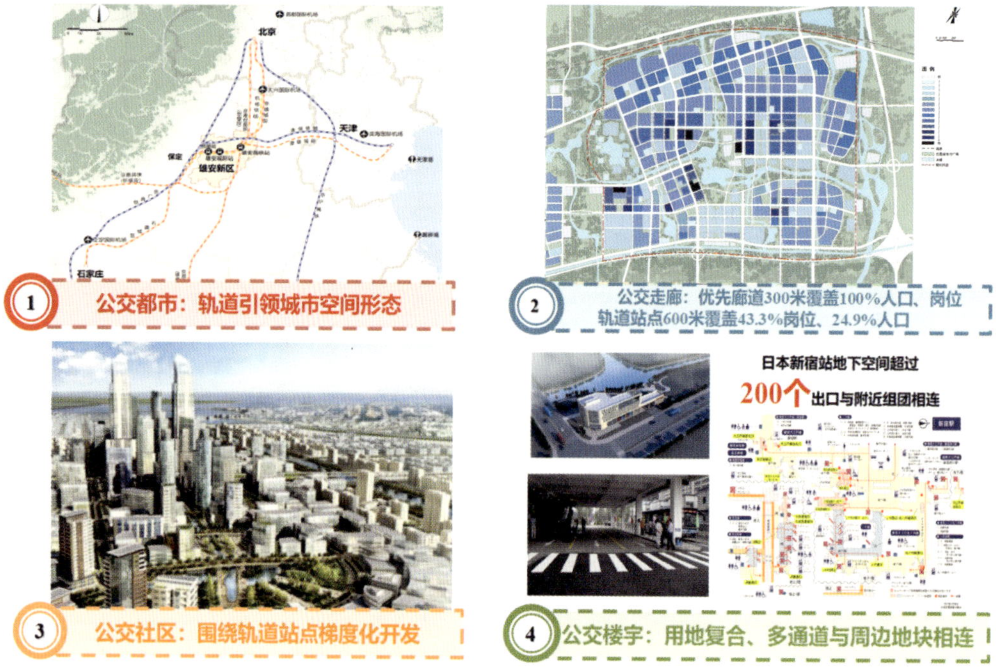

图4-15　全域TOD模式及公交都市建设示意

集合东京、中国香港、新加坡在城市用地开发模式上的类型区分，将雄安新区轨道站点周边开发类型分为城市中心型、枢纽型、产业型和开敞片区型四类，以此为基础分别明确其用地开发模式。

1. 城市中心型

城市中心型包括市级中心型、片区中心型和社区中心型。

1）市级中心型：围绕站点周边 100~150 m 范围进行高混合用地开发，以商业、办公、娱乐为主体进行功能相互渗透。

2）片区中心型：围绕站点周边 100~150 m 范围进行中等混合用地开发，以商办、商娱为主体，辅以社会公共服务设施，重点打造辐射周边片区的功能中心。

3）社区中心型：围绕站点周边 100~150 m 范围进行中低密度商业、社会公共服务设施开发，以超市、零售业为主，构建邻里中心。

2. 枢纽型

枢纽型 TOD 依托城市各级对外枢纽构建，存在城市内外客流的转换过程。枢纽型 TOD 构建的目的一方面是借助枢纽汇聚的人气进行用地高密度开发，提升枢纽地区用地效率；另一方面，通过商业、办公等业态的导入，使枢纽地区纯粹的换乘功能转变为到发功能，提升居民出行效率。

3. 产业型

产业型 TOD 围绕站点周边 100~150 m 范围进行商业、办公及部分混合商办、商住开发，为园区提供配套社会公共服务设施。

4. 开敞片区型

开敞片区型 TOD 主要针对大型景点、公园等人流量季节性集中，开发受限制地区提出，以配套为主，开发强度为中低。

结合人口空间集聚程度要求及用地布局要求，对各类 TOD 发展模式用地开发强度进行反推，明确不同影响范围内用地开发容积率要求及用地混合开发要求，强化公交对用地开发的引导功能（表 4-7）。

表 4-7 各类 TOD 项目开发强度控制一览

<table>
<tr><th colspan="2">TOD 类型</th><th>200 m 以内范围</th><th>200~500 m 范围</th><th>500 m 以外范围</th></tr>
<tr><td rowspan="3">城市中心</td><td>市级中心</td><td>混合容积率 >5</td><td>混合容积率 >3.5</td><td>办公、商业及部分商住，容积率 >2.5</td></tr>
<tr><td>片区中心</td><td>商办、商住等混合用地为主，容积率为 >3.5</td><td>以商住为主，容积率 >2.5</td><td>以住宅为主，容积率 >1.5</td></tr>
<tr><td>社区中心</td><td>以商业、商住和社会服务设施为主，容积率 >2.5</td><td colspan="2">以住宅为主，容积率 >1.5</td></tr>
</table>

续表

TOD 类型		200 m 以内范围	200~500 m 范围	500 m 以外范围
枢纽片区	大型枢纽	积极推进站体上盖物业开发	混合容积率 >4.5	办公、商业及部分商住，容积率 >3
	一般枢纽	商办、商住等混合用地为主，容积率为 >3.5	以商住为主，容积率 >2.5	以住宅为主，容积率 >1.5
产业园区		商办、商住等混合用地为主，配套社会服务设施，容积率为 2-2.5	配套住宅为主，容积率 1.5-2	结合产业用地开发确定
开敞片区		以商住、娱乐为主，容积率 1.5-2	保护性开发区域	

4.3.2 全域公交服务，倡导全程、全民公交出行选择

雄安新区是新型城镇化下高水平社会主义现代化城市的代表，其中绿色出行比例达 90% 的目标正代表着城市的发展方向。而追求职住平衡，提升慢行比例，减少无效出行，则是未来交通的方向。在规划过程中，一方面以传统思路优化慢行出行环境，引导慢行出行比重增加；同时特别提出对公交枢纽节点的城市功能复合化，以“站城一体”的思路，提高换乘节点社会生活功能的丰富性，营造出行节点即目的地的公交新生活。

公共交通的发展是解决城市交通拥堵的根本策略，但不是根本目标。公共交通的服务对象永远是出行居民，以提升乘客出行体验为根本目标，提高公交吸引力。面向“90/80”高目标，坚持以提升公交出行幸福感为出发点，围绕“构建较小汽车出行有压倒性优势的公交系统”这一核心，通过全球高品质公交系统的多方借鉴，提炼高质量公共交通系统特质——“可靠的服务、更快的速度、更佳的可达、更易的使用”，构建“全域覆盖、全程链接、全民服务”的公交体系与服务，使得市民的每一次出行可以选择和获得良好的公交服务（图 4-16）。

4.3.2.1 全域覆盖

让地区级、城区级、片区级、街区级内任何出行，均可选择和获得合适的公交服务，包括高铁、城际铁路、市域（郊）铁路、城市轨道、中运量公交、普通巴士、支线公交、城乡公交、需求响应公交等覆盖国土全域的公交体系，让城市、城际、城乡、乡村全域内任何不同距离的出行，均可选择和获得广覆盖、高可达的公交服务。

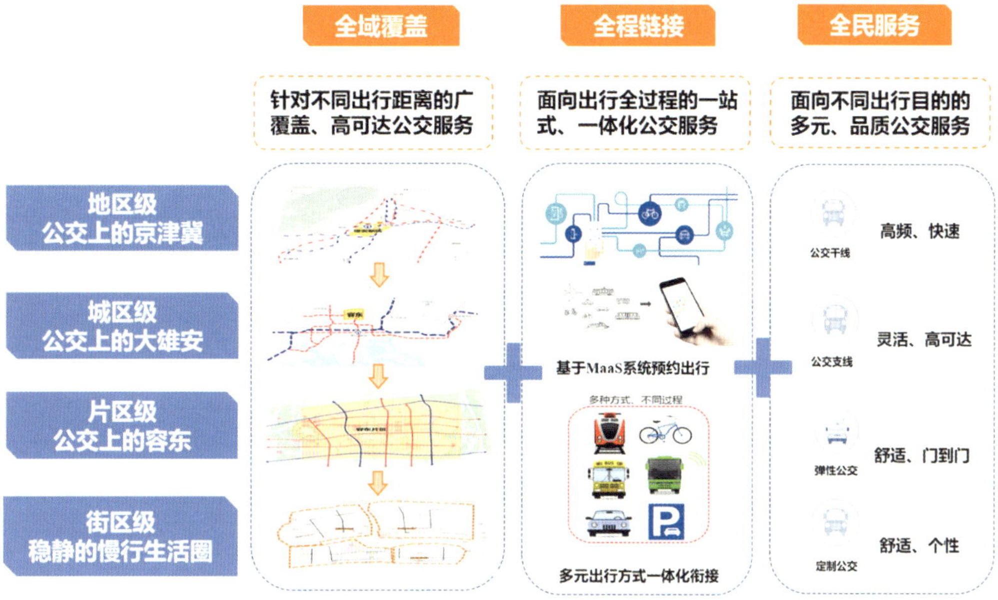

图4-16 新区三全公交发展体系架构

4.3.2.2 全程链接

无论城市还是城际出行，一次出行链中，除了两端可以采用步行、自行车到达起终点外，中间行程均可选择和获得一站式、一体化的公交服务。面向小汽车竞争，以提供“点到点”服务为基本要求，将完整出行链的服务品质锚定到“链”与“点”上。以“多级网络形成合力服务，多种方式提供多元服务”提供“链”上出行最优方案；以“多式出行节点高效转换，多种功能节点有机结合”挖掘提升枢纽价值，实现出行活动与城市生活的完美融合，实现以“点”带“链”全程出行品质的飞跃。

4.3.2.3 全民服务

任何人任何一次超过 2 km 的出行，只要愿意，均可选择和获得良好的公交服务。通过对容东不同人群特殊性的分析，细化各类需求，对应不同出行方案，保证安置居民、引进人才、商旅访客等各类人群皆可乐享公交。

4.3.2.4 智慧出行

建设可持续一键式智慧公交出行服务系统、以乘客需求实时响应为核心的容东新型一体化公交必须有强大的智能公交出行服务平台。项目提出搭建集数据、网络、运营、服务于一体的一键式智能公交出行服务平台，在高密度公交站点的支持下，实现对全员现阶段及近期出行需求的广覆盖，同时不断完善其他功能板块的服务水平，实现平台对服务供给、运营评估以及多元业务开发的一体化整合（图 4-17）。

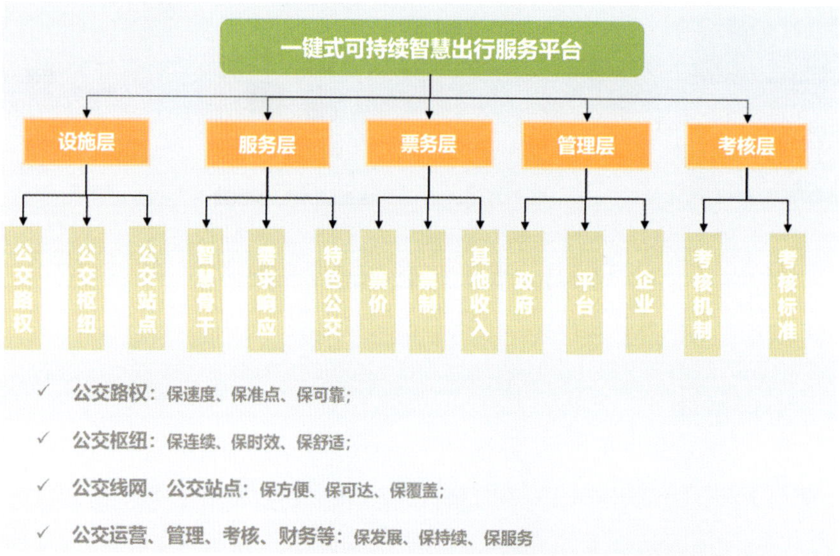

图4-17　新区一键式可持续智慧出行服务平台框架

4.3.3 供给结构改革，实现道路交通公交化、公交用地复合化

公交基础设施是保障公共交通运行的基本条件，也是制定和落实公共交通优先发展政策的重点。在雄安新区容东片区系统规划、空间分配、交通设计等各个阶段中，绿色集约化交通方式相对于小汽车应具有更高的设计优先级。要确保除快速路以外，任何道路绿行空间（步行与非机动车通行空间）+ 绿景空间（中分带、侧分带、路侧景观绿带等）占道路断面宽度的 50% 以上，为步行和非机动车提供舒适宜人的慢行环境，科学调控减少居民对小汽车的使用（图 4-18）。

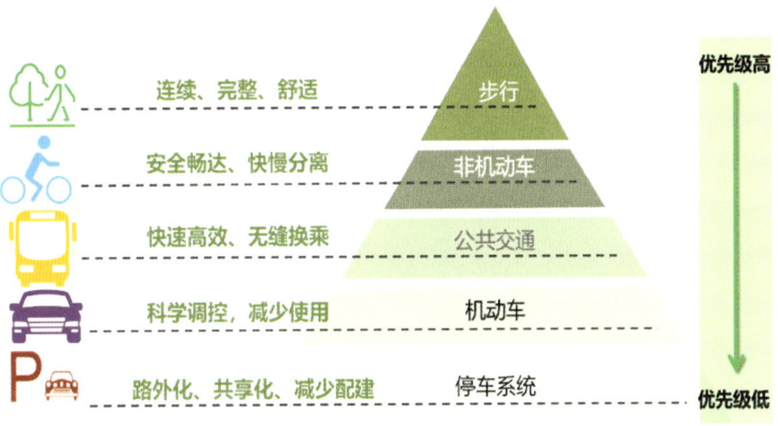

图4-18 容东片区交通系统设计优先级示意图

对于道路的空间分配，在道路宽度有限的情况下，有限的道路空间资源更多向慢行、公交等绿色交通方式倾斜，容东片区内部狭窄的道路或街道可考虑不允许机动车通行，只允许步行和非机动车通行，随着道路宽度的增加，可逐步允许公交车通行、机动车单向通行，有足够宽度的道路再允许机动车双向通行（图 4-19）。

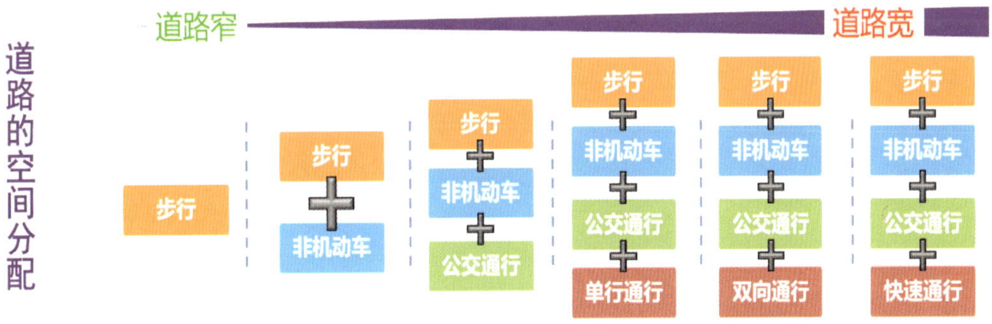

图4-19 道路从窄到宽的情况下空间分配优先级示意

4.3.3.1 公交枢纽场站

通过整合公交场站、停车场等既有规划空间，以保障乘客出行便捷、舒适、高效为目标，在容城组团构建城市型枢纽、组团型枢纽、社区型枢纽和邻里型枢纽四级枢纽体系。加强公交、慢行等交通方式的一体化组织，强化枢纽与组团、社区等城市公共服务空间耦合，进一步提升出行便捷性、舒适性，以点带面提升新区整体出行服务水平，支撑“90/80”交通目标实现。

城市型枢纽承担区域轨道交通和城市公共交通之间的交通转换，结合高铁站、城际站等铁路客运站建设。在优先保障公交便捷换乘的前提下，综合布局公交首末站、出租车（网约车）场、社会车辆停车场。

组团型枢纽定位为组团对外和组团之间联通与集散功能，主要包括诱导外来小汽车停放、综合公交停保场、调度功能和部分长途客运功能。布局于邻近组团外围的高速公路、干线公路等对外骨干道路出入口建设，与换乘中心复合建设，提供外来小汽车、公交快干支线、长途客运等多种交通方式之间的换乘，采用一体化综合开发的建设模式。内部设施包括社会车辆停车场、公交首末站、停保场、长途客运功能等。组团型枢纽的服务半径为5 km。

社区型枢纽定位为组团内部各个社区之间联通与集散功能，服务于生活圈，与社区中心布局耦合，主要提供轨道交通、公交、小汽车与慢行之间的换乘，主要考虑与周边商办、公建设施用地及轨道交通站进行一体化建设，属于商业办公用地配建工程。社区型枢纽的服务半径为1 km。

邻里型枢纽定位为社区内部各邻里中心之间联通与集散功能，以服务社区内部生活圈、与城市邻里中心布局耦合，提供需求响应式公交与慢行的换乘，主要以社区邻里中心复合开发利用。邻里型枢纽的服务半径为300 m（表4-8）。

表4-8　各级公交枢纽功能分类一览

枢纽类型	功能定位	换乘方式	布局原则
城市型	实现区域对外交通和城市公共交通之间的转换	城市公交 长途客运	结合对外枢纽
组团型	诱导外来小汽车停放 综合公交停保场、调度功能和部分长途客运功能	外来小汽车 基本公交 长途客运	对外骨干道路出入口
社区型	综合轨道交通、公交、小汽车、慢行等换乘功能 公交调度功能 兼顾物流配送	基本公交 弹性公交 特色公交 兼顾社区物流	社区中心 公交枢纽
邻里型	共享交通及慢行之间的换乘功能 配套物流终端	共享交通 兼顾物流终端	邻里中心； 居住集中区

4.3.3.2　公交站台建设

公交中途站是为公交乘客中途上下车服务的，设置在公共交通线路沿途所经过的客流集散点上，与过街通道、其他交通方式近距离衔接。通过布设高覆盖率的定线公交站点，形成全域覆盖的公交服务网络，实现公交站点 300 m 服务半径片区全覆盖（图 4-20）。

图4-20 容东片区公交站点布局示意

4.3.3.3 路权时空优先保障

依托单元集散道路布局骨干公交走廊，串联各级公交换乘中心，覆盖 10 min 生活圈；组团连接道路布设公交专用道，服务组团间长距离公交联系。

国内外相关规范对公交专用道设置条件进行详细分析，一般考虑道路红线宽度、公交车流量、公交客流量等因素进行公交专用道的设置。其中，公交客流需求是主要考虑因素，道路条件则是可实施的论证依据。

同时，国外城市根据公交客流量的不同规模，也初步形成了公交专用道设置形式的分级考虑。美国在 3 000 人次 /h 考虑设置路侧式公交专用道，而达到 4 000 人次 /h 的时候则需要考虑路中式公交专用道。

国外对于专用道不同运能的设施支撑的思想在国内公交客流量网络化和城市空间发展不均衡的双重背景下具有较好的指导意义。在此指导下，我们可以针对不同的客流规模、不同的用地功能，因地制宜、差别化配置公交专用道设施，使专用道设施与城市功能、客流形成机理更加契合（表 4-9）。

表 4-9 国内外城市公交专用道设置及分类条件一览

		客流条件	道路空间条件
美国交通工程手册	路侧式	专用道高峰小时交通量为 60 辆 /h 高峰小时客流量超过 3 000 人次 /h	同一方向需至少预留两条车道供其他车辆行驶
	路中式	高峰时间公交车专用道的交通量达到每车道每小时 75 辆以上，或 12 h 内 500 辆以上	
英国		高峰小时公交车流量达到 50 辆以上 公交车载客量达 2 000 人次 /h	—
公安部制定《公交专用道设置标准 GA/T 507—2004》		单向公交车流量大于 90 辆 /h	双向八车道
		单向公交客运量大于 4 000 人次 / 高峰 h，且公交车流量大于 100 辆 / 高峰 h	双向六车道
		单向公交客运量大于 6 000 人次 / 高峰 h，且公交车流量大于 150 辆 / 高峰 h	双向四车道
台北		高峰小时单向公交车数至少 60 班次	有效行车路宽至少 30 m，或单向行驶道路宽度至少 20 m
昆明		公共汽车流量大于 100 辆 /h	道路单向机动车道至少有两条，道路红线宽度≥ 40 m

4.3.4 营造绿行新区，创建步行城市

新区慢行网络规划充分利用城市空间蓝绿交织、清新明亮、水城共融、多组团集约紧凑的生态布局，为重要人流吸引点构建良好的慢行环境，构建“滨湖亲水 - 生活休憩 - 商务通勤 - 健身锻炼”相融合的多功能骑行网络，为打造绿行城市、慢行城市、宜居宜业城市创造良好条件。重点打造 15 min 日常生活圈，依托安全舒适、环境友好的步行空间，提供最基本的日常生活服务，依托安全通畅、舒适优美的步行与骑行环境，提供较为综合、全面的日常生活服务（图 4-21），主要策略如下。

4.3.4.1 让慢行更加优先

为鼓励和吸引居民骑自行车出行，构建全年无障碍、连续舒适的步行环境，结合通勤、健身、休闲等功能规划建设多元化自行车道 / 路，主要包括：①自行车专用路，在区域绿道和城市绿道系统中，布置慢行专用路，禁行机动车，仅允许慢行通行，服务居民健身与休闲；②自行车专用道，串联居民区和主要的就业岗位集中区域，服务居民日常通勤，保证自行车顺畅连续骑行，与公交车辆共用路权；③自行车道，干路和支路两侧的自行车通

行空间，渗透到片区内部的各个角落，是自行车出行的主要集散路径。总体上，保障公交网络密度不少于 5.0 km/km^2，慢行交通网络密度不小于 10 km/km^2，实现公交服务与慢行网络的全覆盖，优先保证公交专用路、慢行专用路的供应。

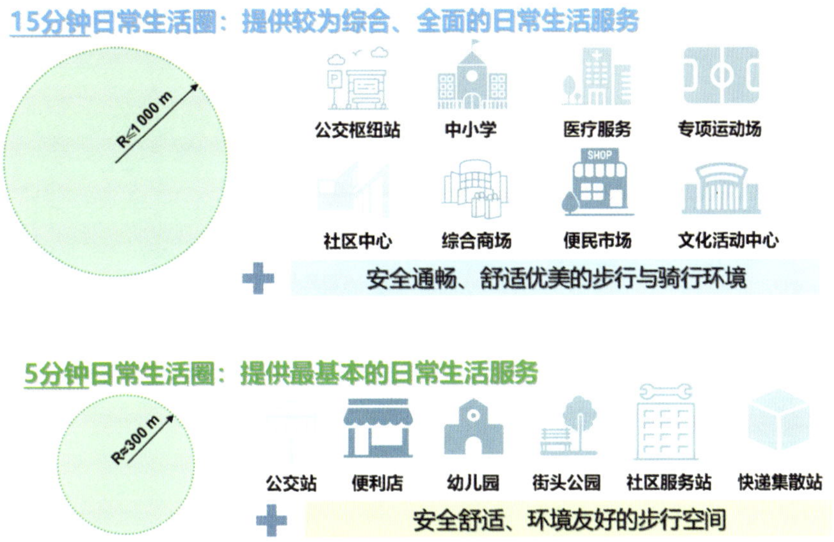

图4-21　新区15 min日常生活通勤圈示意

4.3.4.2　让慢行更加安全

片区道路应采用稳静化设计，通过划定路权、设置交通减速设施、拓宽人行驻足区、设置自行车停车设施，提供良好的设施环境；通过弹性设施带、建筑前区休憩设施、交叉口公共空间预留、建筑后退用地红线 2.5~5 m 控制，营造良好的步行与活动空间；通过兼容性的活动空间、街道铺装和街道家具设计，丰富街道设施；道路限速 30 km/h 或以下，在住宅区或校区设置交通安宁区，汽车限速 20 km/h 或更低，充分保障行人安全以及空间活力。另外，禁止路内停车，充分保障步行、自行车交通路权，缩短行人过街距离，优化过街安全岛设置，提升行人过街安全，科学引导电动自行车使用，严格电动自行车上路标准，加强违章管理。

4.3.4.3　让慢行更加舒适

在区域连接道路和集散道路建设连续完整的林荫道，实现街道林荫化率 100%，同时融入公共艺术，使得慢行环境富于魅力。优化道路遮阴挡雨、照明、标识标记等设施，提供逗留与休憩场所，使得所有人在任何天气情况下可使用街道。保障城市交通无障碍设施建设和管理，实现无障碍出行 100% 覆盖。建设多样的非机动车停车设施，引入智能化非机动车停车系统，保障非机动车停车便捷有序与通行空间安全舒畅（图 4-22）。

图4-22　区域连接道路和集散道路建设连续完整的林荫道

4.3.4.4　相关关键措施

1. 自行车专用设施

在城市及周边地区设有维护良好、充分整合的自行车专用道、路边自行车道以及自行车优先街道等各类自行车道路；采用统一的彩色方向标识系统；设置供自行车使用的捷径小径，例如穿越街区的小径、连接汽车断头路的小径等。

2. 交叉口慢行设计

在大多数交叉口为自行车提前切换绿灯，将自行车道延伸至优先等候区域（置于汽车停止线之前），方便骑行者安全便捷地穿越交叉口或转向。在进入交叉口前为自行车提供专用右转道，以及在丁字路口为自行车提供红灯通行权，以提高骑行速度和安全性，用明显的颜色标识交叉口处的自行车道。根据自行车行进速度实现交通信号同步，让骑行者能一路绿灯畅行（如哥本哈根的绿浪），在自行车道沿途设置提示标识，告知骑行者在下一路口绿灯通行所需的行进速度。

3. 交通稳静化

通过限速（30 km/h）和设置机动车物理障碍实现居住区的交通宁静化。在自行车专用道以及狭窄道路上保证自行车较汽车拥有绝对优先权，设立限速 7 km/h 的“住宅区域”。在此区域内，汽车须避让路上的行人或骑行者。

4. 自行车停放

在市区内各处提供充足的停放设施，提高自行车停放场所的照明条件及安全性，可考虑布设看管人员、录像监控以及为女性提供优先存车服务。

5. 与公共交通整合

在轨道交通站点提供充足的自行车停放设施，在大部分轨道站点提供自行车租赁服务，通过“网约 +”服务，在公交车站租用自行车，并能在城市中的各繁忙节点地段归还。部分站点提供高品质自行车停放场所，内设监控录像、良好照明、背景音乐、自行车修理及租赁服务。

4.3.5 建设低碳新区，打造健康城市

加强对小汽车出行的合理引导与管理，建设低碳新区，打造健康城市，打破小汽车在出行便捷性上一枝独秀的格局，使出行关注点从车的引导转移到人的移动，改善绿色交通在全过程出行链系统中的地位。

4.3.5.1 区域准入机制，“三限两控”：限种类、时段、总量；控预约、收费

1）明确除高载客率（3 人以上）、清洁能源汽车、共享租赁车、特种车外，其他外部燃油机动车全天一律不允许进入核心区域。

2）合理控制城市交换中心（City Exchange Center，CEC）停车场规模，同时停车场一律应当收费。

3）鼓励使用电子围栏、摄像监控、全球定位系统等智能管理技术实现车辆无障碍有序通行，不设立收费站点。

4）对违规进入的外部车辆（不在准入范围内）采取罚款扣分措施。需根据道路与停车位容量确定外部小汽车准入额度。

5）任何外部车辆（特种车除外）进入片区内需提前预约，未预约进入的小汽车要被罚款扣分。车主可根据网络、电话或者手机短信等多种方式预约进入。

6）远期对预约进入的小汽车采取收取环保费的措施。车辆可提前预付也可当日进入扣款，可按日、周或年付费，并且根据具体情况享受相应的优惠。

4.3.5.2 零排放新区建设，控总量、定周期、限注册、调收费、低配车

1. 小汽车拥有制度

实行机动车总量调控制度，当机动车保有量达到总量后，按照机动车淘汰量等额发放牌照，实现机动车零增长。

2. 小汽车停放管理制度

机动车停车配建应当是控制上限，对拥车车位和用车车位实行双控。针对不同的停放区域（外围到中心收费梯度上升且距离轨道站点距离越近收费越高）、车辆类型（合乘车、新能源车停车费率较低）以及停放时段（高峰期间费率更高）采取差异化收费措施。

停车场中的停车位 100% 设置充电桩，公共类建筑停车场泊位中，50% 设置为新能源租赁车专用泊位，采用牌照识别的方法进行管控，不允许一般车辆停放。

3. 小汽车淘汰制度

对于常住居民已注册的既有燃油车辆，采用补贴置换的措施，培养汽车报废产业，让车主从报废中获得合理的利益，让居民形成机动车按时报废的习惯。

4.3.5.3 智慧共享的新区交通管理制度

全面推行共享出行，投放合理规模的共享自行车，积极推广共享电动自行车，采用电子围栏技术，规范停放秩序。

全面推行共享出行，投放合理规模的生态能源租赁车，在停车场配建租赁车专用停车

位，采取“分时租赁”方式提高车辆使用效率（图 4-23）。

建议通过财政补贴的方式加大生态能源汽车发展以及对充电基础设施建设运营的支持力度，建立充电基础设施安全运营监管体系。

图4-23 新区共享交通发展体系示意

4.3.6 构筑智慧新区，引领未来城市

新区公共交通系统基于 MaaS 系统架构，打造智能出行城市，智能化将会是新型公交系统的最重要特征。为响应新区智慧数字创新驱动要求，面向“精准决策、精心服务、精细运营”系统目标，构建全生命线公共交通服务体系，搭建一键式智能公交出行服务平台，实现数据、网络、运营、服务一体化公交新技术，构建实时感知、瞬时响应、智能决策的新型城市智能交通体系。随着移动互联网技术、车辆技术（电动化、智能化、网联化及共享化）的进一步革新与应用，以及配套基础设施的改造升级，未来的交通组织与服务模式将发生根本性的变革。公共运输、私营运输、共享运输之间的边界将会非常模糊，出行即服务（Mobility as a Service，简称 MaaS）将进入实际运营阶段，并承担主要的客运周转量。

4.3.6.1 面向政府决策管控系统

1）公交线网优化系统。基于城市用地开发、居民出行需求、公交基础设施及网络布局等基础数据库，系统分析片区客流时空分布规划，精准研判乘客出行需求，校核公交网络供给与客流需求的匹配关系，以便开展公交网络及设施布局优化决策工作。

2）公交用地保障系统。通过公交设施数字信息化系统，精准提供各类公交场站及枢纽、标准化公交首末站及站台、充电桩等设施配套的规划、建设、运营、管理、评估反馈等系统分析。

3）公交路权保障系统。结合智能网联系统建设，实现与车、路、行人、业务平台等之间的无线通信和信息交换，保障公交路权时空的优先与高效。

4）公交车辆配置系统。采集各类公交车辆配置信息、运营状况、维护保养、智能化设施配备等数字信息，提供公交运载工具的各类评估指标与运营数据。

5）公交财务分析系统。通过智能化平台的整合搭建，挖掘公共交通与城市用地开发互动关系，构建涵盖公交营收分析、票制票价收益、公交增值反馈等公交财务可持续发展评估决策系统。

6）公交安全应急保障。涉及公交安全信息发布、应急响应系统及重大活动辅助决策系统等需求内容（图 4-24）。

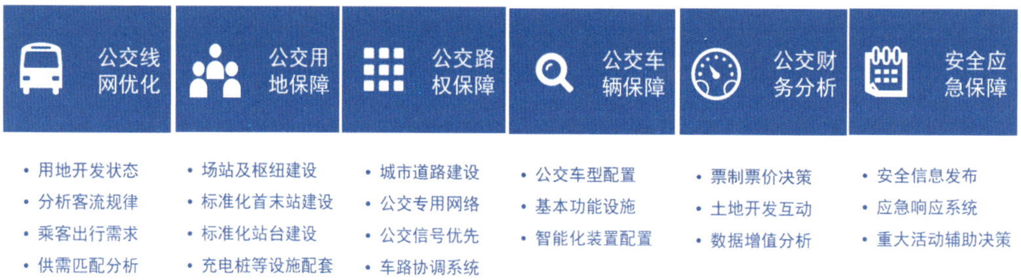

图4-24　政府决策管控系统需求架构示意

4.3.6.2　面向乘客智慧出行系统

1）全域交通系统整合。面向乘客的智慧出行系统应实现新区全域、全交通方式的整合集成，涵盖多层次轨道交通、骨干定线公交、灵活支线公交、需求响应公交、共享自行车、停车换乘等各类交通出行方式，实现数据、网络、运营、服务一体化。

2）公交出行规划系统。搭建一键式智能出行服务平台，提供乘客行程规划预约、实时最优路线、行程分解与寻订、一键支付以及出行服务评价等多元化出行功能，实现“一键预约、全程享受”的公交出行服务（图 4-25）。

3）出行信息发布系统。依托移动 APP 客户端等平台建设，实现新区交通出行查询、伴随信息推送、换乘信息等各类信息发布功能。

4）车载出行信息系统。结合新区智能化车辆硬件及软件配置要求，优化公交载具内信息发布、车载 Wi-Fi 系统、语音播报系统等功能组件。

5）车站出行信息系统。在各类公共交通场站、枢纽、站台等基础设施内，配置信息发布系统，实现枢纽内部公交出行信息查询、实时线路分布、电子导航服务等功能。

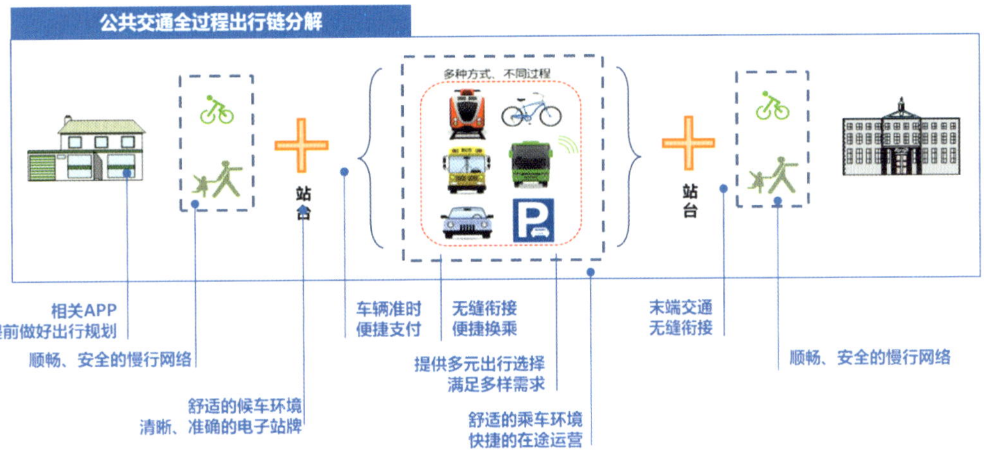

图4-25　乘客智慧出行预约规划及信息发布示意

6）其他增值服务系统。推进公交财务可持续发展，推进相关广告及增值服务，包括移动端、车站、车内等各类平台及设施的信息增值推送服务（图 4-26）。

图4-26　乘客智慧出行需求架构示意

4.3.6.3　面向公交运营考核系统

1）公交运营监管分析。“点线面”多维度、多层次整合挖掘分析公交运营数据，包括静态化指标、动态化运营等系统分析结果，为政府进行公交运营监管决策提供数据支撑与反馈。

2）公交服务考核评价。依托数字化平台建设，全面分析公交服务质量，包括安全性、快捷性、舒适性、可达性、可靠性等乘客体验满意度，以及车千米收入成本、人千米收入成本等企业运营效率分析。

3）公交车辆运营调度。建设公交车辆智能化运营调度平台，包括车辆运行轨迹监控、虚拟路线、辅助调度、路单核对等系统功能。

4）公交行车计划优化。根据运营实时客流分布情况，提出行车优化调整计划，包括发车间隔、区间或高峰线路设计等数字化、智能化调度安排。

5）公交安全运营检测。对于公共交通运营安全进行全方位、立体式监管，包括车辆运行监控、路况监控、事故统计分析等系统功能，并对驾驶风险、设备风险等提出防范报警，确保公共交通有序安全运营。

6）公交企业信息管理。主要实现全域公交运营企业相关管理信息的集成化分析，实现公交资源、人力、设施的高效利用与调配（图 4-27）。

图4-27　公交运营考核系统需求架构示意

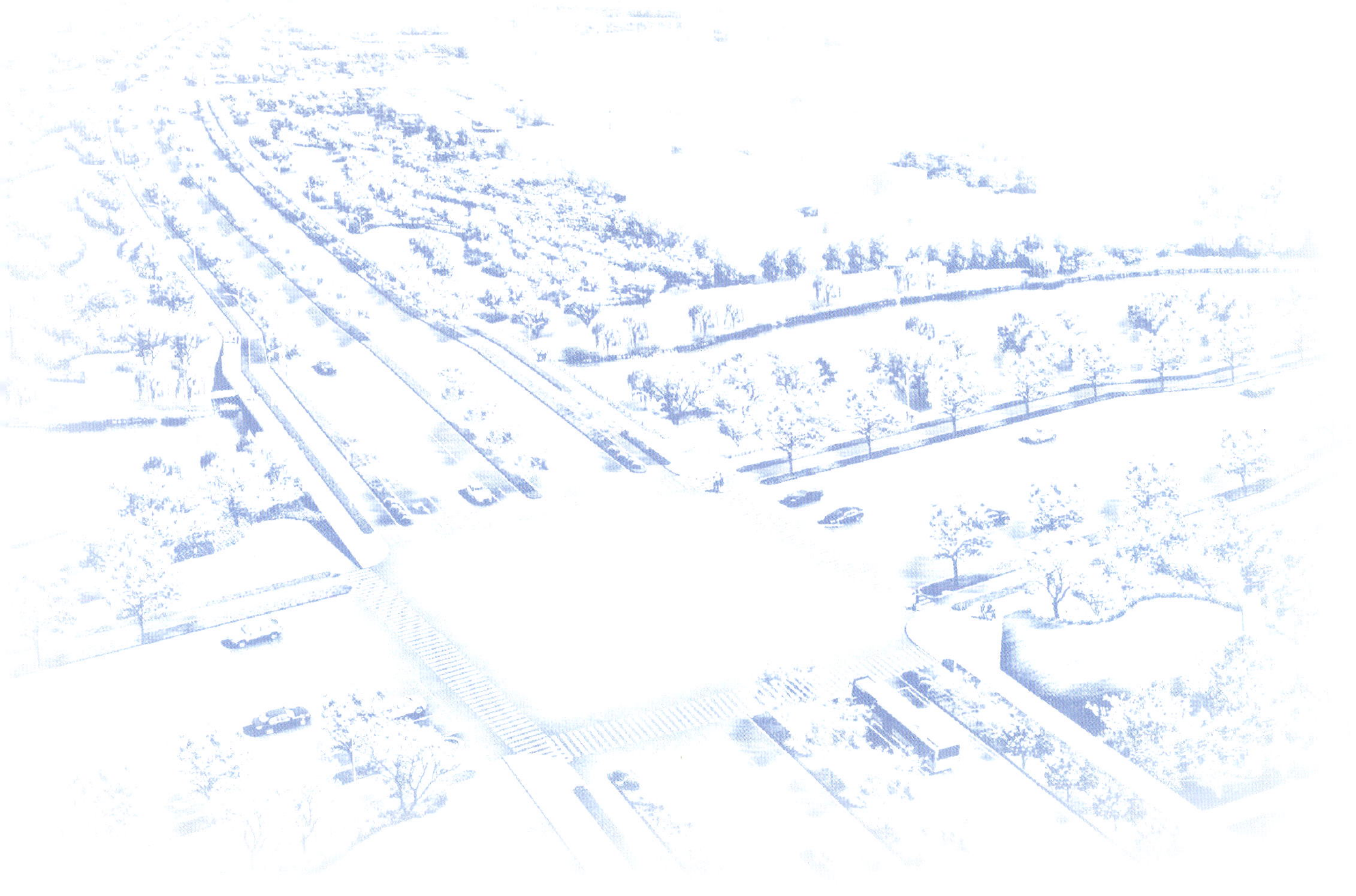

5

CHAPTER 5

第 5 章

三全公交体系发展路径

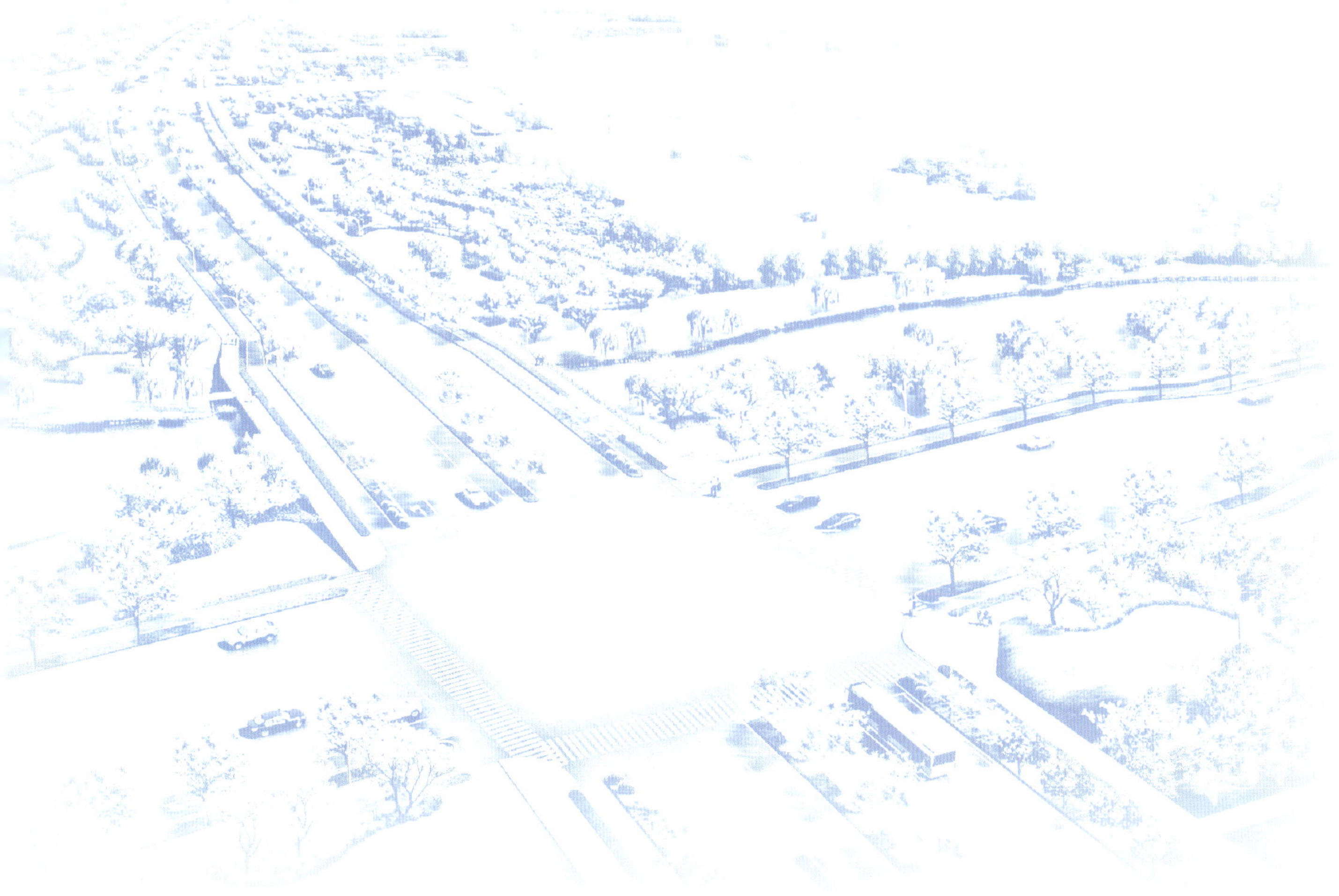

5.1
经验借鉴

发展公共交通是现代城市发展的方向，是加强城市交通治理、提升城市居民生活品质的有效措施，是城市可持续发展和城市先进管理水平的重要标志。在城市空间快速扩大和功能布局逐步完善的双驱并重要求下，雄安新区公共交通发展应充分借鉴国内外先进公交都市发展经验，推进公共交通与城市发展融为一体，各类公共交通方式高度整合，支撑区域规划完美实现。通过打造高品质的公共交通系统，充分结合雄安新区发展特色，高度适应城市不同人群的各类出行特征，支撑城市拓展和组团间的联系。

5.1.1 TOD 开发模式

目前，国际上推行以公共交通为导向（TOD）的土地开发机制，通过公共交通的建设引导城市可持续发展，推动土地利用与交通互动协调发展，实现土地功能的重组及空间结构的优化，转化并构建功能健全、层次清晰、结构合理的用地模式，支撑重点地区开发，增强城市中心区活力。TOD 模式有别于传统“摊大饼”的城市发展模式，是指以公共交通资源为核心，进行高强度、高密度、集约紧凑的城市开发的模式。通过交通枢纽与城市公共服务空间耦合，引导城市功能一体化开发，将出行最方便的城市空间留给公共交通，并以交通枢纽为核心，组织公交、慢行等出行方式，实现一体化，形成最有利于绿色交通出行的城市空间格局。

5.1.1.1 日本东京

日本东京拥有一张密集的轨道线网，轨道站点 800 m 半径覆盖率达 78%，线网密度达 1.31 km/km^2，位居全球第一位。东京以轨道交通枢纽站或换乘站为核心，对周边用地进行梯度式开发，提高车站 10 min 步行圈内高附加值土地的容积率，引导建筑高度由中心向外逐渐降低，形成大密大疏的城市格局，区域“极核”效应非常明显。六本木、涩谷、新宿等枢纽站点，500 m 半径范围内容积率达到 8~15，500~800 m 容积率达到 5~8，轨道站点 600 m 圈层的开发强度是整体的两倍，实现轨道枢纽站点及其周边土地的集约化利用（图 5-1）。

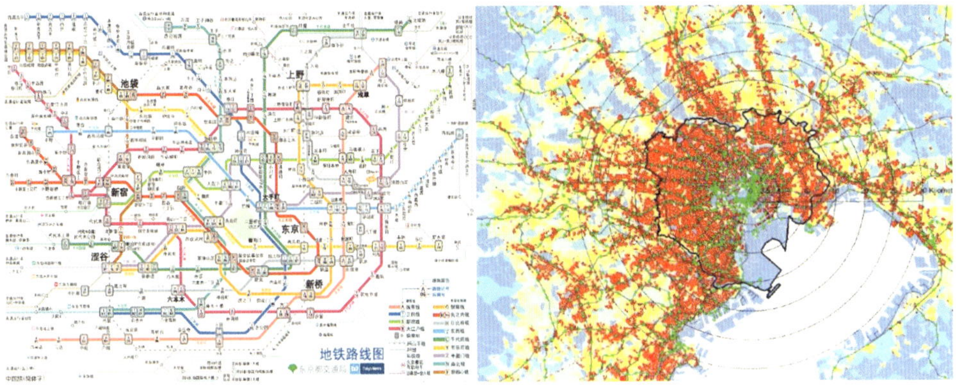

图5-1 东京轨道网及站点周边开发强度

5.1.1.2 中国香港

香港 TOD 模式之所以成功，一方面是因为运输效率高，最为重要的还是因为“港铁”兼具轨道运营者和物业开发者的双重身份，成功地运用了“轨道 + 物业”的开发模式，将轨道站点与周边的物业进行统一规划、设计、实施、开发及运营。香港的 TOD 项目主要分为三种类型：一是在站中心布局商业商务，由中心向外依次布局居住和公共设施用地的城市型；二是主要布局服务社区的商业，并在商业上面加盖住宅物业，在站点周边则开发高强度住宅的居住型；三是在站中心布局交通场站用地，由中心向外依次布局商业和居住用地的交通型，整体逐渐实现了对车站周边地块的高强度开发、区域内居住与就业的平衡、公共空间和步行环境的良好契合，香港轨道站点 750 m 半径范围内覆盖了 80% 的就业岗位及 70% 的居住人口（图 5-2）。

5.1.1.3 库里提巴

库里提巴 BRT（Bus Rapid Transit，快速公交系统）不只是一套交通系统，更是整个城市的核心骨干。库里提巴的城市增长发展是基于整合城市交通、用地发展和绿地保护，沿着 BRT 网络延展的方向进行的，通过 BRT 驱动 TOD 发展。其规划创新的亮点是通过分区法规进行引导管理，将高密度的开发聚集在走廊沿线，保证了 BRT 系统的客流和 BRT 沿线走廊的混合平衡发展，确保了城市可达性。库里提巴的三重道路系统（Trinary Road System）是库里提巴 TOD 理念的集中体现，也是其土地利用、城市交通整合的精髓。（图5-3）

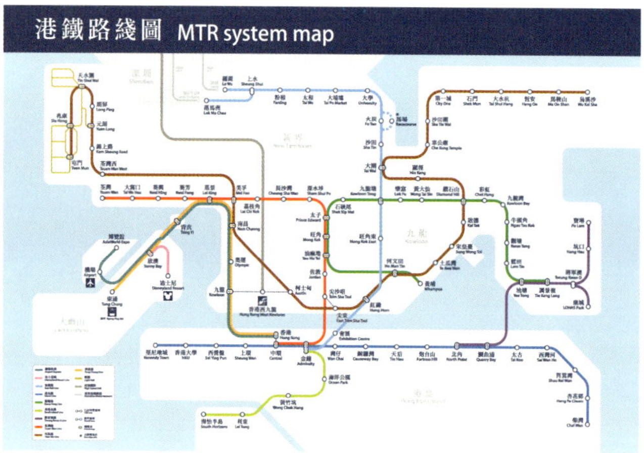

图5-2　香港轨道沿线人口分布

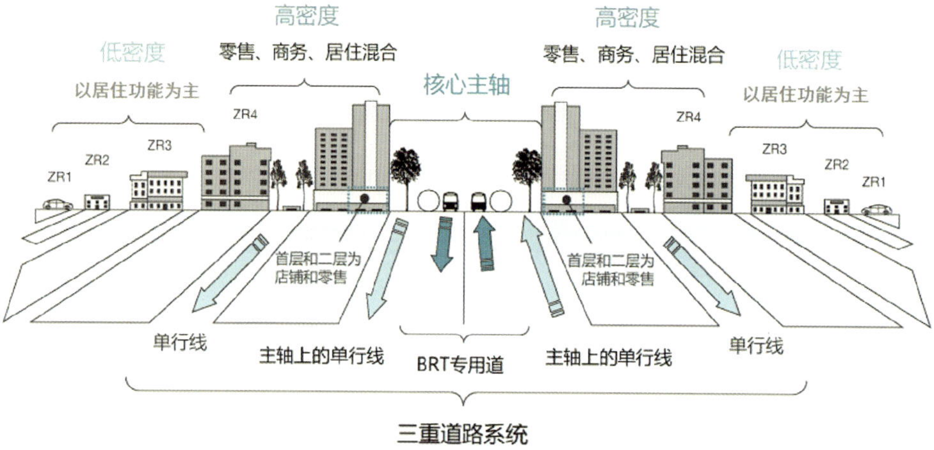

图5-3　库里提巴三重道路系统

5.1.2 公交管理模式改革

5.1.2.1 佛山 TC 管理模式

随着社会经济快速发展，居民出行需求飞速提升，采用市场化主导的公共汽车服务暴露出两个主要问题：一是无序竞争，企业以营利为导向，牺牲服务质量，飞站、抢站、拒载老人等现象时有发生；二是缺少统筹，导致热线扎堆、冷线少发车、线路绕行多等问题。在这种背景下，2008 年、2010 年和 2016 年佛山市禅城区、顺德区、三水区相继实施 TC 管理模式，由政府、第三方管理方（TC 公司）、运营商共同组成公共汽车服务共同体。TC 公司成为政府和公共汽车企业之间的管理平台，政府通过 TC 公司向运营企业购买公共汽车服务，TC 公司负责对企业的服务质量进行监督管理。在 TC 管理模式下，政府通过 TC 公司搭建票运分离的政府购买服务平台，实现对公共汽车服务的统筹扶持；通过统筹规划管理以及统一的服务监管标准，实现对公共汽车线路服务的整体结构优化；通过在服务招标阶段的竞争性招标，促进公共汽车企业之间良性竞争以及提供优质的服务。

在组织结构上，TC 管理模式不同于传统公交管理模式，在运作架构上分为三个层次，分别是政府层、管理层和运营层。

1）政府层：成立 TC 管理模式工作领导小组，负责组织、协调、督促、落实推行 TC 管理模式各项工作。

2）管理层：成立隶属于交通管理部门的 TC 管理中心，其主要职能是公共汽车运营线路规划、服务监督、资金清算以及协调公共汽车场站和站亭站牌规划建设管理，具体可设置综合部、运营规划部、资金清算部、服务监督部等四个部门。

3）运营层：由中标的公共汽车企业组成，实施线路经营并接受监督。政府通过 TC 管理中心对公共汽车企业进行管理，企业运营专注于服务提升，严格按照合同要求提供服务。（图 5-4）

通过 TC 管理模式，政府提供了公共交通共同体（即 TC 公司）这个平台，成功将各常规公交运营企业组织为一体，实现了常规公交的市场化多主体供给和一体化运营。此模式规避了传统公共垄断的弊端，由单一的国有运营商供给变为并列的市场多主体供给，能充分调动市场竞争机制来提高效率，同时利用政府介入手段来解决市场无法提供准公共物品的问题，兼顾了公交服务的公益性。

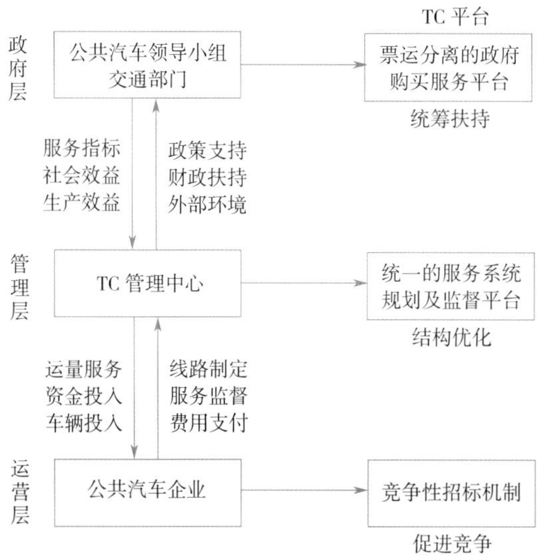

图5-4　佛山市TC管理模式组织架构

5.1.2.2　深圳市“定额 + 调节 + 考核 + 专项补贴”模式

深圳市在公共汽车行业财政补贴方面主要经历了三个发展阶段：第一阶段（2007 年以前），实行市场化运作，政府不提供补贴；第二阶段（2007—2013 年），实施公共汽车特许经营改革，实行成本规制补贴制度，公共汽车行业回归公益性，但成本规制也刺激了企业通过扩大成本投入来获取更多的补贴，导致政府财政支出逐年增加；第三阶段（2013—2017 年），实施“定额 + 调节”特许经营模式补贴制度，即政府通过核定企业服务规模，并按照运营指标及服务质量考核结果，核定企业的年度财政补贴总额，实现公益性服务和激励企业增收节支。

2013 年，深圳市财政和交通两个部门联合制定并实施定额补贴政策，其核心是政府以财政补贴的方式向市民提供公益性公共汽车服务。政府通过核定企业服务规模，并按照运营指标及服务质量考核结果，核定企业的年度财政补贴总额，实现公益性服务和激励企业增收节支。

1）定额：以成本规制核定行业合理成本，根据合理成本与票价收入的差额，加上 6% 的成本利润率，剔除各专项补贴金额，测算定额包干的基数。

2）调节：根据深圳居民收入水平、价格指数、银行贷款利率、社会劳动力变化等综合因素，调整公共交通财政定额补贴总额。

3）考核：将考核结果与经营者获得的年度定额补贴挂钩。

4）专项补贴：对国家燃油补贴、刷卡优惠补贴和场站、新能源公共汽车营运等进行专项补贴。

通过改革，公共汽车企业间的不良竞争有所缓解，不同分区通过引入竞争机制，实现了专营区域间的适度竞争，有利于公共汽车服务水平的提高。线路数从 2011 年的 825 条增至 2015 年的 903 条，车站 500 m 半径覆盖率从 87% 提高到近 95%，公共汽车服务指数（反映公共汽车运行、拥挤、候车等情况）从 2015 年的 80.9 提高至 2017 年的 84.1，企业运营成本从 2012 年的 86.7 亿元下降至 2015 年的 82.9 亿元。区域内新开线路经营权由区域专营招标获取，并直接授予获得区域经营权的企业，提高了特许经营的组织实施效率。总的来说，深圳市公共汽车改革成效主要体现在三个层面：①市民层面，公共汽车服务质量有较大提升；②企业层面，一定程度上激发了企业的内生动力；③政府层面，有效控制了成本的增长，补贴规模总体稳定（图 5-5）。

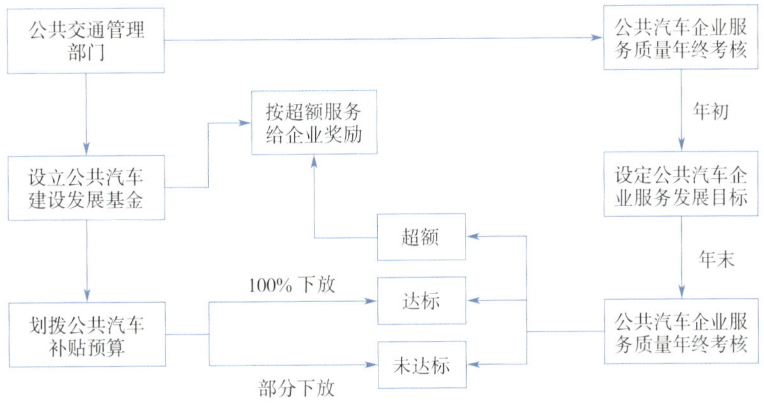

图5-5 深圳市特许经营管理模式

5.1.3 公交线网结构优化

近些年，公共交通客流下降困扰着世界上不少城市，特别是地面公交客流。其中的原因，有网约车等新型出行方式的兴起以及低油价等外部因素，也有公交自身服务水平下降或线网规划欠缺等内部因素。客流的下降还加剧了这些城市本就沉重的财政负担，容易导致服务进一步缩减、客流进一步下降的恶性循环。面临这些困境，不少城市都重新审视了自己的公交线网，一种新的公交线网规划理念逐步兴起。公交线网“再设计”（Bus Network Redesigns）——即公交线网革命——成为西方不少地方交通领域的热门词。

具有代表性的案例城市包括美国波特兰、西班牙巴塞罗那、美国旧金山、美国休斯敦、新西兰奥克兰、俄罗斯莫斯科、爱尔兰都柏林、美国纽约等。

5.1.3.1 巴塞罗那线网重构

巴塞罗那（Barcelona）是西班牙第二大城市，位于伊比利亚半岛的东北面，濒临地中海。全市面积为 101.9 km^2，2012 年市区人口约为 161 万，连同外围地区为 400 万，是世界上人口最稠密的城市之一。巴塞罗那公交网络由 101 条线路构成，运营车辆 1 140 辆，覆盖巴塞罗那与周边大都市区 10 个城市之间的 800 多 km 区间联络。随着城市的发展，巴塞罗那公交线网逐渐呈现出以下问题：①线路重复；②速度慢、拥堵；③跨区域出行不便。（图 5-6）

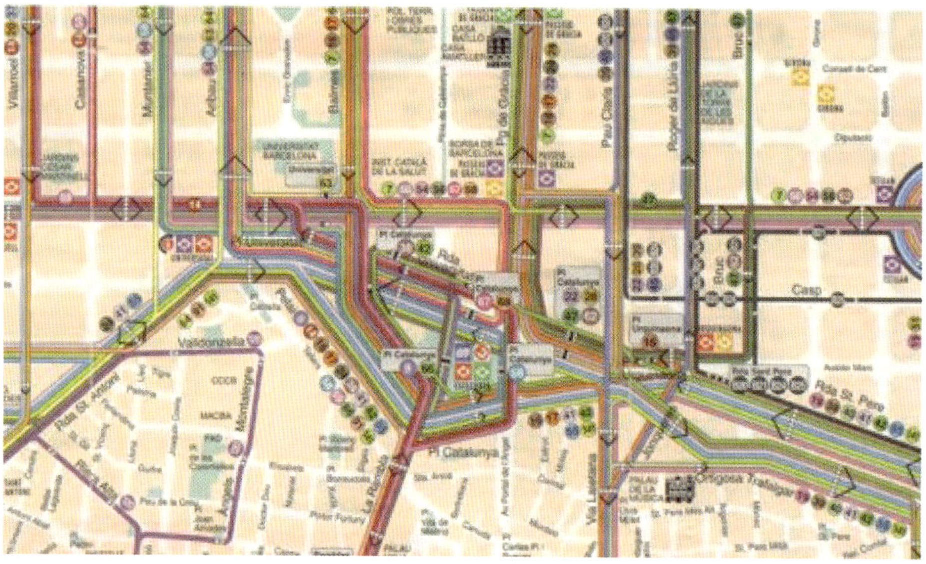

图5-6　巴塞罗那公交线路（改造前）

通过公交线网优化重构，巴塞罗那公交线网主要由 4 类线路构成，一是 28 条高质量骨干线路，全天发车间隔为 5~8 min，包括 17 条纵向线路、8 条横向线路，以及 3 条与城市斜向道路相关联的斜穿线路；二是优化整合后的常规公交线路；三是郊区线路；四是社区微循环线路。（图 5-7）

巴塞罗那优化重构后的公交线网，不但对乘客带来较多好处，也为城市发展带来了较多益处。对乘客来说，公交线网有了全天更高的发车频率，乘客在站点等车时间更短；公交线网更加简洁易懂，不熟悉城市公交系统的人员或者城市外来人员均可以方便地使用公交系统出行；公交线路间的换乘得到改善，新线网有了更好的连接性，覆盖范围更广，不同交通方式间的联系得到了加强；改善的公交静态和动态信息为乘客提供了更好的信息服务。对城市来说，良好的公交系统为城市可持续发展提供了支撑，提高了公交的吸引力和分担率；构建了高效的“井”字形公交线网，在资源投入约束条件下，为乘客提供了更好的服务，为高品质的城市交通奠定了基础；调整了城市交通出行结构，减少了城市交通系统的排放，改善了城市空气质量。

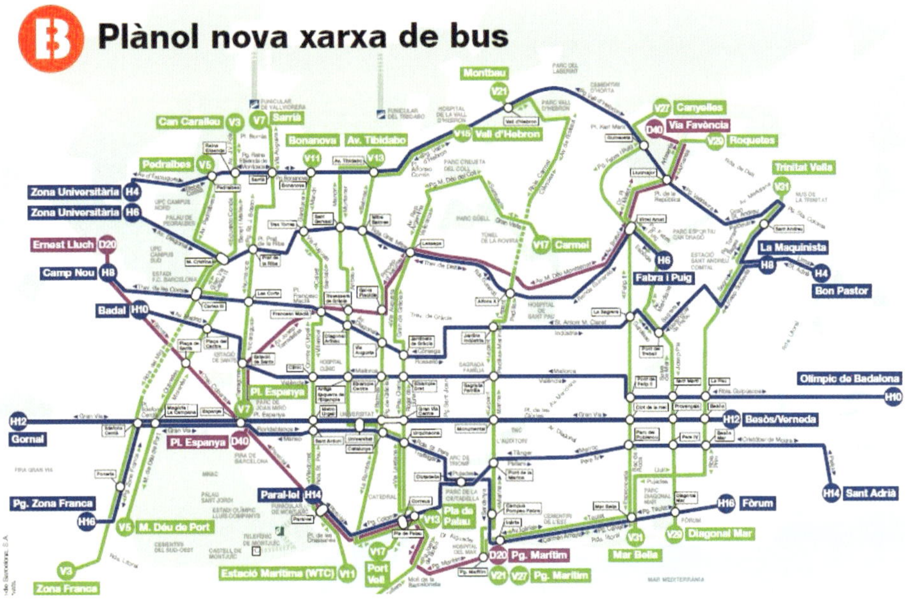

图5-7　巴塞罗那公交线路（改造后）

5.1.3.2　美国休斯敦公交线网“革命”

休斯敦（Houston）是美国得克萨斯州的第一大城市，全美国第四大城市，墨西哥湾沿岸最大的经济中心，面积为 1 440 km^2。大休斯敦都会区是美国第五大都会区（9 个县），截至 2014 年 7 月 1 日人口达 6 490 180 人。随着城市的发展，休斯敦公交线网逐渐呈现出以下问题：①线路重复；②低频。

通过线网重构，当地服务线路几乎覆盖了全城市区所有街道，在沿线的每两个路口设有一个站点，并且几乎所有线路都与轻轨连接。城区内的公交线路四通八达，分红绿蓝三种线路，都聚集在居民较多的地方。

重构后的线网使休斯敦大部分各主要交通出行的起终点（OD）之间的公交出行时间得到缩短。从客流上看，虽然这一时期得克萨斯州经济出现下滑，但休斯敦公交客流保持平稳并小幅上升，成功扭转了持续十余年的客流跌势。

5.1.4 需求响应式公交

随着人民对美好生活的需求不断提高，市民对出行的舒适度、自由度等都提出了更高的要求，需求响应式公交得以不断发展。响应式公交系统在其运营过程中比传统的公共交通更具灵活性（如路径、时间等具有更多的选择），因此可以根据市场特征进行个性化设计，以达到有效控制系统成本及提高服务吸引力的作用。目前，国内外城市对于需求响应式公交的探索较多，主要形式有半固定线路需求响应式及完全需求响应式。

5.1.4.1 半固定线路需求响应式

以美国犹他州的 FLEX BUS 为例，目前共开通了 15 条 FLEX 线路，有固定的站点，并按照基准的线路和时刻表运行，同时根据乘客的出行需求，可偏离基准线路最多 1 207 m 设置特殊停靠点，每次行程根据先到先得的原则最多可偏离两次。线路设计通常较短，站间距更大，并且系统能够监控线路偏移的数量以确保整体时刻表的正常运行，票价 4 美元（常规公交票价 2.5 美元）。（图 5-8）

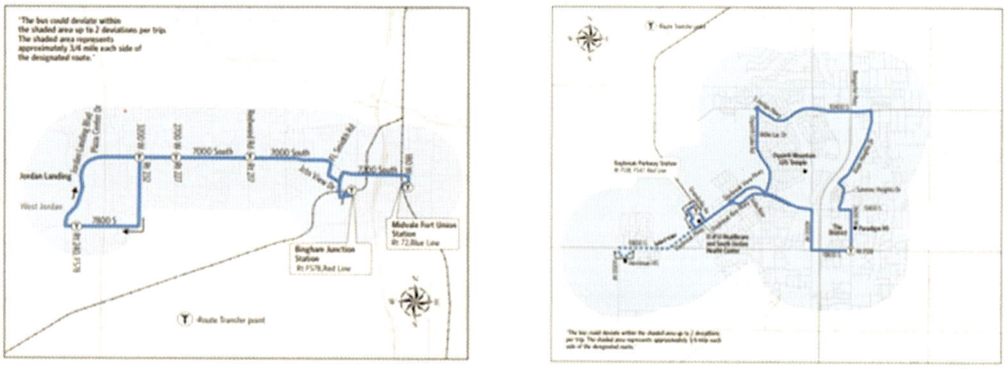

图5-8　犹他州需求响应式公交线路

5.1.4.2 完全需求响应式

以美国休斯敦为例，需求响应式公交主要服务人群分散、密度较小的区域，通过设置大小合适的弹性区域，根据乘客的出行需求，随机生成合理的公交线路，将乘客送至目的地。（图 5-9）

图5-9 休斯敦完全需求响应式公交

5.1.5 公交枢纽设计

5.1.5.1 立体多元复合开发

以集约化的开发思路，在立体空间内将公交枢纽与城市功能用地一体化复合，可集商业、酒店、办公、社区服务、旅游集散、休闲公园等功能于一体，寻求土地的高效和多元化利用。

1. 土地复合利用

日本名古屋荣站共分为六层，地下三层是地铁名城线，地下二层是地铁东山线，地铁站内有电子显示牌，显示站内地铁和站外汽车发车时间等。地下一层是下沉开启式的银河广场，广场总面积有 7 500 m^2。半地下层设计的大型公交汽车站，面积约为 6 200 m^2，有 10 个站台和 7 个预备停车位。站台采用全透明玻璃自动控制门，站内有候车室、电子显示牌、自动售票机、小卖部等设施。名古屋市交通局、名古屋铁道、三重县、JR 东海 4 家公交汽车公司的 25 条线路在这里运营，每天有 900 个班次，开往 50 多个方向的公交线，包括长途汽车、高速公交车，全部采用电脑调度控制。地上一层是一座以绿色的大地为主题的公园。屋顶层是下沉开启式银河广场上耸立起来的一座全透明合成玻璃做的水的宇宙船。荣站集交通、购物、娱乐、休息、集会等多种功能于一体，功能齐全、造型美观，深受市民青睐。（图 5-10）

2. 与社区中心复合开发

苏州独墅湖邻里中心首末站与社区中心用地进行复合，总规模为 2 200 m^2，于 2016 年 5 月投入运营，功能包含社区服务、公交停车等。（图 5-11）

图5-10　荣站剖面

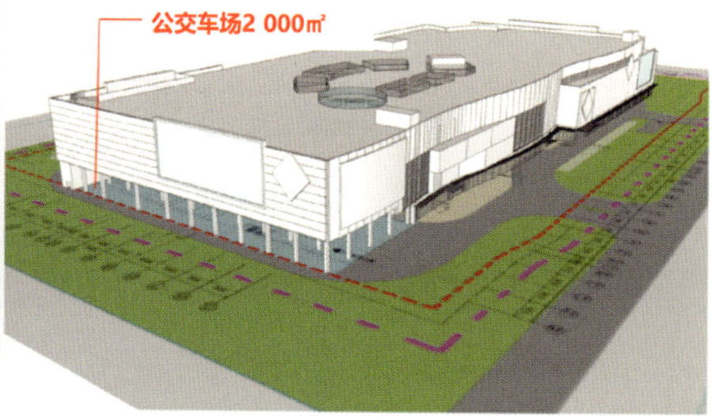

图5-11　苏州独墅湖邻里中心首末站剖面

5.1.5.2　枢纽内部精细化设计

换乘枢纽空间及内部交通一体化设计，在满足客流集散的前提下以小空间谋高效率，力求减少对城市品质和城市交通组织的影响。构建“人车分流、乘降分站、立体可达”的换乘空间，提高乘客换乘的安全性、舒适性、便捷性。

1. 人车分流

在公交场站内部设计中，将公交场站的车行区域与公交场站人行区域进行分离设置，使得人车分离，可以有效提高换乘效率和行人的安全性。（图 5-12）

图5-12　名古屋站人车分离示意

2. 乘降分站

在公交场站内部设计中，将公交场站的上车站和下车站进行分离设置。（图 5-13）

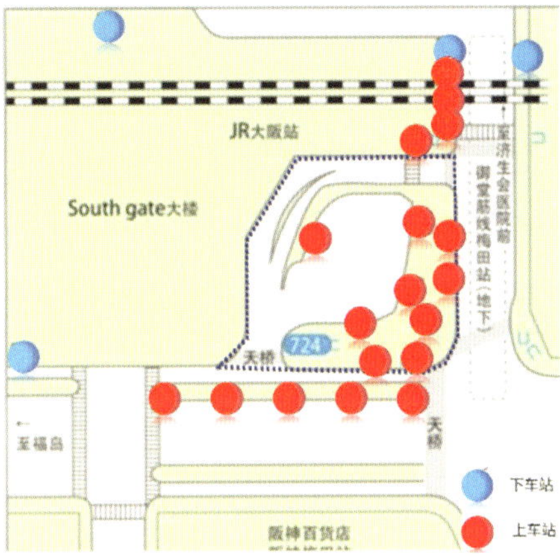

乘车站		系统	目的地
人行道乘车站（红色）	1	69	樱木桥
		97	加岛站前
	2	34	守口车库前
	3	41	樱木桥
	4	42	中岛二丁目
		43	酉岛车库前
		92	福町
	5	58	野田阪神前
	6	59	北港游艇停泊处

乘车站		系统	目的地
安全地带乘车站（蓝色）	1	78	守口车库前
	2	83	花博记念公园北口
	3	36	地铁门真南
	4	37	井高野车库前
	5	93	井高野车库前

乘车站		系统	目的地
站内乘车站（黄色）	1	8	难波
		75	
		62	住吉车库前
	2	53	船津桥
	3	88	天保山
	4	55	鹤町四丁目
		56	酉岛车库前

下车站		系统
下车站（绿色）	2	8, 41, 53, 55, 56, 59, 62, 75, 88
	3	42, 43, 58, 69, 92, 93, 97
	4	36, 37, 78, 83
	5	34

图5-13　大阪站公交场站上下客站点分布及对应线路

3. 立体可达

建立一个地下至地上共四层的空间步行系统，联通了地铁车站、地面、连廊、空中走廊以及“城市核”建筑，打造出一个连贯新颖的步行网络。整个立体系统由“城市核”的电梯系统串联，考虑到客流量之大，车站整体设计空间十分充足，每一层配套相关设施指引步行，令层次性空间富有洄游性。（图 5-14、图 5-15）

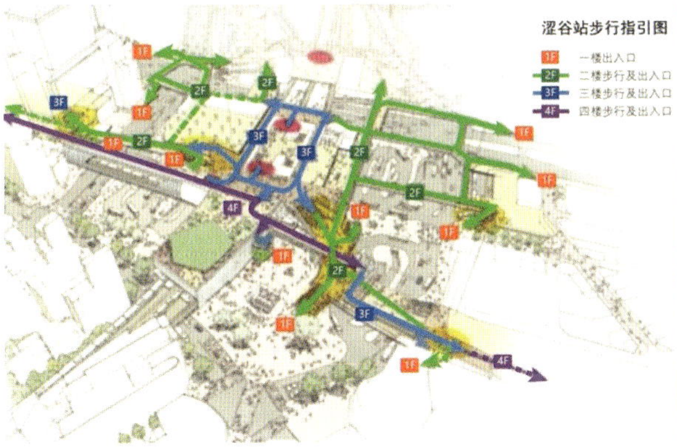

图5-14　涉谷站步行指引图

图5-15　涉谷站城市核示意

5.1.6 票制票价体系

5.1.6.1 票价体系

国内外城市的公交票价收取标准主要有一票制、计程票制、分区票制三种模式。目前国内一线城市绝大部分线路采用计程票制，一票制适合城市公交客流培育初期阶段，分区票制适合组团式发展城市。（表 5-1、表 5-2）

表 5-1 多种票制特点分析

票制	一票制	计程票制（分段计价）	分区票制（一票制 + 鼓励换乘）
内容	不论乘客乘坐距离长短，都采用同一票价的计价法	以规定里程作为基本计价单位，累计加价的计程票制	分区票制是指将公共交通线网覆盖区域划分成若干区间，乘客在同一区间上下车时只需支付该区间规定的票价，若跨区间出行则应按照规定计价规则额外支付费用
优点	一般票价较低，公益性较强，适合客流培育初期阶段	基本上能够反映价值与价格的关系，操作相对简单，设置的收费等级较少，各区段票价可取整，找零简便易行，计费易于取整	充分考虑了中心地带站距短，边缘地带站距长的出行规律。各区域票价根据客流量制定，可反映营运成本，同时具备调节客流的能力
缺点	缺乏公平性，车票价格不能体现乘距与运营成本的关系	减轻了运营企业票务管理和操作的复杂程度，同时也方便乘客使用，需要一定的技术和设备支撑	长短间距收费不合理，处于不同计费区的边缘地带，收费标准较难确定。城市分区边缘流动性降低，若无明显分区则难以吸引客流

表 5-2 典型城市票制对比

城市	公交票制	地铁票制	换乘优惠
北京	单一票制与计程票制并存	计程票制	计程票制
上海	单一票制与计程票制并存	分区票制	无
广州	单一票制与计程票制并存	分区票制	有
重庆	单一票制	分区票制	无
青岛	单一票制与计程票制并存	分区票制	有
郑州	单一票制	分区票制	有
台北	分段计价	分区票制	无
英国伦敦	单一票制	分区票制	—
加拿大温哥华	分区票制		—

续表

城市	公交票制	地铁票制	换乘优惠
德国绝大部分城市	分区票制		—
芬兰赫尔辛基	分区票制		—

5.1.6.2 北京票制改革

北京于 2007 年推出一卡通刷卡 4 折票价政策，在发展初期给予较大票价优惠，大幅提高了公交客流量，公交客流从 2007 年的 40 亿人次增长至 2009 年的 50 亿人次，2009 年之后基本持平。同时，公交财政补贴也大幅增长，年公交补贴从 2007 年的 57.3 亿元增长至 2013 年的 176 亿元。（图 5-16）

图5-16　北京历年公交地铁客运量与公交补贴金额占一般财政支出比例

2014 年起，北京公共交通发展相对成熟，公交线网里程达 2 万 km，由一元一票制调整为计程票制，票价改为 2 元起步，每 5 km 加收 1 元，普通卡由 4 折上调为 5 折、学生卡由 2 折上调为 2.5 折。调价后，公交客流从 2015 年起呈下降趋势，但主要原因是地铁争夺了公交客流，地铁 2016 年客流增加了 30%，总体公交分担率由 2014 年的 48% 提升至 2015 年的 50.7%。2014 年起，公交补贴也呈现下降趋势，从 154 亿元下降到 2017 年的 84 亿元。

5.1.6.3 慕尼黑分区票制

以慕尼黑为例，慕尼黑对票价实施区域划分制度，即大致以市中心为圆心，按照不同半径画出多个圆形，将城市分割为 4 个交通区、16 个交通圈，购票时，只需按照区域购票，无须考虑换乘次数和换乘的交通工具。如图 5-17 所示，4 个交通圈分别为中心区（白色范围）、扩展区（白色和绿色范围）、外围区（绿色、黄色和红色范围）和全部区域。

慕尼黑公交票价由慕尼黑交通及资费集团有限责任公司（MVV）制定，MVV 公司将不同公共交通运输方式联合到一起，为乘客提供一票在手即能乘坐各种公共交通工具的服务。如果是在慕尼黑周边的城镇旅行，只要看到车辆上有 MVV 标志，也可要求利用一票制乘坐，即一张票直接连通住处和目的地。

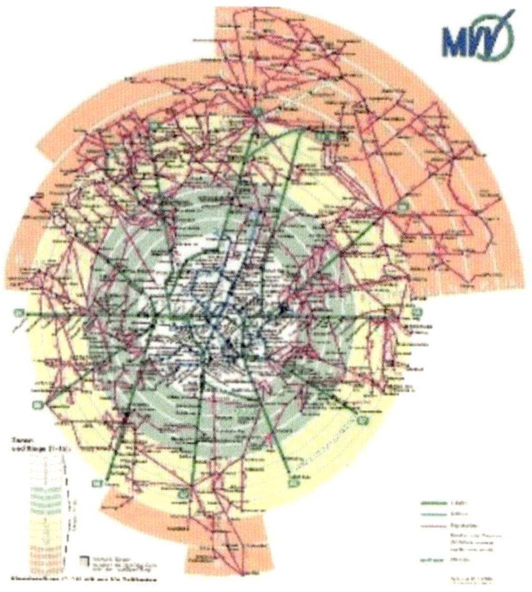

图5-17　慕尼黑分区计价

5.1.6.4　伦敦公交的多票种、多票制

伦敦拥有复杂而完善的公共交通系统。在交通拥堵和注重环境保护的大环境下，公共交通已经成为伦敦出行的首选方式。伦敦的公共交通不仅拥有多维立体的定价机制，还拥有划分精细的多种票制。出于对不同人群需要的考虑，伦敦交通局灵活提供日票、周票、月票、季票、年票等多种票制，可以最大限度地满足不同人群的不同需求，增加公共交通出行的吸引力。伦敦的公交客运车辆普遍使用 IC 卡电子收费系统，停止使用现金购买车票等传统方法，大幅度地减少了车辆到站的停留时间；并且人们采用一卡通（牡蛎卡）付费，可乘坐地铁、轻轨、城郊铁路等多种交通工具。使用牡蛎卡预付的收费比现金收费要便宜，并且对特定人群实行了免费或优惠乘坐。政府以此鼓励市民转用牡蛎卡。除了各种

票的价位不同之外，一天之内不同时间段的票价也不同，高峰时段票价高，非高峰时段票价低，合理实现了利用票价差异调节客流量。

在伦敦完善的信用体系和城市管理水平的基础之上，伦敦在年龄上针对一老一小进行了精细的划分，并给出了不同的票价优惠政策，其中针对 18 岁以下的少年儿童又细分了四档，针对 60 岁以上的老人细分了两档；在身份上不仅考虑了身体上的弱势，还考虑了职业身份的弱势，例如售卖学徒票、失业人员票等。学生卡适用人群有 5~10 岁学生、11~15 岁学生、16~17 学生、18 岁以上学生四种分类，他们分别享受不同程度的优惠政策。60 岁以上的老人都可以申请老人卡，66 岁以上的老人或残疾人还可以申请自由通行证，可以免费乘坐公交、有轨电车、地铁以及轻轨等。其他还有退役军人卡、游客卡等。

5.1.6.5 新加坡票价调整机制

新加坡票价调整综合考虑前一年消费价格指数及月收入变化指数等因素，目前采用了一套票价浮动调整公式，该公式考虑了多个因素作为制定票价的参数，分别为 CCPI（核心消费价格指数）、WI（工资指数）、EI（能源价格指数）以及新的 NCF（网络容量系数，反映由于运力调整而产生的经常性运营成本）。该公式有一个新的网络容量系数（NCF），以反映由于运力调整而产生的经常性运营成本。新加坡地铁按照“公共交通拥挤不仅要由交通规划者解决，还要由每个通勤者解决”的理念，引入涵盖居民收入、消费价格指数、能源价格等动态参数，建立由政府主导、公众参与的票价动态调整机制，以实现通过票价杠杆解决地铁客流时空分布不均衡的问题。(图 5-18)

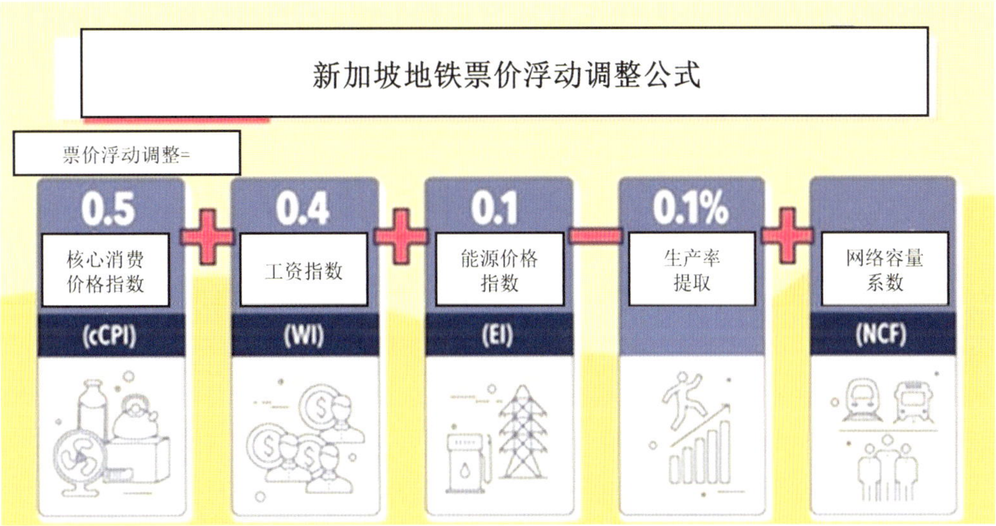

图5-18 新加坡地铁票价浮动调整公式

5.1.7 MaaS 系统建设

MaaS 是指将各种交通方式的出行服务进行整合，进而满足各种交通需求。MaaS 不是一个新的概念，而是人们的出行需求发展到一定阶段后的一种演化，强调交通系统的多模式、一站式、门到门、需求响应和未来可持续性。(图 5-19)

MaaS 的发展历史如下。

2014 年，在芬兰赫尔辛基召开的欧盟 ITS 大会上，桑波·希塔宁首次提出 MaaS 的概念。

2015 年，在德国波尔多召开的世界 ITS 大会上，MaaS 开始成为全球智能交通领域的热门议题。

2016 年，在澳大利亚墨尔本召开的世界 ITS 大会上，MaaS 成为会议关注的热点，设置了多个面向技术和工程应用的专题讨论。

2017 年，在加拿大蒙特利尔召开的世界 ITS 大会上，MaaS 已经成了会议的主题："集成出行驱动智慧城市"。

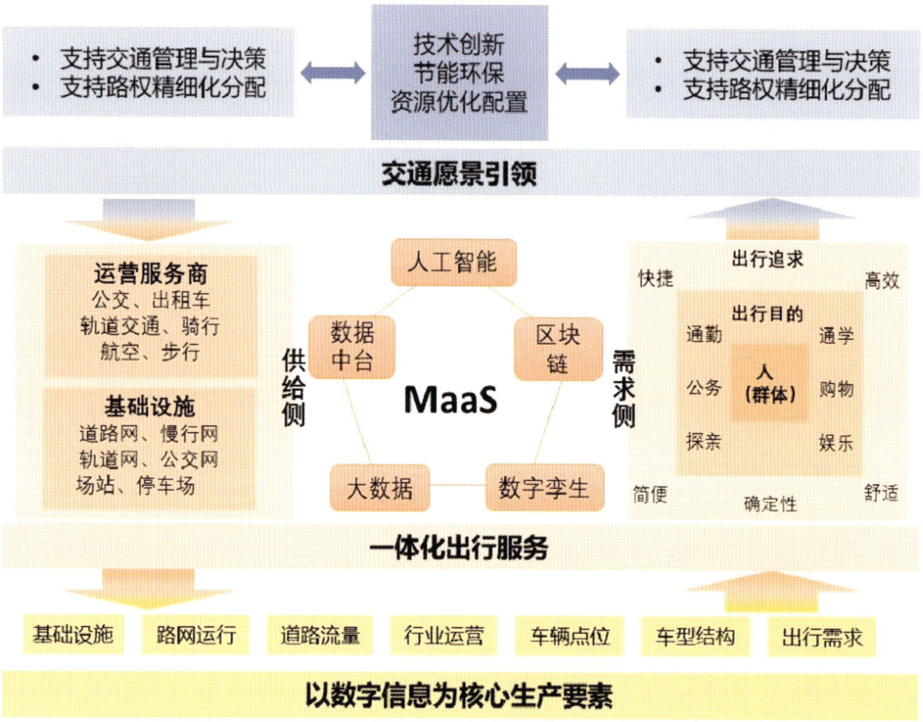

图5-19 MaaS系统架构

从 2014 年到现在，MaaS 已经成为交通领域的最热议题之一，并且已经在 17 个国家、41 个城市进行了落实实践，推出的相关应用程序多达 45 个。

包括芬兰赫尔辛基、瑞典斯德哥尔摩在内的国外代表性城市在 MaaS 系统建设上不断探索，在商业模式、政府管理机制等层面取得了一系列进展突破。在我国，随着“高质量发展”“碳中和”“碳达峰”等理念的推出，MaaS 的交通管理和服务新理念在国内城市正在被越来越频繁地提及并且在北京、上海等城市开始落地。

5.1.7.1 芬兰赫尔辛基

芬兰城市赫尔辛基提出通过建立一个运输系统让私家车变得不必要。目标是建立按需出行系统，系统允许客户在公共和私人运输提供商中进行选择，并以最快或最便宜的方式随时随地到达他们需要的任何地方。

事实上，赫尔辛基已经在一个 MaaS 属性上取得了进展，即一个账户适用于所有运输方式。2015 年，MaaS Global 公司注册成立，2016 年 6 月发布 MaaS 产品 Whim，同年 10 月在赫尔辛基进行示范应用，2017 年 11 月全面上线运营。2017 年 11 月上线后，大约有 4 万名注册用户（约占赫尔辛基居民数量的 4%），大多数人使用的是 Whim to go（即走即付）。自 2016 年以来，赫尔辛基居民可以使用 Whim 来计划和支付城市内所有公共和私人交通方式，包括火车、出租车、公共汽车、共享汽车、共享自行车等。（图 5-20）

有应用程序的任何人都可以输入目的地，选择他们的首选模式，或者，如果没有单一模式涵盖门到门出行，就可以选择多运输方式的组合出行。用户可以预先支付服务作为月度移动订阅的一部分，也可以使用链接到服务的支付账户进行支付。截至 2018 年 10 月，Whim 在赫尔辛基每月有 6 万名活跃用户，通过该平台预订的行程有 180 万次，约占公共交通出行的 0.5%。

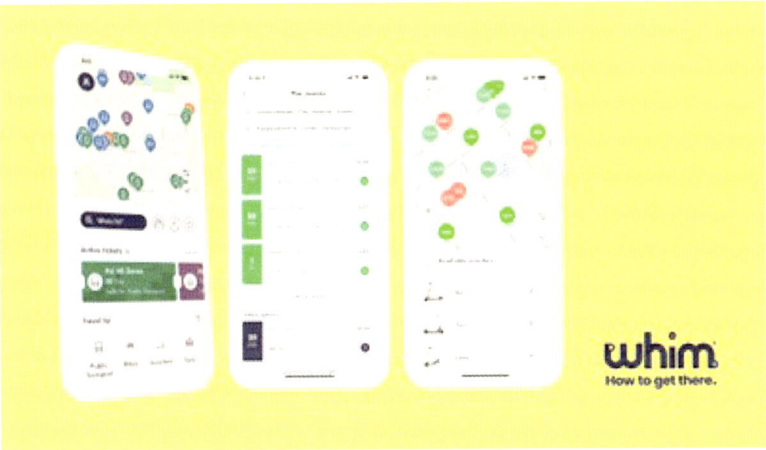

图5-20 Whim APP

5.1.7.2 瑞典斯德哥尔摩

2013 年，瑞典在哥德堡正式推出 UbiGo。通过网页端或者移动手机端的应用，UbiGo 为瑞典的家庭提供出行月租服务。用户只需每月付一笔费用，即可享受打包出行服务，包括公共交通、网约车、租赁车、共享自行车、出租车等服务。2019 年 4 月，斯德哥尔摩正式重启智慧出行项目 UbiGo。根据用户日常出行数据和需求，UbiGo 打包城市日常的出行服务，通过月租模式，为民众提供一站式出行服务的商业模式。

UbiGo 通过网页端或手机端的 APP，为家庭提供一站式的包月出行服务，用户可以定制自己的出行服务套餐，包括公共交通、共享汽车（合乘）、出租车、共享自行车和租车服务。这种套餐规定了用户在一定区域范围内使用各种交通方式的时间或价格上限。在规定的范围内，用户可享受由各种交通方式衔接成的链式出行服务，从而以更加低廉的价格获得与私家车服务水平相似的出行体验。（图 5-21）

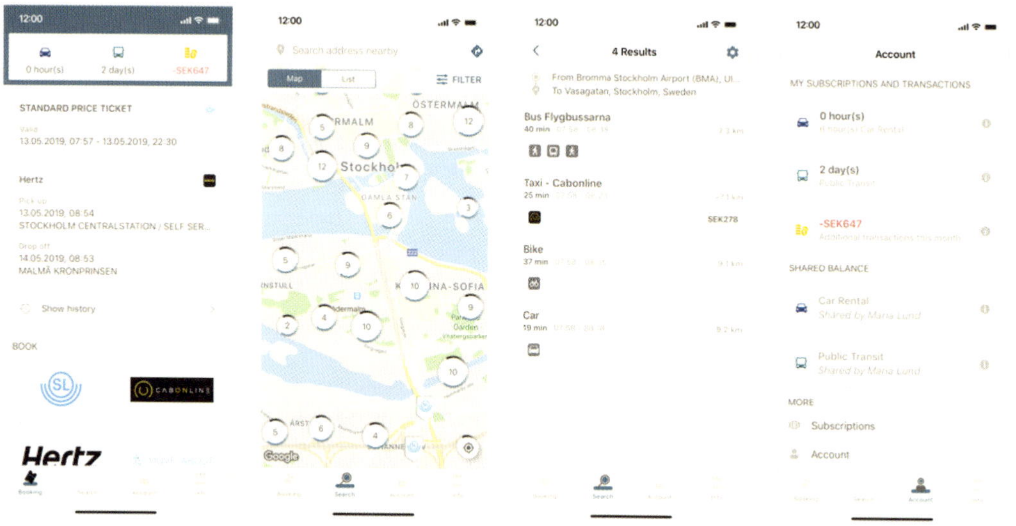

图5-21　UbiGo使用界面示例

5.1.7.3 北京

2019 年，在北京市交通委员会、北京市生态环境局的指导和支持下，公交集团、地铁公司、高德地图多方参与共建北京 MaaS，成为国内首个提供“门到门”服务的绿色出行一体化平台，整合地铁、地面公交、步行、骑行、自驾、网约车等出行方式，向公众提供全流程、一站式出行服务，并在后续创新提出基于 MaaS 的绿色出行碳普惠机制，上线

“MaaS 出行 绿动全城”碳普惠激励行动。

目前北京 MaaS 平台集合了公交实时到站信息、地铁满载率查询、地铁站内换乘等 17 个出行领域的信息，每天为上千万用户提供智慧出行服务，实现了北京交通出行信息服务由单一服务向一体化服务的转变。此外，利用基于 MaaS 的碳普惠机制，市民只需通过高德地图 APP 平台在“绿色出行”专区中注册即可获得个人碳能量账户，之后使用骑行导航、步行导航或用公交、轨道方式出行，均可获得相应碳减排能量，并可参与公益性活动，也可兑换公共交通优惠券、购物代金券等多样化礼品。（图 5-22）

图5-22 北京MaaS系统

5.1.7.4 上海

2022 年 10 月，上海市绿色出行一体化平台“随申行”App 上线，集合了公交、轨道交通、轮渡等公共交通以及一键叫车、智慧停车等出行服务，上海 MaaS 系统正式面向公众提供服务。目前“随申行”App 覆盖了上海 1 500 多条公交线路和 17 条轮渡线路，打车服务接入了上海市出租车统一平台，停车服务覆盖了上海 89 万个公共泊位。此外，用户如果申报白名单成功，即可在 11 条轨道交通线路的指定闸机刷“随申码”乘坐地铁。根据规划，“随申行”App 还将逐步接入网约车、共享自行车、省际客运等服务，进一步覆盖江苏、浙江、安徽等长三角地区。

上海的 MaaS 系统是由政府主导并专门组建主体负责建设运营的特大城市出行即服务平台，既体现了政府为公众出行服务的公益性，承担上海交通公共数据运营，还积极参与市场竞争，通过数据产品研发、数据服务供给，进行市场化运作。通过使用上海 MaaS 系统的智能行程规划服务，市民不仅能根据实际需求和偏好生成最优的出行方案，还可以通过公共出行方式获得绿色积分，后续鼓励市民使用绿色积分参与各类公益活动。(图 5-23)

图5-23　上海“随申行”App界面

5.1.8　定制公交发展

定制公交的主要特点包括：①班车行驶路线按需提供；②预订、付费等操作均可以在线上完成；③班车有空调、一人一座、一站直达；④价格比普通公交贵，但在能承受的范围内；⑤商务班车可走公交专用道，具备优先通行优势。近年来，在互联网技术变革和应用等积极因素的推动下，定制公交线路找客效率有了很大程度的改善，行业进入了快速发展的阶段。

定制公交的代表性城市有香港及深圳等城市，其他像上海、淮安、北京、沈阳、天津、成都、济南、哈尔滨、福州、厦门、徐州等多个城市也陆续开通了定制公交服务。

5.1.8.1　香港非专营巴士

香港非专营巴士允许社会车辆在规定时间、规定地段为特定乘客提供特色服务，以此作为公共交通的辅助补充。非专营巴士定位为：

1）缓解高峰期市民对常规专营公交服务的需求；

2）在一些常规专营公交营运效益低的地区提供巴士服务；

3）为特定的乘客提供特色服务，如酒店服务、商场服务、学生及员工出勤服务等。

香港非专营巴士服务分为八类，即雇员服务、国际乘客服务、居民服务、复式类型交通服务、游览服务、酒店服务、学生服务和合约式出租服务。每一类都有其固定的服务对象和服务特点，其中雇员服务、国际乘客服务、居民服务和复式类型交通服务属于专线服务，其线路、停车地点、时间表等均需符合主管部门制定的相关细则；游览服务、酒店服务、学生服务和合约式出租服务属于非专线服务，其运营在营运证制度下具有较大弹性，以便向乘客提供特色服务。（表 5-3）

表 5-3　香港多样化公交服务

类别		功能定位	备注
非专营巴士	游览服务巴士	繁忙时段缓解压力；服务专营巴士未覆盖区域	往返旅游地点
	酒店服务巴士		酒店与巴士公司联营
	学生服务巴士		学校与巴士公司联营
	雇员服务巴士		公司与巴士公司联营
	国际乘客服务巴士		往返酒店或各个口岸
	居民服务巴士		新市镇及市区长距离辅助接驳服务，往返居住与主要交通交会处
	复式类型交通服务巴士		—
	合约出租服务巴士		“包车”以合约形式出租
公共型小巴	红色	接驳集体运输，繁忙时段缓解压力	无固定路线、班次和收费
	绿色		有固定路线、班次和收费

5.1.8.2　深圳定制公交

到 2017 年初，深圳定制公交市场共有 6 家经营主体，按照经营模式可分为两类：一是互联网企业利用互联网平台整合线下闲置车辆和驾驶员资源，提供定制公交服务，包括滴滴巴士、小猪巴士、嗒嗒巴士、嘟嘟巴士等品牌；二是依托公交特许经营企业整合或新增公交车辆，提供定制公交服务，包括深圳东部公交集团开通的 e 巴士及深圳巴士集团开通的优点巴士。4 家互联网企业共开通线路约 1 000 条，日均客运量合计约 3.5 万人次，占总客运量的 70%。2 家特许经营企业共开通线路约 400 条（其中 95% 为 e 巴士），日均客运量约为 1.5 万人次，占总客运量的 30%。

5.2

全域覆盖

根据新区的出行圈层，可将全域分为地区级、城区级、片区级和街区级四个层级。针对每个层级架构公交体系，并进行多指标控制，满足市民在不同圈层内均可获得适宜的公交服务。地区级出行是指京津冀圈层的出行，出行距离在 50 km 以上。城区级出行是指雄安新区内部跨组团之间的出行，出行距离在 20 km 以内。片区级出行是指容东片区内部跨社区之间的出行，出行距离在 5 km 以内。街区级出行是指容东社区内部的出行，出行距离在 2 km 以内。

与此对应，根据容东片区多元化公交服务需求，为打造多层次、广覆盖、高品质“全域覆盖”目标，使得不同活动圈层均有公交提供服务，为居民提供与小汽车有竞争力的高品质公交服务。公交网络体系主要分为三个层级：高引领骨架网、高品质主干网及高可达服务网。三个层次的公交系统逐级疏解，服务全程，形成与小汽车有竞争力的全系列公交网络体系。

1）高引领骨架网：主要服务于对外长距离出行（一般为 15 km 以上），以城际高铁和区域轨道交通快线为主骨架，公交快线为补充，以对外综合客运枢纽为节点，为市民提供快捷的跨区域长距离出行服务。

2）高品质主干网：主要服务于中短距离出行（一般为 5~15 km），依托于大运量的城市轨道交通普线和高频发车的公交干线提供高品质服务。面向高密度、高峰时段客流走廊需求，依托城市 - 组团 - 单元 / 社区三级公交枢纽体系，构建快干支三级网络，实现主要客流走廊的高效率、高品质、高准点覆盖及服务。

3）高可达服务网：主要服务于短距离出行（一般 <5 km），主要由公交支线、响应式公交提供服务，提升公共交通的覆盖率和通达深度。面向低密度客流区域 / 道路、平峰 / 低峰客流时段，发展需求响应式公交服务，预约出行，动态响应需求，智能生成线路，兼顾服务效率和品质（图 5-24）。

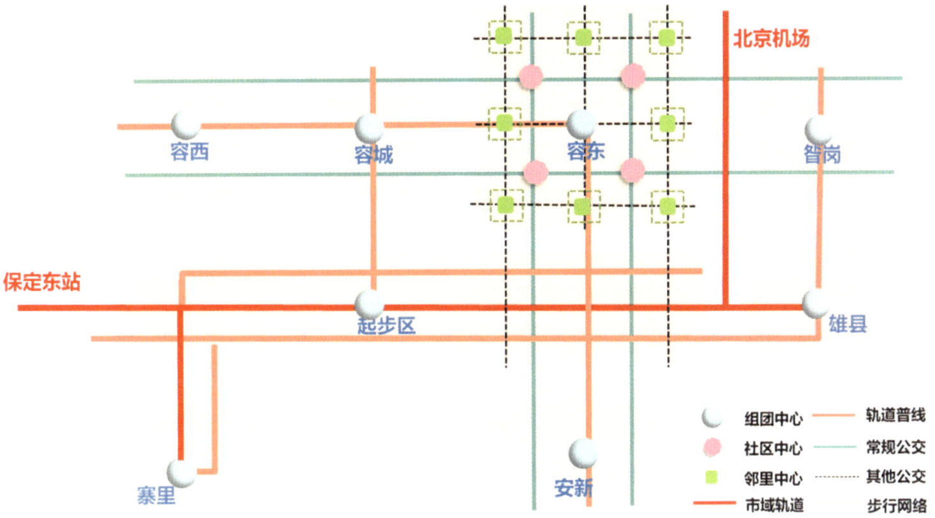

图5-24 公交体系全域覆盖示意

5.2.1 地区级公交系统

雄安新区与京津冀之间的联系非常紧密。在地区级出行中，速度是最重要的管控指标。按照网络化布局、智能化管理、一体化服务要求，通过完善建设雄安新区与外部连通的区域轨道交通网络、高速及干道公路、综合客运枢纽等各类交通设施，加快建立雄安新区与京津及周边其他城市、大兴机场之间的快速交通联系，实现多种交通方式的顺畅换乘和无缝衔接，打造便捷、安全、绿色、智慧交通体系。

地区级公共交通系统主要服务于对外长距离出行（15 km 以上），按照网络化、智能化、一体化服务目标，充分利用既有线路、优化规划线路、合理预留通道，以城际高铁和区域轨道交通快线为主骨架，区域公交快线为补充，为市民提供快捷的出行服务。高速铁路和区域轨道快线共同助力高效融入“轨道上的京津冀”，实现与北京、天津、保定、徐水、白沟、霸州等周边城镇及大兴国际机场的快速直达联系。

5.2.1.1 轨道上的京津冀

高铁是地区级出行的重要骨干网络。《河北雄安新区总体规划》提出要构建“四纵两横”的区域轨道交通网络，“四纵”为京广高铁、京港台高铁京雄 - 雄商段、京雄 - 石雄城际、新区至大兴国际机场快线；“两横”为津保铁路、津雄城际 - 京昆高铁忻雄段。实现新区高效融入“轨道上的京津冀”，20 min 到大兴国际机场，30 min 到北京、天津，60 min

到石家庄。雄安新区内部共设置了城际站、高铁站、预留站三处重要对外枢纽，实现与对外交通的衔接。

5.2.1.2 公交快线辅助补充

依托于京津冀之间的高速公路网布设公交快线，形成与京津冀之间多方式、多通道的出行服务体系。《河北雄安新区总体规划》提出要形成“四纵三横”区域高速公路网。“四纵”为京港澳高速、大广高速、京雄高速（含大兴国际机场北线高速支线）、大兴国际机场至德州高速，“三横”为荣乌高速新线、津雄高速、津石高速，实现新区 60 min 到北京、天津，90 min 到石家庄，实现新区与京津冀之间的便捷联系。

5.2.2 城区级公交系统

城区级公交系统主要依托高标准骨干公交网络，实现城市高峰时段、高密度走廊“人找车”的服务目标。为此，面向城市高密度路段、高峰时段客流走廊需求，依托城市 - 组团 - 单元 / 社区多级公共交通枢纽建设，构建公交干线、公交支线网络，其中快干线公交网络密度布局要求在 3 km/km^2 左右，公交站点 300 m 服务半径覆盖率达到 100%，实现主要客流走廊的高效率、高品质、高准点覆盖及服务。

以容东为例，根据需求预测模型结果，容东片区早高峰小时城区级跨区出行需求为 4.1 万人次，占容东片区早高峰小时总出行量的 55%，主要分布方向为启动区、第一组团、第二组团、第五组团以及昝岗、雄东片区等区域，起步区岗位密集、需求旺盛，与容东片区联系最为紧密。其中，高峰公共交通跨区出行量达 2.36 万人次，占跨区出行总量的 67%，容东片区公共交通出行需求主要与启动区之间的交换量较大，占跨区出行总量的 32.2%，因此城区级公共交通网络及设施应重点匹配与起步区核心区域的联系与沟通（图 5-25）。

容东片区早高峰出行距离分布方面，在城区级出行圈层，市民的出行距离集中在 5 ~12 km，占比达 75%，呈现出跨片区出行需求旺盛、出行距离较长的特征，同时由于容东片区的跨区出行的交通走廊相对有限，跨区出行应当以快速、集约化的公共交通服务为主，提供大中运量、快速便捷、舒适安全的公共交通服务网络与设施。

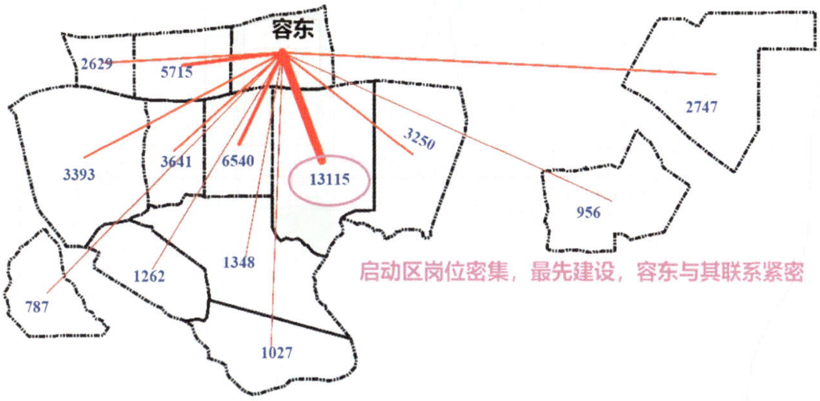

图5-25 容东片区早高峰跨区出行量

5.2.2.1 轨道交通

轨道交通是容东跨区出行的主骨架，跨区公共交通出行中，轨道交通客流承担比例为45%。根据上位规划，雄安新区共规划有“一主多支”快线网和4条轨道交通普线网，形成“轨道上的雄安新区”。容东片区共有一条轨道普线穿过，内部设置有3个轨道站点，可实现一站直达容县、安新、起步区组团，一次换乘到达雄县、昝岗、寨里组团。它与对外枢纽的联系非常便捷，可一站直达雄安城际、一次换乘到达雄安高铁站。

5.2.2.2 公交干线

在跨区公交出行中，常规公交占比达55%，根据客流分配，主要形成了“四横四纵”的客流走廊，可进一步布设公交干线。通过蛛网图分析得出，跨区干线宜采用“棋盘式”的线网布局模式，布设“四横四纵”的公交干线网络。通过轨道与公交干线网络的打造可覆盖约80%的跨区客流需求，剩余20%相对分散、个性化的出行可由需求响应式公交、特色公交提供服务。

5.2.3 片区级公交系统

片区级公共交通系统应当兼顾效率，优先发展响应式支线公交，满足平峰/低峰时段、低密度客流“车找人”的公交服务目标。面向低密度客流区域/道路、平峰/低峰客流时段，积极推进发展需求响应式公交服务，预约出行，动态响应需求，智能生成线路，兼顾服务效率和品质。考虑地块出入口，通过设置虚拟站点实现需求响应式公交服务全覆盖，实现公交站点 150 m（含需求响应式公交站点）覆盖率达 85% 以上、轨道站点周边 100 m 范围内有接驳线路、步行至最近的公交站点 3 min、乘坐公交换乘轨道 15 min 以内的布局目标，提升公交面向所有地块的可达性，最终实现“地块到地块”服务，使得公交服务水平接近小汽车（图 5-26）。

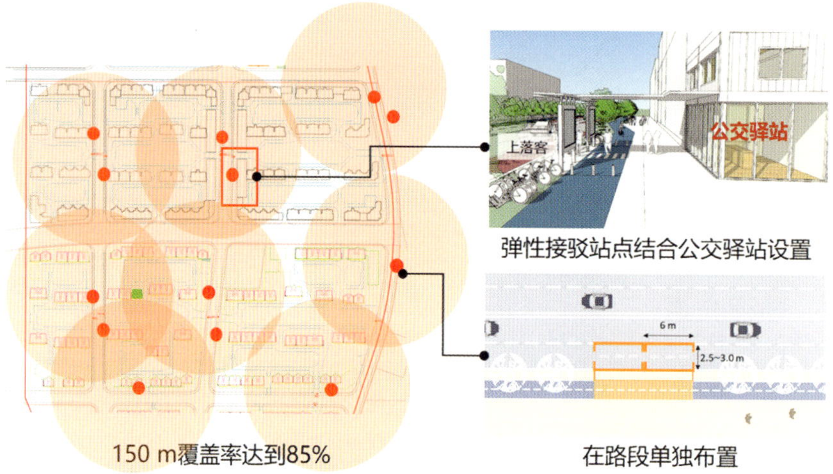

图5-26　片区级公交网络服务覆盖图

片区级出行总量占总出行量的 36%，在此圈层中选择公交出行的比例占 46%。C、D、G 组团以居住用地为主，出行量较大而吸引量偏弱；A、B、E、F 组团则分布有较多的就业岗位、商业中心等，出行发生量和吸引量均较大。不同组团之间的业态分布各有侧重，使得组团之间的交换出行需求较强，特别是 A、B、E、F 组团之间交换量较大，整体出行距离集中在 3 ~5 km 左右。

在片区级出行中，出行需求分散、多样，公交服务应更注重舒适性和可达性。此外，由于此圈层出行距离较短，公交要尽可能满足乘客一站直达目的地的需求（图 5-27）。

根据模型客流分配结果，容东内部形成了“两横两纵”客流走廊。内部公交支线网布局主要以“L”形为主，加强对角线组团之间的联系。通过公交干线和公交支线的布设，可实现 65% 的片区级出行客流一站直达，剩余 35% 分散、个性化出行需求由需求响应式公交、特色公交提供服务（图 5-28）。

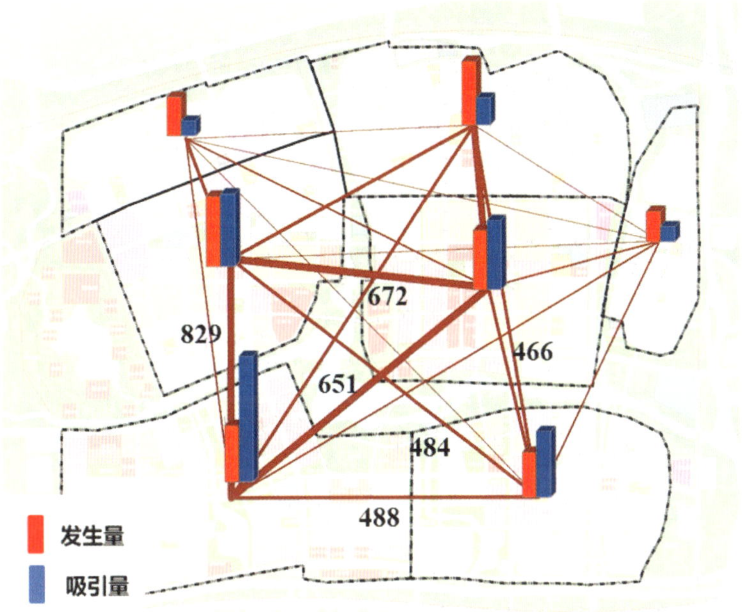

图5-27 早高峰容东内部公交出行期望线

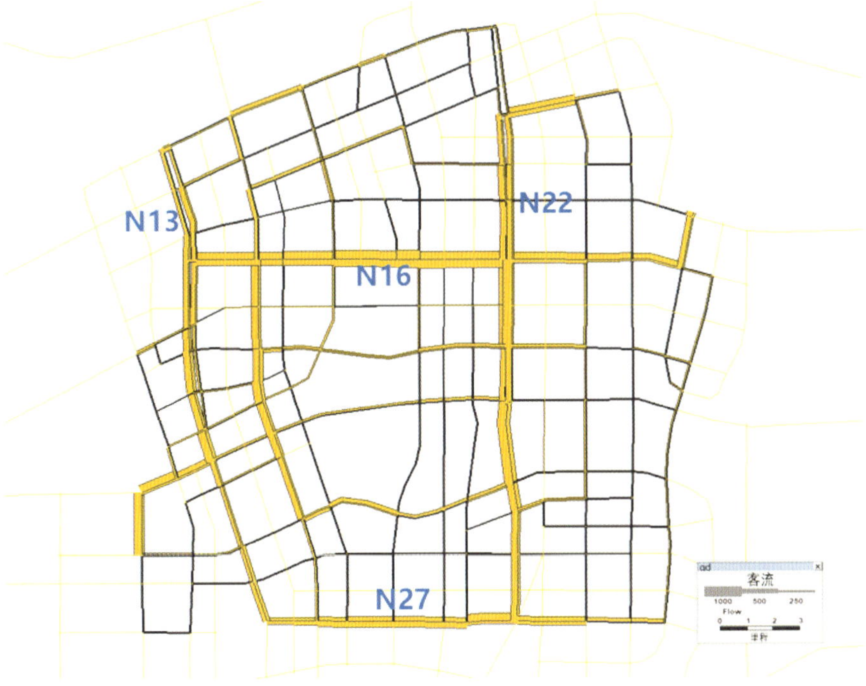

图5-28 早高峰容东内部公交出行客流分配结果

5.2.4　街区级公交系统

街区级出行占出行总量的9%，出行距离在2 km以内，出行方式以慢行为主。在此圈层，公交主要提供可选择的服务。根据上位规划，容东片区打造了连续畅通、有保障的慢行网络，其中骑行系统主要依托于三级绿道建设骑行专用路、骑行专用道和慢行街坊路。设置于城市支路上的骑行专用路和骑行专用道系统服务半径达300 m，覆盖片区90%以上的区域。步行系统则由城市道路的人行空间、慢行街坊路、步行街区以及公共绿地内的步行道共同组成，覆盖组团公共服务中心和各级各类公园绿地，连接社区中心。

在街区级范围内，一方面公交要提供可替代的服务。特别是在恶劣的天气，公交要为市民提供易获得的服务。因此，就需要布设密集的公交站点，实现出入口周边300 m范围内公交站点全覆盖，市民最多步行5 min即可进入公交系统。另一方面，公交要做好与骑行系统、步行系统的一体化衔接。同时，结合步行、骑行人流集散点，可考虑布设公交驿站设施，丰富市民出行体验。

5.2.5　全域公交体系总结

基于多层次公交骨架体系衔接主要对外交通枢纽，锚固城市中心，拉近区域时空可达性，提升城市区域地位；构建多层次公交主体网络支撑城市细胞单元，促进客流有序集散，提高公交体系网络运行效率；与慢行系统相融合的绿色公交体系。实现城市绿色交通一体化衔接等措施，构建地区级、城区级、片区级公交体系。容东片区的公交骨干网络主要包括高铁网、轨道网、干线网、支线网等，大约可覆盖高峰时段70%的公交客流。其余30%的公交客流可由需求响应式公交、特色公交、共享汽车等来提供服务（图5-29）。

	01 地区级	02 城区级	03 片区级	04 街区级
骨干	高铁 公交快线	轨道 公交干线	公交支线 慢行	慢行 公交支线
其他	需求响应公交、特色公交、共享汽车等			
占比	**高峰时段：**骨干占比70%；其他占比30%			

图5-29　容东片区全域公共交通体系示意

5.3
全程链接

全程链接是指面向“点到点”全链条提供高品质公交服务，实现“门到门”全出行链的公交服务目标。全程链接的关键在于出行过程中的“链”和“节点”。“链”是指多级公共交通网络一体化融合为乘客提供所需要的公交服务。“节点”则是指不同交通方式在枢纽节点高效转换、多种功能有机结合，通过“链”和“节点”的多式协同、无缝衔接，实现乘客全程高效、舒适、便捷的出行体验。

5.3.1 出行链智慧化

新区公共交通应通过建设 MaaS 出行服务系统（Mobility as a Service），实现智能化运营服务。其中，“链”覆盖 MaaS 系统的建设是关键。MaaS 是通过一个出行服务平台来实现乘客交通需求的出行服务模式，整合不同交通方式为客户提供量身定制的出行套餐。最终目标是将交通出行从“工具占有”转变为一种服务。全过程覆盖的关键之一在于“链”覆盖。新区 MaaS 系统应具有以下特征。

1）高度集成：集成各种出行服务到服务平台，精准应对用户需求，为其提供完整流畅、无缝衔接、一键结算、偏好响应的出行服务。

2）多样选择：运营商提供多种交通服务选项，包括公共交通、汽车、自行车、出租车、汽车租赁、共享交通服务及其组合形式。

3）效率最优：提供唯一应用平台，用户可在该平台上进行出行规划、订单支付、订阅服务等操作，实现个人出行效率最优解。

基于新区 MaaS 系统平台，融合新区多种交通出行方式，乘客即可实现平台一键预约、一次收费、覆盖全程的出行体验。通过智能化手段提升公交运营效率，建立需求响应式智能化公交系统。通过大数据、云计算等手段，智能生成线路，建立需求响应式的公交系统。借助智能交通等手段提升公交运行速度，开展以公交优先为前提的智能信号协调，实现公交绿波控制，道路时空资源分配转向公共交通主导，保障公交运行速度和优先通行权，通过编制公交运行图实现公交车辆运行的轨道化控制。

为同一区域具有相近出行时间和目的地的市民量身定做“一人一座”、舒适、快捷、直达、定时定点、快速直达的公交特约服务。市民可以通过客户端提出自己的需求，公交公司根据需求和客流情况设计公交线路，解决个性化、人性化的出行需求。基于“互联网+公众出行”，以公众出行最为重要的公共出行为基础，解决乘客在公众出行过程中亟待解决的信息不畅、盲目等待公交的问题，以互联网的方式，抓取公交调度运营数据，通过手机 APP 的形式，向乘客提供各类查询信息，包括站点信息、线路信息、换乘查询、车辆位置、预到站时间、到站提供、车辆评价、公交公告等信息，解决乘客出行难的问题（图 5-30）。

图5-30　公交出行链分解示意

1）公交服务提升的需求。等车难、坐车挤、站点远等问题都是造成公交服务质量不高的原因。面对这些问题，需通过对线网进行分析评价，提升公交调度效率，为乘客提供高效优质的出行服务，提高公交吸引力，进而提高乘客的乘车满意度。

2）公交出行服务多样化需求。大力发展互联网公交服务是多元化公共交通体系发展的趋势，是大力发展城市公共交通系统的重要一环。面对机动车拥堵日益严重的现状，交通政策应促进投资省、见效快、绿色可持续的公共交通方式的发展。现阶段大运量公共交通如轨道交通、快速公交等的线网覆盖面不大，还有很多服务盲区，需求响应式公交能够扩展公共交通的覆盖范围，增加公共交通线网密度。

3）公交增值服务拓展需求。随着车载 GPS 和移动支付的普及，丰富与开放的公交数据产生了，这给城市交通大数据研究带来了便利和机遇。从数据中，能挖掘出全天候动态居民出行需求分布，进而支持“互联网 + 公交增值服务”，扩展实时公交、定制专线、自助包车、乘车刷码、汽车租赁、广告发布等业务板块，可以带动传统的公交管理模式向精细化管理方向转型（图 5-31）。

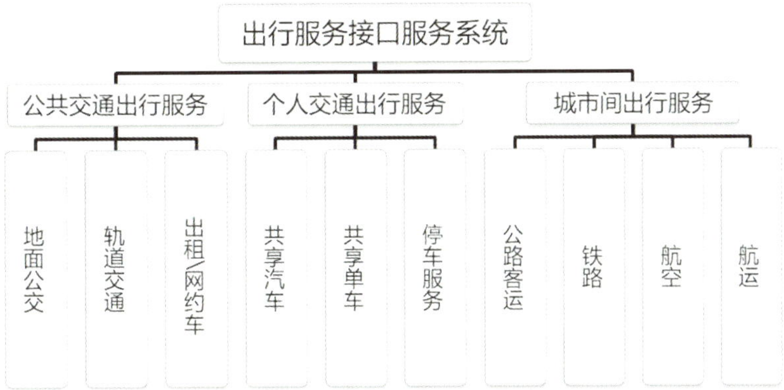

图5-31 公交智慧出行服务接口系统示意

5.3.2 出行节点锚固

5.3.2.1 打造多层级公交枢纽体系

新区提出实现“90/80”的交通目标，与新型公共交通组织模式相配套的城市客运交通枢纽体系（包括级配、规模和布局）尤为关键。近年来国内外先进城市发展经验表明，通过交通枢纽与城市公共服务空间耦合（TOD 策略），引导城市功能一体化开发，将出行最方便的城市空间留给公共交通并以交通枢纽为核心，一体化组织公交、慢行等出行方式，可以形成最有利于绿色交通出行的城市空间格局。

新区应构建城市型、组团型、社区型、邻里型多级公交枢纽体系，通过整合公交场站、停车场等既有规划空间，加强公交、慢行等交通方式的一体化组织，强化枢纽与组团、社区等城市公共服务空间耦合，进一步提升公共交通出行便捷性、舒适性，以点带面提升新区整体出行服务水平，支撑“90/80”交通目标实现。

1. 城市型枢纽

城市型枢纽承担区域轨道交通和城市公共交通之间的交通转换，保障城际绿色出行和城市绿色出行的无缝衔接。对于乘坐高铁、城际轨道到达新区的大规模集中客流，将通过便捷换乘速度快、容量大的公交快线迅速消散，直达新区各组团，为减少自驾、小汽车接送而改乘公交创造条件。

结合高铁站、城际站等铁路客运站建设，在优先保障公交便捷换乘的前提下，综合布局公交首末站、出租车（网约车）场、社会车辆停车场。新区与河北省、国家交通运输管理部门协同管理，鼓励开展餐饮休闲、简单购物、酒店住宿等经营活动，形成新型城市门户形象。

2. 组团型枢纽

组团型枢纽承担外来小汽车与新区公交系统便捷换乘，为小汽车换乘城市公交提供便利，保障组团内外交通便捷转换。它紧临组团外围高速公路、干线公路等出入口建设。

组团型枢纽综合布局社会车辆停车场、公交首末站、停保场。主要对外联系道路附近的组团型枢纽配套设置长途客运功能，由新区交通管理部门实行一体化管理。为鼓励外来人口更多采用小汽车停车换乘公交的方式出行，组团型枢纽可考虑制订较低的停车收费标准，鼓励车辆长期停放。鼓励组团型枢纽开展加油、充电、洗车、保养、汽车租赁、销售等经营活动，提升换乘体验。

3. 社区型枢纽

社区型枢纽保障公交与公交、公交与慢行便捷转换，兼顾社区物流配送。社区中心集聚综合办公、商业等高密度开发，是城市发展最具活力的区域，通勤、办事、购物休闲等多种需求叠加，交通吸引力强，一旦路上车流量大，更容易造成道路拥堵并向整体路网迅速蔓延，因而应有效避免大量使用小汽车出行。社区型枢纽应结合社区中心等高强度开发、人员活动密集区建设。根据公交枢纽场站配建标准，每处面积应为 0.5 hm^2 左右。

结合商业办公建筑配建公交场站，布局非机动车停放设施，保障公交与公交、公交与慢行的便捷换乘、接驳，鼓励物流配送中心与社区型枢纽结合布设。可根据需求结合商业办公配建停车场以提供少量出行车位，为减少自驾、小汽车接送而改用公交、慢行创造条件。为鼓励市民及外来人员更多采用公交、慢行等出行方式，社区型枢纽应结合地理区位，制定较高的停车收费标准。鼓励社区型枢纽结合大型商超、综合办公等建筑开展购物、超市、社区型枢纽结合大型商超、综合办公等建筑开展购物、超市、餐饮、物流配送等经营活动，提升换乘、候车体验，形成餐饮、物流配送等经营活动，提升换乘、候车体验，形成城市活力中心。

4. 邻里型枢纽

邻里型枢纽具备需求响应式公交发车、蓄车条件，提供冬暖夏凉、遮阳避雨的室内候车环境，提升公交出行便捷性。邻里中心位于居住集中区，是居民出行的源头，应保障乘客公交出行便捷、舒适，避免居民大量使用小汽车出行，从源头减少路上小汽车数量。邻里型枢纽结合邻里中心等居住集中区建设，基本实现 300 m 服务半径片区全覆盖。在场站用地总体规模基本不变的前提下，按照“小而密”结合需求灵活布局。

利用街头绿地、支路收窄等方式形成小型公交场站，供需求响应式公交停靠、蓄车。可结合建筑配建提供部分车位供分时租赁汽车使用。鼓励邻里型枢纽结合建筑开展便利店、洗衣房、洗手间、清饮休息等经营活动，营造冬暖夏凉、遮阴避雨的室内化候车环境，提升出行体验。

5.3.2.2 枢纽与城市核心区融合

城市核心区域有强大的吸引力与辐射力，人们出行需求大，在此布局公交换乘枢纽可以汇集多种交通方式，便于客流高效转换，加强区域交通的可达性。核心区枢纽与城市功能布局的多元复合，可集商业、酒店、办公、社区服务、旅游集散、休闲公园等功能于一体，提升站点及周边土地价值，将公交枢纽与城市中心体系完美融合，与城市功能中心多元复合，减少公共交通出行与城市活动的割裂感，实现“到站即是目的地”。

同时，新区应积极探索公交驿站系统，将公交驿站设施融入绿色出行的各个环节中。在交通语境中，“驿站 ”是旅途中具有休息、候车、补给功能的设施，是居民出行链条中的“第三空间”。在以往的城市建设中，只有较大的城市级交通设施（如机场、高铁站）才会受到重视，这些设施通常相对孤立，与居民日常出行链条脱节。如今，小汽车地下车库已基本实现室内化、品质化和多功能化（自动售货机、洗车、保养等）设计，但全国大部分城市的公交乘客和骑行者风吹日晒仍是常态，绿色交通系统普遍缺少驿站，无法完成相应的功能。

“第三空间”体验对于培养忠实的绿色出行者至关重要。相关文献表明，公交乘客在等车、换乘过程中感知到的时间成本是乘车时的 1.5~2 倍。长时间步行、骑行者亦需要拥有休息、喝水和如厕的便利条件。日本北海道、加拿大温哥华等一些国际先进城市和地区，已将这类驿站设施融入出行的各个环节，让公交、慢行和小汽车平等竞争，让居民“用脚投票”，自愿选择绿色出行。驿站建设应因地制宜，不显著增加投资规模，尽可能利用已有规划设施。其可根据涵盖的交通方式、人员停留时长、客流聚集规模等因素分为以下三种形式。

1. 结合枢纽设置的驿站

结合枢纽设置的驿站具有以下特点。

（1）为交通枢纽内的公交车始发、公交线路（含公交与地铁）换乘、非机动车换乘公交提供候车休息场所而设置。

（2）依托规划的社区型、邻里型枢纽进行一体化设计。

（3）结合社区型、邻里型枢纽的一层公共服务空间，布设在枢纽的集中上下客区旁。

（4）通过提出已规划枢纽的设计条件来预留驿站的空间和统一驿站的设计要求，无须额外选址兴建。

2. 结合公交站设置的驿站

结合公交站设置的驿站具有以下特点。

（1）为大客流的公交中途停靠站（如学校、医院、大型公建、换乘站点）提供遮风避雨和候车场所而设置。

（2）选择公交快线、干线上的主要停靠站，贴近公交站设置，提供半封闭或全封闭的候车空间。

（3）结合近期要建设的重点道路与公交站台同步投资建设，有条件的可与临街建筑的商业空间结合，进行一体化设计。

3. 结合绿道设置的驿站

结合绿道设置的驿站具有以下特点。

（1）为中长距离的跑步、散步、非机动车骑行人群提供临时休憩、补给而设置。

（2）依托区域绿道、城市绿道设置，以独立式的小型建筑为主，也可结合治安点、医疗点等公共服务设施设置。

（3）结合绿道设计方案提出驿站的功能设计要求，与区域绿道和城市绿道同步投资建设。

5.3.3 TOD 开发策略

TOD 是一种围绕公共交通车站及其周边影响区域展开的，以公共交通引导为核心的综合发展模式。在全球可持续发展战略需求下，土地资源的优化配置和集约复合利用成了必然要求。同时伴随轨道设施等大中运量公共交通系统的建设，城市公共设施与公共空间的高效契合是推动城市活力延续的必然选择。

在宏观层面，应将大运量公交走廊站点周边一定范围的区域划分为以公交为导向的特别发展区，并根据区位、发展定位、综合公交服务水平分成重点 TOD 片区和一般 TOD 片区：相对于其他地区，这些区域应有更加混合的用地、更多的就业机会、更多的可支付的住房、更小尺度的街区和更高密度的路网，并对私人机动车的进入和行驶做出限制（例如较高的停车收费标准）。

在中观层面，应对“公交为导向特别发展区”制定更高的容积率标准、更高密度的步行和非机动车网络、更低的停车配建标准以及具体的用地混合模式和比例。这些标准用于控制具体项目的规划和设计，使城市沿着公共交通走廊发展，集约用地。

在微观层面，提供最直接、便利、舒适、高质量的步行和非机动车网络以及设施连接公交站点；提高行人和自行车通道的密度、宽度和质量，在站点和周边的小区、商场、办公机构、学校和公共开放空间设置自行车停放设施和公共自行车站点；公共交通换乘站点之间不超过 5 min 步行距离，并提供遮阴挡雨的人行走廊；提供高质量的公共开放空间；提供通透、活跃的沿街界面，机动车道的宽度取低值，停车配建标准取低值。

新区规划明确提出要通过城市 TOD 一体化开发，达到转变城市发展模式的根本目的，包括构建低成本、高效率的城市形态；提高土地利用的经济性，遏制城市无序蔓延；抑制小汽车的非理性出行，鼓励公共交通出行等。在实践过程中应充分吸收新加坡、日本等发达国家和地区的建设经验，同时结合新区城市发展高点要求，提出适合自身的 TOD 开发策略，结合新区城市中心体系布局及用地空间类型，本次具体将新区 TOD 开发模式分为城市中心型 TOD、枢纽型 TOD、产业型 TOD 和开敞型 TOD 四类，各类 TOD 开发模式的控制要点如下。

5.3.3.1 城市中心型 TOD

城市中心型 TOD 依托城市各级中心构建，体现城市居住、商业、办公等常规城市功能的空间点状集聚。结合雄安新区城市中心发展体系，将城市中心型 TOD 分为市级中心、片区中心和社区中心三级。

1. 市级中心型

市级中心型轨道交通站点围绕站点周边 100~150 m 范围，进行高混合用地开发，以商业、办公、娱乐为主体进行功能相互渗透，在站点周边 150~300 m 范围内进行混合度相对低的业态开发，如商办、商娱等，但不建议在此圈层内进行商业住宅开发，在 300~500 m 半径范围内布置中等密度的单一业态和社会公共服务设施，也可布置少部分商住设施，结合建筑空间和道路尺度设置部分开敞空间（图 5-32）。

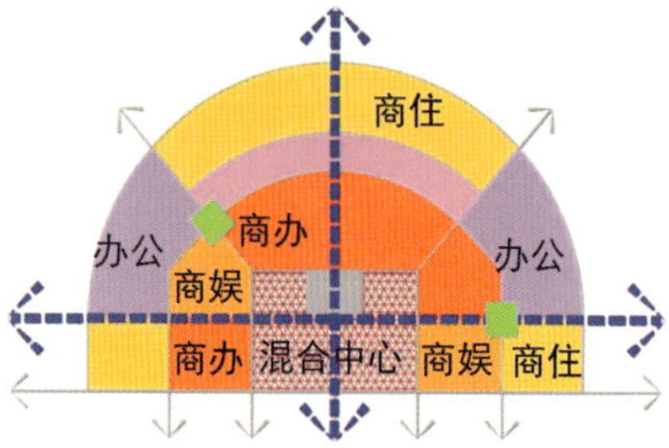

图5-32　市级中心TOD用地布局示意

2. 片区中心型

片区中心型轨道交通站点围绕站点周边 100~150 m 范围，建议进行中等混合用地开发，以商办、商娱为主体，并辅助以社会公共服务设施，重点打造辐射周边片区的功能中心。在站点周边 150~300 m 半径范围内进行高密度商住设施和纯住宅设施开发，提升站点覆盖人口规模。在 300~500 m 半径范围内布置中等密度住宅设施，同时结合居住区的建设，布设大量开敞空间（图 5-33）。

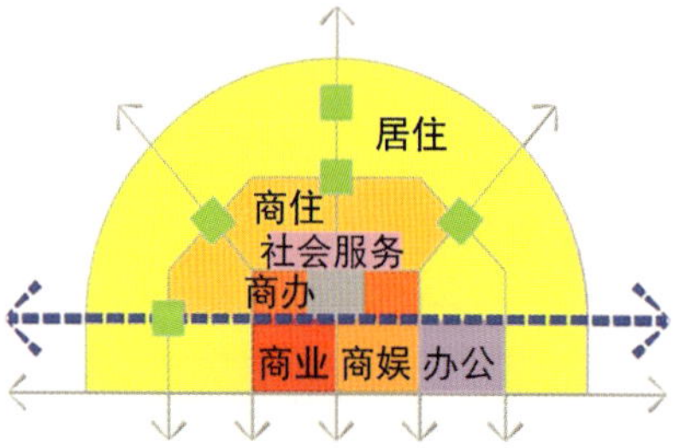

图5-33　片区中心TOD用地布局示意

3. 社区中心型

社区中心型轨道交通站点围绕站点周边 100~150 m 范围进行中低密度商业、社会公共服务设施开发，以超市、零售业为主，构建邻里中心，在站点周边 150~500 m 半径范围内进行中等密度商住设施和纯住宅设施开发，提升站点覆盖人口规模，同时结合居住区的建设，布设大量开敞空间（图 5-34）。

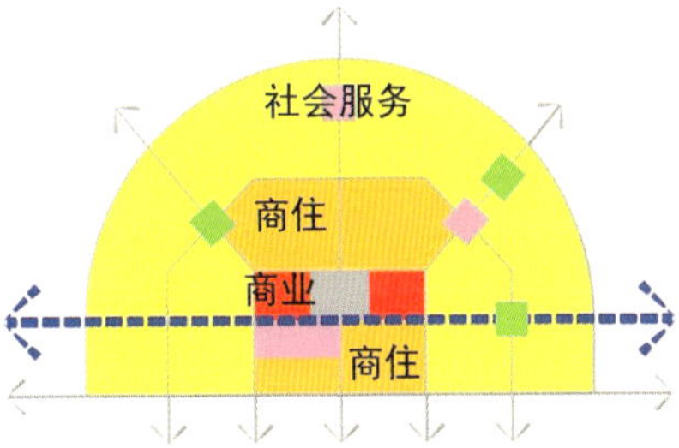

图5-34 社区中心TOD用地布局示意

5.3.3.2 枢纽型 TOD

枢纽型 TOD 依托城市各级对外枢纽构建，存在城市内外客流的转换过程。枢纽型 TOD 构建的目的一方面是借助枢纽汇聚的人气进行用地高密度开发，提升枢纽地区用地效率；另一方面，通过商业、办公等业态的导入，使枢纽地区纯粹的换乘功能转变为到发功能，提升居民出行效率。不同等级的枢纽用地开发要求各不相同，本次分为大型对外枢纽和一般对外枢纽两类。

1. 大型对外枢纽

大型对外枢纽 TOD 主要针对城际、高铁等大国土范围出行枢纽，该类枢纽辐射影响力广，人流客流集中，布设有多条骨架公交设施服务其客流集疏，适合进行高密度商业开发。依托枢纽本体建筑和周边轨道设施，可在较大范围（200~250m）内进行高密度用地开发，业态与市级中心相似，以高混合用地开发为主，商业、办公、娱乐为主体进行功能相互渗透，在枢纽周边 250~500 m 半径范围进行商办、商娱等混合度相对低的业态开发，在站点周边 500~800 m 半径范围内布置中等密度的单一业态和社会公共服务设施，也可布置少部分商住设施。

枢纽型 TOD 开发业态与市级中心类似，所不同的是可结合枢纽周边部分轨道站点进行一体化开发，形成具有一定形态特色的核心商业片区或商业轴（图 5-35）。

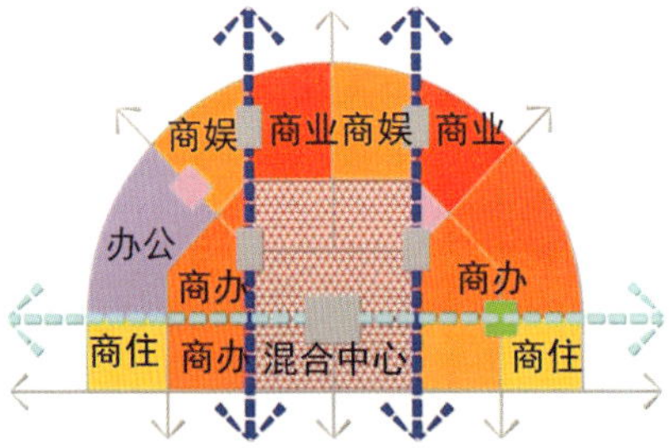

图5-35　大型对外枢纽TOD用地布局示意

2. 一般对外枢纽

一般对外枢纽主要针对公路枢纽提出，该类枢纽位于建成区外围，周边用地开发强度不高，可结合枢纽的上盖物业开发，形成类似片区中心的用地开发结构进行开发。

5.3.3.3　产业型 TOD

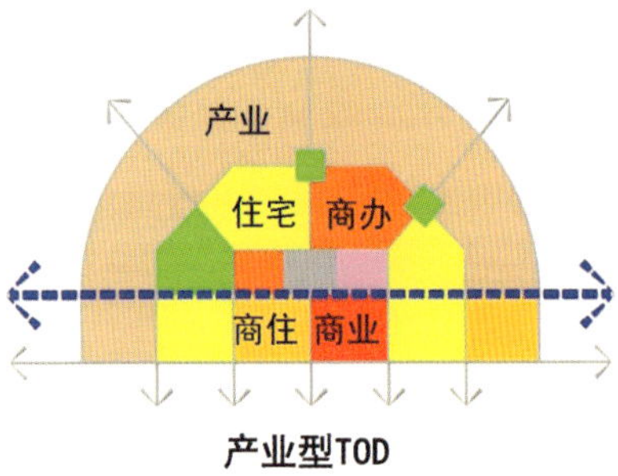

图5-36　产业型TOD用地布局示意

产业型轨道交通站点主要针对大型教育园区和工业园区，着力构建服务园区内部的小型公共中心，开发强度中低。围绕站点周边 100~150 m 半径范围，建议进行商业、办公及部分混合商办、商住开发，为园区提供配套社会公共服务设施。在轨道站点周边 150~300 m 范围内进行中等强度住宅开发，为园区内工作人员做部分配套，同时在站点 500 m 半径范围以外进行园区产业开发（图 5-36）。

5.3.3.4　开敞型 TOD

开敞型轨道交通站点主要针对大型景点、公园等人流量季节性集中、开发受限制地区提出，以配套为主，开发强度为中低强度。在站点周边 100~150 m 半径范围，建议结合地形和周边环境要求进行商业、娱乐和社会服务设施配套，在站点周边 150~300 m 半径范围进行低密度住宅开发，其 500 m 以外为开敞片区（图 5-37）。

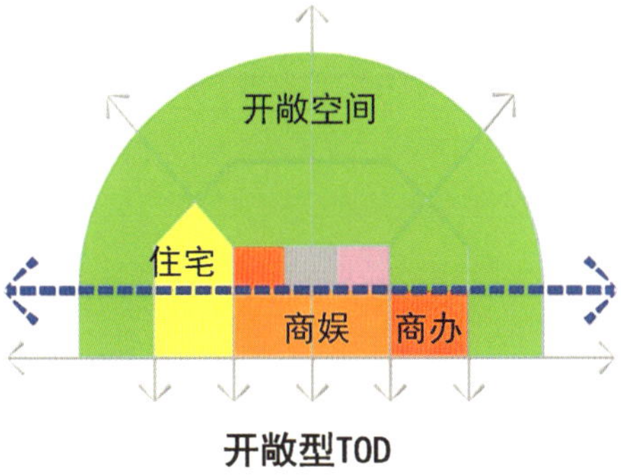

图5-37 开敞型TOD用地布局示意

5.3.4 立体开发模式

全程链接服务需通过公交枢纽与城市空间一体化开发建设实现。按照节约集约用地的原则，推进城市公共交通设施用地综合开发，提高土地利用效率。对新建公共交通设施用地，在保障公益性用地的基础上，应对地上、地下空间实施土地综合开发。对公共交通设施用地，支持原土地使用者在符合规划且不改变用途的前提下，依法申请提高容积率，进行立体开发。公共交通用地的土地综合开发所得收益，应全部用于公共交通基础设施建设和反哺公共交通运营费用。

公交场站综合立体开发是根据城市建设总体规划和土地利用总体规划的要求，结合公交场站的建设和运营，遵循一体策划、统一规划、整体建设的开发思路，对场站及周边一定范围的土地加以利用，有计划、有步骤地进行一体化开发建设，即由平面布局转为空间拓展、使功能由单一转为复合。这种开发模式在土地资源紧缺的城区作用更为明显，有利于公交系统与城市土地功能高效复合，节约城市土地资源，可吸引大量客流，产生人流规模集聚效应，有利于提升场站地区的土地价值。公交场站通过上盖物业，结合商业等用地综合开发，对商业、公交场站及轨道交通的分层布置，有利于场站采用立体交通的组织模式，减少客流换乘距离，实现“以人为本”的规划理念。公交场站结合大型居住区、办公区、商业区、轨道交通站点以及停车换乘中心设施，可以保障公交场站的客流，有利于场站资源的充分利用，提高基层设施的运营效率。

5.3.4.1 建设空间类型

公交场站的综合开发在空间上有多种组织类型。根据场站中公交功能与其他对外功能（商业、办公、居住等）的空间关系，可以分为立体型（上盖模式）和平面型（分离模式），两种类型的不同结合形成了综合型的空间组织方式。

1）立体型公交场站是通过上盖建筑，将停车、换乘等公交功能与商业、办公、居住等其他功能在纵向综合布局的一种空间组织类型。一般来说，地下层为停车场，满足公交停车、社会停车和非机动车停车等要求；路面一层为公交站点，组织公交换乘；公交换乘层以上是其他功能。

2）平面型公交场站是将场站中的不同功能在平面上分区的空间组织类型，是一种传统的空间布局方式。平面型的公交场站具有明确的公交功能区和对外功能区（商业、办公等）。一般来说，公交功能区位于内部，而对外功能区位于临街面，不同功能区的建筑彼此独立。

3）综合型公交场站是结合立体型与平面型的空间组织类型。公交功能与其他功能既存在平面上的联系，又存在纵向上的联系，综合型的场站空间存在丰富多样的组织方式。

三种空间类型中，立体型空间利用率高、公交可达性好；平面型便于空间布局、组织交通；综合型介于二者之间。立体型与综合型适用于开发量较大的公交场站，而平面型适用于停车量大或交通较为复杂的公交场站。

5.3.4.2 建设开发形式

城市公交场站的综合开发具有多种多样的方式。已有的建设案例在功能上除交通功能外，以商业、居住和办公功能为主。结合这些功能与空间类型，公交场站的综合开发一般表现为四种模式：综合体模式、居住社区模式、普通商业模式和普通办公模式。

1）大城市或超大城市中区位良好、规模较大的枢纽站或停保场适合采用综合体开发模式。综合体是结合商业、办公、居住等多种功能的复合型交通设施。综合体业态较为复杂，包括商业体、写字楼、公寓等；占地规模较大，采用立体型空间模式，容积率较高。

2）居住社区模式适用于大中城市中具有一定用地规模的公交枢纽站或首末站。根据经验值，场站用地规模应大于 3 000 m^2。住宅主要定位于更依赖公共交通，并且对价格较为敏感的保障性住房和廉租房居民，以及经济实力较差的年轻人等人群。除居住功能外，还可以开发商业功能，如超市、菜市场、零售商业等。空间模式以综合型和立体型为主。

3）普通商业模式利用公交场站人流量较大的优势，发展零售商业，适用于不同规模城市中区位较好、人流量较大的公交场站。商业模式商业规模较小，多采用平面型布局，沿街建设商铺。普通商业模式以社区服务中心或小型零售商业等形式出现。社区服务中心包括社区超市、餐饮、公共服务等功能。小型零售商业包括便利店等生活服务功能。

4）办公模式是指将公交场站与办公相结合的综合开发模式，主要适用于大中型城市中区位较好的停保场，充分利用公交场站便捷的公共交通、便利的停车条件解决办公功能的通勤问题。办公模式改变了原有停保场的低容积率空间利用方式，建设综合停车楼，将节约的用地建设为可对外出租的办公楼，从而实现公交场站的高效利用。办公模式的建设一般采用平面型空间布局。

5.3.4.3 建设选址要素

公交场站综合开发计划的制订要结合场站基础功能以及目前的建设情况、建设计划、使用情况等综合考虑。城市公交场站的开发选址主要考虑区位位置、地块面积、开发强度及周边环境等关键要素。

1. 区位位置

计划进行综合开发的公交场站具有优越的地理位置（商业价值好，开发价值高，路网可承载），以服务较多的人群，同时避免对周边的交通、配套、景观等造成不良影响，应尽量选择在人口相对密集、交通便捷、周边路网可承载的城市中心腹地，能满足促进城市旧城改造、调整城市功能、营造交通便捷的城市环境的需求。周边最好为商业成熟或人口聚集的区域，能够吸引大量的消费群体，便于寻找目标客户。

2. 地块面积

地块面积会直接影响到公交场站的开发方案的制定及其开发体量。地块面积大的场站在开发模式、业态定位等方面的选择面较广，同时其建筑体量较大、单位建安成本较低，未来预期收益较高。实施公交场站上盖物业开发的用地规模不宜低于 1 hm^2，以保证一定的建筑规模，同时要有良好的用地条件；在用地面积足够大时宜考虑分离布局模式。

3. 开发强度

公交场站地块现状情况是决定场站综合开发投资成本的关键因素。场站地块较平坦、拆迁量较小、填挖方量较小，较适宜做综合开发。公交换乘枢纽站周边用地性质应以商业、住宅为主，中心区容积率可取5~6，居住区地块容积率可取3~5，在容积率严格控制的区域，可适当降低开发强度。

4. 周边环境

周边自然环境将对综合开发物业的品质产生重要影响，周边环境噪声小、绿化好。视野开阔的公交场站所开发出来的综合物业品质将较高，其商业价值也自然得到提升。

5.4 全民服务

全民公共交通服务旨在面向所有城市居民，提供其所需要的公共交通服务类型与模式。任何人、任何一次超过 3 km 的交通出行，均可在新区公共交通系统中选择并获得良好的公交服务。即可以依据市民的自身需求，为时间预期、费用预期、私密要求、舒适定制、特殊出行等各类出行需求提供定制化服务，真正实现新区公共交通系统“全民服务、乐享公交”的发展愿景。

5.4.1 人群特征分析

公交人群特征基于对城市发展定位、战略布局、功能用地、土地利用、主导产业、城市特性等多维度的综合性分析，针对不同人群、不同时段、不同需求进行公共交通系统服务的分类指引与体系建设。

本地居民日常出行主要有通勤（上班与上学）、商务、日常生活和休闲娱乐三大类。其中日常生活出行主要分布在社区级和邻里级公共服务设施中，即 5~15 min 出行圈内；日常的休闲娱乐则主要集中于片区内部，即 30 min 出行圈内；而通勤与商务活动则在区内区外皆有分布，多集中分布在 45 min 出行圈内。

城市公交还需要照顾弱势群体的出行需求，设置公交无障碍设施。无障碍设施的布置应最大限度地将弱势群体与正常人群进出流线分离，使弱势群体在车站中的交通出行行为受到最小限制。

区外来访人士活动类型主要有三类：商务办公、休闲旅游以及学术交流。来访途径主要包括航空、高铁等对外公共运输系统和自驾。因此进入区内的方式主要有三类：一是从对外枢纽站通过公共交通或共享交通等方式进入，二是自驾至换乘中心通过换乘公共交通或共享交通等方式进入，三是自驾直接至目的地。

根据容东片区人口和就业发展定位，近期安置人口 7 万，并有部分外来导入人口，发展目标是基本实现职住平衡，近期需要充分考虑安置人群和导入人群的出行特征，合理提供公交服务。安置房片区居民未来就业主要以商业、服务业等为主，对外主要联系容城老县城和起步区的综合服务带；导入技术人才则主要与高端、高新产业及科技片区联系紧密。远期，容东片区外来导入人口约 10 万，人口总规模为 17 万；容东片区地上建设总量约为 1 140 万 m^2，扣除住宅的建设总量为 517 万 m^2，远期容东片区可容纳就业岗位数（约 9~10 万）将多于职住平衡对应的岗位数（约 7.4 万），即通勤交通需考虑容东片区与起步区及其他片区，容东片区与新区外部地区的双向交通，应配置对外集约化公共交通走廊和机动车通道。同时，按照远期交通结构目标，高峰小时片区交通出行需求（内部 + 对外）为：慢行交通出行需求约为 4.5~4.9 万人 /h，公共交通 + 共享客车出行需求为 3.8~4.1 万人 /h，折合 4 200~4 550 pcu/h，私人小汽车出行需求约为 1.0~1.5 万人 /h，折合为 9 955 pcu/h，因此需要通过“窄路密网”（路网密度 > 10 km/km^2）保障慢行和公共交通优先，分离私人小汽车交通。另外，容东片区对外交通需求主要是容东与雄安新区其他组团、容东与雄安新区之外地区的交通需求，以通勤出行和非通勤出行为主，高峰小时出行量为 3.5 万人 /h，因此容东片区对外交通出行属于中长距离出行，将以快速、集约化公共交通为主要服务方式。

5.4.2　出行特征分析

从目标导向下的需求出发，细分不同人群的出行需求以及需求的渐变，在区域尺度确定的情况下，规划不同区域联系需求的供应模式，提出绿色主导交通模式和公交优先交通模式。对于片区交通出行特征，应重点分析以人为本和弹性适应能力。以人为本体现为小尺度网络的便利与宜人、安全与高效，易达与出行时间的可控（5 min/15 min/25 min）。弹性适应是指交通网络有能力适应交通技术进步和新技术应用，如共享交通、自动驾驶等。同时，应降低交通发展成本 / 代价，关注资源集约、提高道路设施的共享水平、提供停车设施的共享能力、保障交通出行的共享未来。资源集约是指设施建设的资源集约、近期与远期使用的集约安排。通过规划公共交通专用空间（公交专用道 / 车道网络）、通行权管理来提高道路设施的共享水平。提供停车设施的共享能力是指以街区为停车位规划的基本单元，实施全部停车位只有使用权的供给侧改革，通过停车位使用权的需求管理引导绿色出行。保障交通出行的共享未来是指以可分离的路网设计，弹性、可变化的横断面设计，充分、系统性的智慧交通设计，为共享交通预留设施条件和实施便利。

城市居民交通出行的类型主要包括通勤出行、生活出行、商务出行及休闲出行等方面，其中通勤出行具有时空分布规律强、早晚高峰期出行强度大、分布范围广等特征。通勤出行更讲究快捷性及便捷性，需要公交提供快捷、可靠、大容量的公交服务。生活出行更讲究可达性及舒适性，需要公交提供灵活、舒适、高可达的公交服务。商务出行则面向全域，时间分散，但空间集中，多集中在对外枢纽与商务片区之间，需要公交提供快捷、舒适、个性化的出行服务。休闲出行面向全域，相对分散，强度偏弱，需要公交提供舒适、美观、高可达的公交服务。

综上，从客流强度上看，居民出行可分为以下两类。

5.4.2.1 通勤出行

规律性强且强度大的通勤出行，对公交服务的要求主要是快速、准点、便捷及安全经济，要求以轨道交通和公交专用道 / 专用路系统构成保障公交运行可靠性的骨干基础设施网络，提升轨道和公交专用道沿线用地开发强度和混合度，保证公交客流基础。面向高密度、高峰时段客流走廊需求，依托多级公交枢纽体系，构建轨道交通、组团公交快线、片区公交干线、区内公交支线的骨干网络，实现主要客流走廊的高效率、高品质、高准点覆盖及服务。

5.4.2.2 弹性出行

分布分散且强度弱的休闲娱乐类出行以及随机的商务旅游类出行，对公交服务的品质要求分别为可靠、舒适及个性化。要求适应片区空间用地整体小尺度和社区组团化布局特征，适应机动化发展和出行服务品质要求提高的需求，积极引入智能交通管理和运营系统，通过提升公交准点率和个性化服务响应度，提高公交的竞争力和吸引力。面向低密度客流区域 / 道路、平峰 / 低峰客流时段，逐步建立起“互联网 + 公交”的响应式、定制式公交服务，预约出行、灵活及时、兼顾服务效率和品质。

随着移动互联网技术、车辆技术（电动化、智能化、网联化及共享化）的进一步革新与应用，以及配套基础设施的改造升级，未来的交通组织与服务模式将发生根本性的变革，在公共交通服务组织模式上，当前以共享自行车、分时租赁、网约车以及定制公交等为代表的新型“互联网 + 交通”服务模式，已经对传统交通工具拥有及使用方式产生了显著影响。

面向未来技术进步的“共享”与“智能”、交通零排放的“绿色”、以人为本的“便利”，容东片区应塑造一个绿色、智慧、具有弹性的交通系统。同时，应建设层次清晰、多位一体的公共交通换乘枢纽体系，以换乘枢纽为核心和锚固节点，协调各种交通方式，实现各模式公共交通方式之间的无缝衔接，创造人车分流、无缝接驳的换乘环境，培养市民换乘理念，鼓励市民进站换乘，形成集约、高效的公共交通体系。

5.4.3 多模式公交服务

在公交网络中，根据距离，公交出行可分为短、中、长距离出行；线路客运量有大、中、小运量之分；线路运输特征有“点式运输”和“线式运输”之分。要建立与小汽车相比更有竞争力和吸引力的公共交通系统，关键在于针对多样的出行需求，细化公交系统内部分工，为乘客提供多样性公共交通服务。所以，公交线网优化的核心思想就是对公交线网进行合理分层，实行不同的运送标准，针对不同的出行需求提供差异化的公交服务。

构建全民服务的公交服务系统，要让每一位市民无论出行距离长短、客流等级大小、品质要求高低，只要愿意，均能够获得多元、高品质的公交服务。城市公交优先战略与政策应当立足于广义公共交通的范畴，扩大公共交通的内涵与外延。不局限于公交企业的公交车辆与服务的公共交通才算是城市公共交通。为企事业单位、学校、旅游等提供多员合乘集约化服务的班车、大巴车、中巴车等，都可以纳入广义公共交通的范畴，这也是许多国际先进国家和城市的普遍认知和做法。

依据城市居民出行需求的多样化及公交服务水平的差别化，构建开放、包容的城市大公共交通设施总体框架，承担集散对外交通客流、及时吸纳城市内部交通和衔接城市慢行交通系统的功能定位，建立“开放、多元、创新、融合”的一体化高质量公共交通系统。

面向快速、可靠的出行需求，提供包括大运量轨道交通（运量大、速度快）、公交快线（速度快）等公共交通出行方式。

面向舒适、可达出行需求，提供包括多级公交（干线 - 支线）、需求响应式公交、公共自行车（接驳骨架交通，满足最后一千米需求）等公共交通出行方式。

面向全民出行需求，提供改善性、品质化、个性化的出行方式。发展各类特色专营公交（定制巴士、楼宇公交、社区公交、旅游公交等）、出租车、共享汽车等作为公共交通系统的有效补充。

5.4.3.1 特色公交服务模式

在新加坡、香港、库里蒂巴等城市，运量、速度、票价等不同服务组合充分满足不同区域、不同走廊、不同人群等对公交的要求，实现不同线路、不同运力的车辆错位发展。

新加坡地面公交主要由 SBS 和 SMRT 两家公司运营，包括常规公交线路和特色公交线路。其中，常规公交线路由快线公交线路、干线公交线路、支线公交线路以及社区公交线路组成。特色公交线路包括城区直通巴士、优质巴士、特快巴士、高峰短途巴士、夜间巴士、跨境巴士、厂区巴士等线路。此外，为满足市民多样化的出行需求，新加坡还提供了一系列私营巴士服务，如租赁巴士、游览巴士、校巴等（表 5-4）。

表 5-4 新加坡各类公交线路的功能

线路类别		功能
常规公交	快线公交线路	在快速路上运行，服务沿线城镇的客流
	干线公交线路	服务城镇间的客流
	支线公交线路	提供地铁站和公交枢纽与周边居住区或工业区的短驳服务
	社区公交线路	服务于城镇内部社区间客流
特色公交	城区直通巴士线路	在快速路上运行，联系外围居住区和 CBD 地区，主要在工作日早晚高峰运营
	优质巴士线路	提供工作日高峰时段“点到点”且高品质的服务，但价格较高
	特快巴士线路	服务于通勤乘客，依靠少停站和灵活的路线来缩短旅行时间
	高峰短途巴士线路	作为支线公交线路的补充，以缓解车内拥堵、缩短高峰候车时间
	夜间巴士线路	作为常规公交和轨道交通线路停运后的补充
	跨境巴士线路	提供通往马来西亚的跨境服务
	厂区巴士线路	服务于裕廊和大士工业区

同时，为保障公交车的运送效率，新加坡充分给予公交优先保障：施划公交专用道、设置机动车强制性让路于公交车的港湾式车站、实施公交信号优先、建设连廊车站改善候车环境等。根据新加坡交通局的统计数据，在这些公交优先措施的保障下，公交车辆平均运营速度由 16~19 km/h 提升至 20~25 km/h（图 5-38）。

图5-38 新加坡公交优先措施（机动车强制性让路港湾式车站）

香港公共交通服务方式包括轨道交通、有轨电车、专营巴士、出租车以及渡轮、缆车等公共交通服务，每天载客超过 1 100 万人次。轨道交通覆盖主要的通勤走廊，有轨电车作为轨道交通的有力补充，两者提供大运量的快速服务。专营巴士服务于轨道交通未覆盖区域，并作为轨道交通服务的延伸。出租车主要提供点对点的个性化服务。渡轮、缆车提供观光游览等服务，作为上述公共交通方式的补充。香港公共交通以方式多样性、服务精细化为特色（表 5-5）。

表 5-5 香港公共交通系统功能定位及发展规模

公共交通方式			配车数量	日均客运量（万人次）	服务定位	服务范围和对象	备注
轨道			—	390	骨干运输系统	香港岛、九龙和新界的主要通勤走廊	9 条线路、175 km、85 个站点
巴士	专营巴士	新巴	704	47.2	主要运输工具	服务轨道未覆盖区域以及与轨道交通接驳	按区域不同分别由五家运营公司经营，共 700 多条线路
		城巴	937	57.8			
		九龙巴士	3 800	260			
		龙运巴士	165	8.1			
		新大屿山	103	5.2			
		合计	5 709	378.3			
出租车			18 138	100	辅助	点对点的个人化运输服务	—
电车			164	23	辅助	繁忙时段作为香港岛巴士和轨道的补充	全长 16 km
渡轮			—	13	辅助	往来港岛和港内线路服务	12 家运营商经营 20 条线路
缆车			—	1.2	辅助	游客、观光游览的本土市民	全长约 1.4 km、4 个站点

数据来源：香港运输署网站

除上述公共交通服务外，香港还提供了八种非专营巴士服务以及公共型小巴服务，可以全方面覆盖居民正常的出行范围。其中非专营巴士主要在高峰开行，服务于专营巴士未覆盖区域；小巴主要接驳集体运输，用于缓解繁忙时段交通压力。

香港的非专营巴士服务还包括游览服务、酒店服务，学生服务、雇员服务、国际乘客服务、合约出租车服务等（表 5-6）。

表 5-6　香港非专营巴士及公共型小巴功能定位

类别		功能定位	备注
非专营巴士	游览服务巴士	繁忙时段缓解压力；服务专营巴士未覆盖区域	往返旅游地点
	酒店服务巴士		酒店与巴士公司联营
	学生服务巴士		学校与巴士公司联营
	雇员服务巴士		公司与巴士公司联营
	国际乘客服务巴士		往返酒店或各个口岸
	居民服务巴士		新市镇及市区长距离辅助接驳服务，往返居住与主要交通交汇处
	复式类型交通服务巴士		—
	合约出租服务巴士		“包车”以合约形式出租
公共型小巴	红色	接驳集体运输，繁忙时段缓解压力	无固定路线、班次和收费
	绿色		有固定路线、班次和收费

另外，为提高轨道交通的服务范围，充分发挥其大容量高效率的运输能力，香港强调轨道交通、地面公共汽（电）车、辅助公共交通以及慢行交通的整合。以慢行交通与轨道交通的整合为例，利用慢行交通与轨道交通接驳，扩大香港轨道交通的服务半径对居住人口的覆盖。沙田站 500 m 范围内服务人群与站点加慢行接驳的服务人群对比，覆盖居住人口增加了近一倍（图 5-39）。

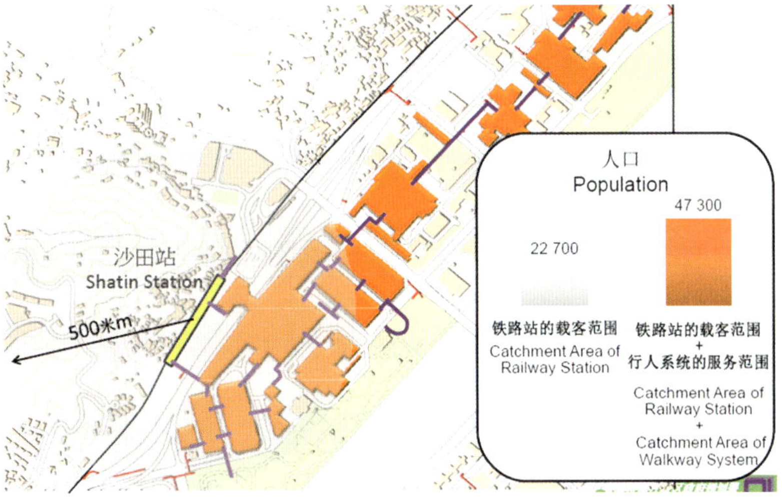

图5-39　香港轨道站点慢行接驳服务范围

库里蒂巴公共交通系统是一个非常完整的、多元化的网络与服务体系，BRT 系统仅仅是公共交通体系的一部分，承担了骨架公交的作用。除此之外，它还包括了大站快线、区际线、区内线、校巴、医巴、残巴（为残疾人特别是残疾学生专用）等 10 多种各色公交线路与车辆。这充分考虑了不同区域、不同走廊、不同人群等对公交运量、速度、票价等不同服务的要求。系统由 390 条线路、2 000 辆车构成，每天客运量超过 210 万人次，其中 49 万人次来自大库里蒂巴邻近地区。这 390 条线路覆盖了库里蒂巴 1 100 km 道路，公共汽车日行驶里程达 38 000 km（表 5-7）。

表 5-7　库里蒂巴六类公交线路一览

线路类型	线路功能定位	使用车型	载客量 / 人	车体颜色
快速线	连接市中心城区与一体化的枢纽站	红色双铰公共汽车（5 门） 红色铰接公共汽车（4 门）	270 180	红色
区际线	连接周边城市区域和一体化枢纽站	绿色长公共汽车（3 门） 绿色铰接公共汽车（4 门）	110 160	绿色
直达线	作为快速线及区际线路的补充线	灰色长公共汽车（1 门） 灰色铰接公共汽车（4 门）	110 160	银色
主干线	连接一体化的车站与中心城区	黄色常规公共汽车（3 门） 黄色铰接公共汽车（4 门）	80 160	黄色
常规线	连接周边城市与中心城区	黄色长公共汽车（3 门） 黄色常规车 / 小型公共汽车（2 门）	80 40/60	黄色
驳运线	连接一体化枢纽站及附近地区	橙色常规车 / 小型车（3/2 门） 橙色铰接公共汽车（4 门）	80/70 160	橙色

5.4.3.2　需求响应服务模式

以创新为手段，积极运用交通新技术、新装备和新模式，在智慧城市总体框架下，构建一体化的交通出行服务模式，实现轨道、公交、步行和自行车等多种交通方式的无缝衔接和顺畅换乘，提供全链条、门到门的出行服务，建设智能交通典范之城。

建立智能公交与共享出行服务平台，基于对公交出行需求的感知、汇聚和叠加，智能化调度公交，自动匹配公交出行网络的时间和空间，实现全域公交车辆调度方案的自动生成和调控，提供多元化、个性化移动出行产品，实现移动出行服务与需求的实时动态平衡。大力发展互联网公交服务是多元化公共交通体系发展的趋势，是大力发展城市公共交通系统的重要一环。面对机动车拥堵日益严重的现状，交通政策应促进投资省、见效快、绿色可持续的公共交通方式的发展。现阶段大运量公共交通如轨道交通、快速公交等的线网覆盖面不大，还有很多服务盲区，需求响应式公交能够扩展公共交通的覆盖范围，增加公共交通线网密度。

同时，随着车载 GPS 和移动支付的普及，产生了丰富与开放的公交数据，给城市交通大数据研究带来了便利和机遇。充分借助智能交通等手段提升公交运营速度，开展以公交优先为前提的智能信号协调。道路时空资源分配向公共交通、慢行交通倾斜，保障公交运营速度和优先通行权，同时适应新区不同阶段发展，建立需求响应式的公交系统，通过大数据、云计算等手段动态响应需求，智能生成线路，精准匹配各类公交场站车辆停放需求与空余泊位供给，与小汽车共享建筑物配建停车泊位，实现公交发车调度、能源补充、维护保养的智能化，提高公交运营效率。另外，从数据中挖掘出全天候动态居民出行需求分布，进而支持互联网 + 公交增值服务，扩展实时公交、定制专线、自助包车、乘车刷码、汽车租赁、广告发布等业务板块，带动传统的公交管理模式向精细化管理方向转型（图 5-40）。建设智能高效的城市公共交通出行服务系统主要包括以下板块。

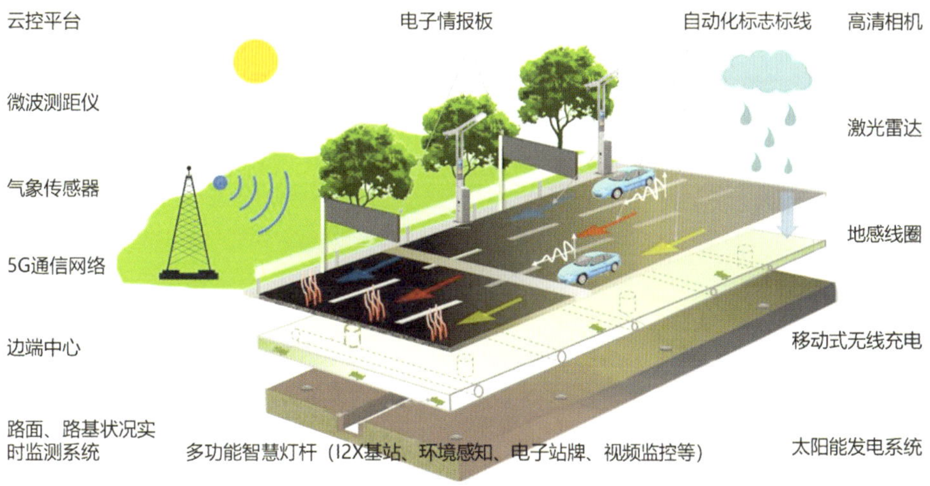

图5-40　智慧公交系统基础设施示意

1. 智能调度系统

系统基于 GPS、5G 等移动通信技术，通过实时采集车辆位置、状态等信息，并采用大数据、人工智能（AI）神经网络深度学习等技术，实现了对公交企业的车辆运营管理的任务编排、实时调度指挥、实时车况信息汇总的一体化调度业务管理系统。通过对历史运营数据的 AI 分析，给予任务计划编排的合理性计划提示，给予运营管理趋势决策性建议（图 5-41）。

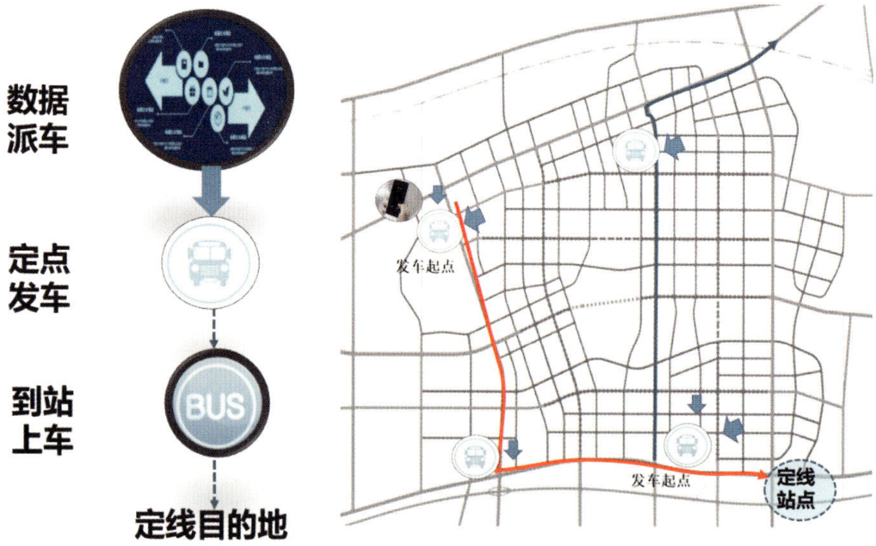

图5-41 公交智能调度运行场景示意

2. ERP 系统

公交 ERP 系统是基于微服务、业务流程管理、大数据应用等技术，通过信息服务云平台实现的一套公交企业内部资源信息化软件解决方案。智慧公交 ERP 系统包括系统门户、人力资源管理、线站管理、车辆管理、物资管理、车辆保修管理、车辆维修管理、服务管理、稽查管理、安全管理和数据交互服务等业务子系统，是公交企业内部资源管理、业务协同管理工作的综合业务管理平台，实现了资源共享，提高了企业的生产效率，改善和优化了企业业务流程，洞悉了企业核心资产管理，提升了企业的核心竞争力（图 5-42）。

3. 线网评价系统

公交线网评价指标分析软件是基于公交线网数据、客流数据、城市路网空间数据等数据，采用公交线网评价标准规范、指标计算方法，运用交通工程、系统工程、数学以及统计学等原理和方法，对公交线网的快捷性、便捷性、舒适性、站点设置合理性、安全性等指标进行计算，然后采用数据包络分析法对公交线路、线网进行评价和打分，根据评分进行专项问题诊断；同时，公交线网评价指标分析软件提供线站模拟调整功能，对线站调整前后整体线网的重复度变化情况以及客流影响情况进行分析，从而辅助公交线网结构设置和优化调整。

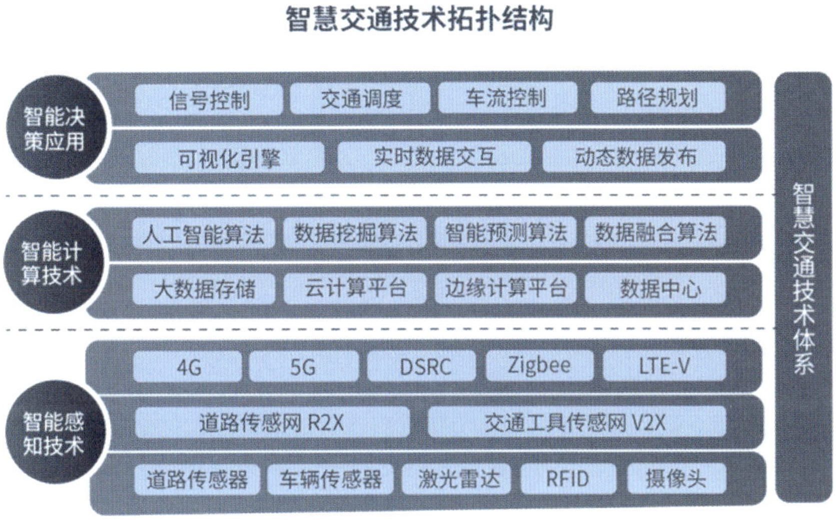

图5-42 公交智慧管理ERP规划架构

4. 乘客需求管理系统

为公众提供更多的咨询和服务，满足公众乘坐公共交通出行“更安全、更快捷、更方便、更准时、更舒适” 的公交出行需求，同时提高公交企业客户服务质量和服务水平，实现公交企业标准化服务和精细化管理目的，公交客服管理系统能够实现客服座席的工作记录、公交换乘查询、线路站点查询、模糊查询等功能，实现对来电性质、主题词排名等统计报表功能（图 5-43）。

图5-43 基于APP为用户提供公交出行规划方案

5. 乘客信息服务系统

信息发布系统融合车载多媒体屏、站台电子站牌和场站发车屏的发布平台为一体，实现了一个平台支持多种硬件设备的信息发布。系统包括车载媒体信息发布、电子站牌信息发布、发车屏信息发布等三大内容；支持按照线路、站点和时刻发布信息；通过信息发布审核机制、通信加密传输等方式，保证信息发布的安全性、可靠性；同时可监控各终端的状态，轻松掌握已发布信息的接收完成情况和播放情况。同时兼备社会公益发布及应急处置信息发布功能（图 5-44）。

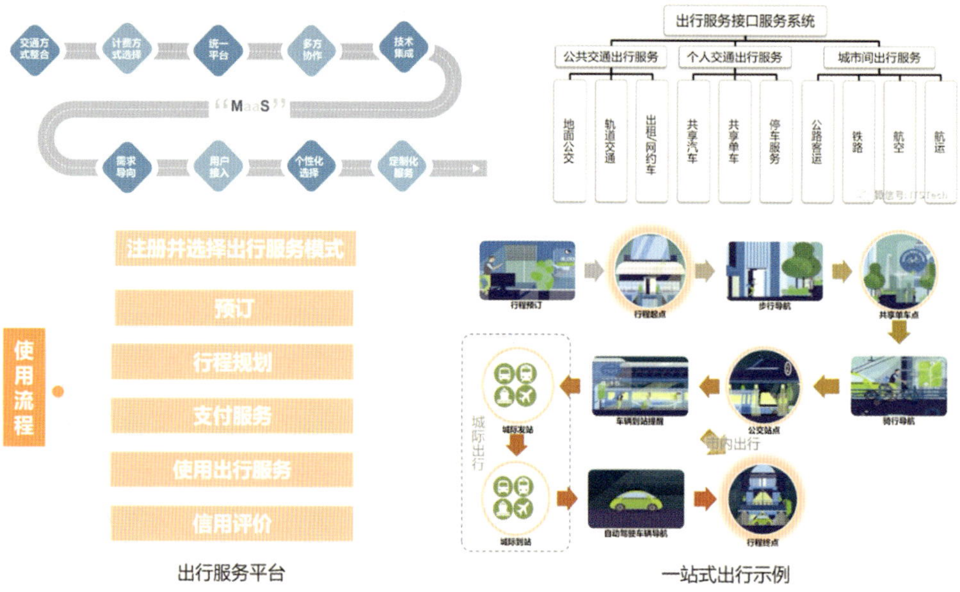

图5-44　乘客信息服务系统示意

6. 公交应急保障系统

公交应急保障系统是按照国家“四级应急管理体系” 战略指引，结合公交公司业务和管理特点研发的集应急资源管理、应急演练、应急值守、应急指挥和融合通信于一体的综合应急指挥管理平台，是公交企业“预防为主、平战结合”安全隐患和应急管理业务协同工具。

通过应急保障系统建设，在突发事故状态下能够保证应急指挥人员通过可视化平台进行作战部署、资源调配、命令下达等工作，提高应急指挥的效率，同时方便应急人员能够根据事故情况快速匹配查询应急相关信息，为应急救援的科学决策分析和快速应急响应提供支持。在应对重大突发事故时，可以充分利用该系统实现应急联动，使各级单位能够实时掌握事故状况，协同开展应急指挥和事故救援工作。通过使用系统，可以最大限度地减少突发事故造成的人员伤亡和财产损失，并显著提高公交集团各级应急管理水平和员工应对突发事故的能力。

7. 公交大数据分析决策系统

公交大数据分析决策系统主要围绕运营考核指标、经营分析、乘客服务、行业特点的需求开展大数据应用设计与开发，主要工作内容包括发挥“企业领导驾驶舱”功能、企业基础资源统计、经营实时监测、客流分析、企业业务分析、公交行业热点挖掘和分析等6个方面，为企业生产经营以及决策分析提供数据支撑（图5-45）。

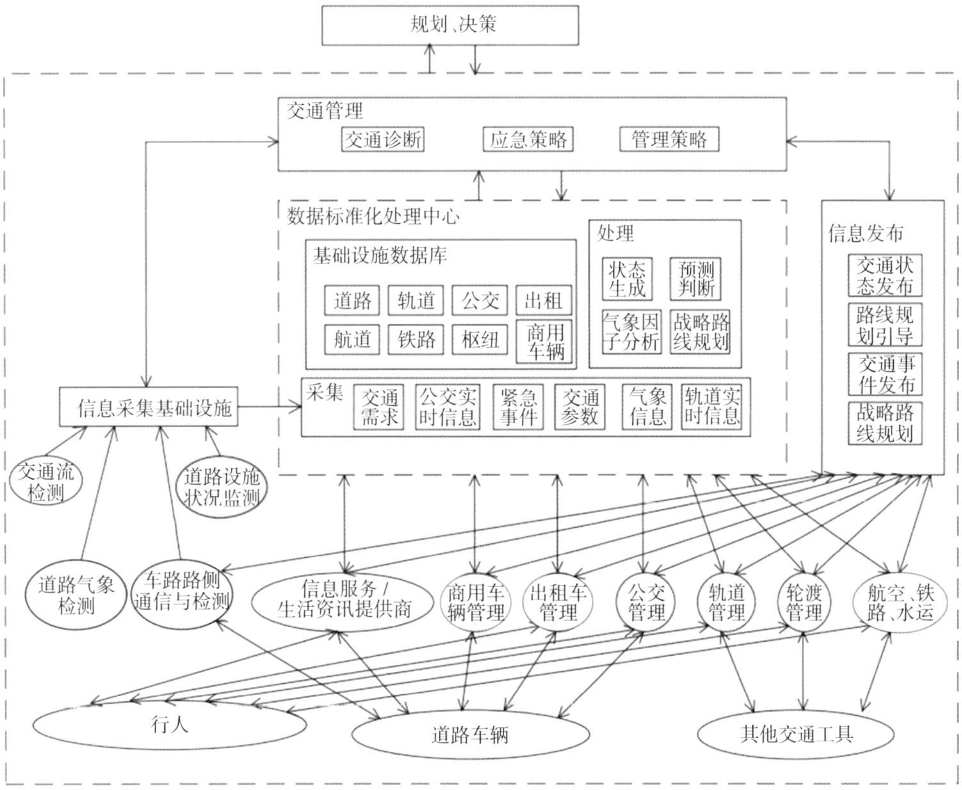

图5-45 容东片区公交大数据分析决策系统

1）发挥企业领导驾驶舱功能。它主要通过可视化方式实时展现企业当前的运营状态，为经营者或者管理者提供一个直观了解当前时刻经营状况的功能，包括运营实况、总体态势。

2）企业基础资源统计。它主要完成对公交资源的统计，从整体上了解运营资源的情况，包括人力综合信息、车辆综合信息、线路综合信息、场站综合信息。

3）经营实时监测。它实时监测企业的运营状态，包括实时客流、监控、线网、路况以及能耗、维修保修情况等。

4）客流分析。客流分析是指分析公交客流的变化情况以及客流的整体特征，包括客运量分析，断面客流、乘时乘距、OD 分析。

5）企业业务分析。它主要基于公交业务经营状况，以及投入产出情况，分析业务情况，包括运营分析、人车投入、人车产出、运营效率、维修保养、CAN 总线分析。

6）公交行业热点挖掘和分析。它主要对公交行业比较关注的热点问题进行挖掘和分析，包括路网路况预测、公交客流预测、计划职能化自动编制、电车充电调度等。

最终新区公交系统基于 MaaS 系统架构，为同一区域具有相近出行时间和目的地的市民量身定做的“一人一座”，舒适、快捷、直达、定时定点、快速直达的公交特约服务。市民可以通过客户端提出自己的需求，公交公司根据需求和客流情况设计出公交线路，解决个性化、人性化的出行需求。基于互“联网 + 公众出行”，以公众出行最为重要的公共出行为基础，提供乘客在公众出行过程中最需要解决的信息不畅、盲目等待公交的问题，以互联网的方式，抓取公交调度运营数据，通过手机 APP 的形式，向乘客提供各类查询信息，包括站点信息、线路信息、换乘查询、车辆位置、预到站时间、到站提醒、车辆评价、公交公告等信息，解决了乘客坐车难、等车难、出行难的问题。

5.4.3.3　多元公交模式塑造出行习惯

为全民提供多元选择、便捷可达的公交系统，将改变过度依赖私人小汽车的出行方式和生活习惯，实现容东片区可持续城市发展，这主要表现在以下方面。

1）轨道、快速公交提供可靠且速度快的公共交通服务，通过集约模式，实现能源、空间的集约高效利用。

2）公交专用路（道）到达每一个邻里，经过每一处社区中心。公交专用路（道）的常规公交服务、在干路和支路上灵活的响应式公交服务相互配合，提供广覆盖服务，保障弱势群体出行能力，为整个城市提供移动性服务。实现公交系统全覆盖容东片区公共中心和集中商业服务街区，到达每一处基础教育和医疗卫生设施，所有居民公交到达公交站时间小于 5 min。

3）自动驾驶和共享交通结合形成的组织化共享客车服务，可以使出行成本明显低于私家车出行，并提供可竞争私人小汽车的准公交服务，大大降低私家车购买的可能性，有效改变出行习惯。

5.4.3.4 新型公交模式经验总结

结合国内外相关城市发展经验，新区应通过建立服务优质、形式多样的新型公交服务系统，布局“公交快线、公交干线、公交支线”多级公交网络，实现主要客流走廊以及城市中心、居住片区、商业办公等主要客流集散点的全覆盖服务。通过搭建智能交通体系框架，以数据流程整合为核心，适应不同应用场景，构建实时感知、瞬时响应、智能决策的新型智能交通体系框架，示范应用共享化智能运载工具。推进智能驾驶运载工具的示范应用，发展需求响应式的定制化公共交通系统，智能生成线路，动态响应需求。建设数字化智能交通基础设施，实现车车、车路智能协同，提供一体化智能公共交通服务。

5.5 三全公交体系发展总结

容东片区公共交通系统的建设应坚持以人民为中心，加强交通与用地布局协调，推广交通枢纽站点与城市功能一体化开发模式，因地制宜构建网络化、全覆盖、快速高效的公共交通专用通道，提高公交运行效率，增强安全、便捷和舒适度，构建“轨道交通、智慧骨干、需求响应、特色服务”四网融合，“全域覆盖、全程链接、全民服务”三全目标及“信息化、智能化”两化支撑的公共交通智慧服务体系，打造 “一键出行、全程享受、可持续发展”的一键式可持续智慧公交出行服务系统。

5.5.1 构建了以“全域、全程、全目的”覆盖为特色的一键式可持续智慧公交出行服务系统

面向“90/80”的高目标，坚持以提升公交出行幸福感为出发点，围绕“构建较小汽车出行有压倒性优势的公交系统”这一核心，通过全球高品质公交系统的多方借鉴，提炼高质量公共交通系统特质——“可靠的服务、更快的速度、更佳的可达、更易的使用”，首创性地构建了以“全域、全程、全目的”覆盖为特色的一键式可持续智慧公交出行服务系统，力图通过智慧化手段为市民提供一键式的出行模式，全程享受的服务品质，全域可达的服务覆盖。

5.5.1.1 以市民感受度为核心要求的“五高一低”系统目标

指标体系分为市民感受度指标与系统设施指标。所有系统要求皆由市民的感受与需求出发，即先有市民感受度指标，再定系统设施指标，真正体现引导市民“乐享公交”的追求。

1）“五高”：以“高水平”为总体要求，响应“90/80”的高目标，同时辅

以高水平的市民满意度；以“高可靠、高可达、高舒适、高智慧”为服务要求，关注市民出行全程的每一环节，将服务要求定量化、标准化。

2）“一低”：以“低换乘”应对容东片区不足13平方千米、人口规模仅17万的组团量级特点，实事求是，确保高目标可实现。

5.5.1.2 以“三全覆盖”为核心特色的顶层系统设计

1） 全域覆盖：提出“让地区级、城区级、片区级、街区级内任何出行，均可选择和获得合适的公交服务”的要求，通过对不同圈层服务需求的精准定位，提供多层级公交系统组合服务，以多指标控制，实现多圈层覆盖。

2）全程覆盖：面向小汽车竞争，以提供“点到点”服务为基本要求，将完整出行链的服务品质锚定到“链”与“点”上。“多级网络形成合力服务，多种方式提供多元服务”，提供“链”上出行最优方案；“多式出行节点高效转换，多种功能节点有机结合”，挖掘提升枢纽价值，完成出行活动与城市生活的完美融合，实现以“点”带“链”全程出行品质的飞跃。

3）全目的覆盖：以“任何人、任何目的，只要愿意，均可选择和获得良好的公交服务”为目标，通过对容东不同人群特殊性的分析，细化各类需求，对应不同出行方案，保证安置居民、引进人才、商旅访客等各类人群皆可乐享公交。

5.5.2 形成了以乘客需求实时响应为核心的多模式、动态化、成长型公交新体系

集约高效的干线系统辅以短驳型的支线系统构成多层级城市公交网络，服务多元化的出行需求，是构建城市公交线网的主流方法。但考虑到容东片区体量以及从零开始多点同步开建的开发模式，客流呈现需求散且有阶段性变化的特征，项目组在进行系统设计时摒弃传统地面公交系统中运量加多级常规公交的织网式布局模式，结合新区大规模建设的实际，抓住新区公交从零开始的机会，发挥新区建设智能城市的优势，回归以人民需求为中心的规划初心，力图在化繁为简便于使用与集约增效功效匹配之间寻求平衡点，形成了以乘客需求实时响应为核心的多模式、动态化、成长型公交新体系。

5.5.2.1 以需求响应为核心的“智慧骨干公交 + 需求响应公交 + 特色服务公交”三位一体的公交系统架构

1）系统架构：围绕“五高一低”的系统服务目标，结合新区建设实际，从发展需求响应公交起步，通过智能平台，一方面为市民提供高品质一站式出行公交方案，同时收集分析出行大数据，围绕需求衍生出高频骨干公交和特色服务公交，即在保证出行品质的前提下达到规模效应的客流走廊上逐渐形成高频骨干公交线路，对特殊化的小众需求辅以定制化的特色公交。

2）设施规划：以服务客流规模为依据，在“七横六纵”的公交专用网络基础上提出五条主要走廊增设一条 HOV 车道，进一步强化了公交路权；构建了“组团、社区、邻里三级枢纽体系”，应对不同出行需求的集结；首次提出了每个地块皆有公交停靠点的设计思路，实现公共交通“点到点”的服务。

5.5.2.2 以需求响应为核心的动态化、成长型公交新模式

（1）骨干公交线路动态生成模式

为实现从需求响应式公交中发展智慧骨干公交，项目组提出了从路径识别到客流识别两步走的骨干公交开通条件，合理确定了骨干公交的发车频率，同时亦保证了线路的经济效益。

（2）弹性化的公交设施预控模式

面对容东片区建设的巨变过程，以及科技加持下出行智能化水平提升的无限可能，项目组将传统规划方法与情景设计相结合，对公交运载工具、公交场站枢纽的预控规模都采取了保规模、可升级、可调整的高适应性手法。

5.5.3 以智慧为手段，搭建了一键式智能公交出行服务平台，实现数据、网络、运营、服务一体化的公交新技术

以乘客需求实时响应为核心的容东新型一体化公交必须有强大的智能公交出行服务平台。项目组在深度调研当地为现阶段新区建设者服务的“白名单制”弹性公交系统基础上，提出了搭建集数据、网络、运营、服务于一体的一键式智能公交出行服务平台，在高密度公交站点的支持下，解锁“白名单”，实现对全员现阶段及近期出行需求的广覆盖，同时不断提高其他功能板块的服务水平，实现平台对服务供给、运营评估以及多元业务开发的一体化整合。

5.5.3.1 以保服务为核心的“质效兼顾”的阶段化服务目标

1）现阶段：通过系统预约，以定站不定线的方式，提供响应时间控制在 5 min 内的公交出行服务。小型车与中型车兼顾，以保证乘客出行服务质量为主要目标。

2）近中期：提高系统智能化线路配载能力，增加合乘，同时保障每位乘客出行绕行时间控制在 5 min 内，同时响应时间提高到 3 min 内，增加中型车比重，兼顾运载效率。

3）远期：平台智能化线路配载能力成熟，实现 100% 合乘，出行品质与运载效率二者平衡。

5.5.3.2 政府主导下的大数据开发机制

1）数据所有权：数据归政府所有，政府保证数据的安全性及使用的合法性。

2）平台升级维护机制：在政府主导下，对平台功能进行深挖及拓展，包括对公交服务运营商的考核评估、对大数据商业化开发的控制等。

5.5.4 以绿色为基调，公交设施与城市功能复合融合发展，营造出行节点即目的地、品质优雅的公交新生活

雄安新区是新型城镇化下高水平社会主义现代化城市的代表，其中绿色出行 90% 的目标正代表着城市的发展方向。而追求职住平衡，提升慢行比例，减少无效出行，则是未来交通的方向。项目组在规划过程中，以传统思路优化慢行出行环境，引导慢行出行比重增加；同时特别提出对公交枢纽节点的城市功能复合化，以“站城一体”的思路，丰富换乘节点社会生活功能，营造出行节点即目的地的公交新生活。

5.5.4.1 区内完善的慢行系统与便捷的支线公交，实现了街区级出行慢行主导、社区公交可选择的格局

1）骑行系统：骑行专用路、骑行专用道、街坊慢行路等形成完整的骑行系统，满足人们日常通勤、休闲健身、假期游憩等各种需要。

2）步行系统：道路人行空间、慢行街坊路、步行街区、绿地步行道等构成步行系统，干路支路全覆盖，特殊区域冬日有暖廊、夏季能遮阳。

3）支线公交：所有小区出入口周边 300 m 范围内有站点，站点布局与骑行系统、步行系统衔接，同时有选择地布设公交驿站设施，丰富市民出行体验，提供易获得的公交服务。

5.5.4.2　公交枢纽与城市核心融合发展，交通功能与生产生活功能复合一体，实现出行效率与幸福感的提升

（1）社区级枢纽即城市中心的“双心合一”模式

枢纽带来的人气与城市中心需要的人气无缝衔接，在枢纽的竖向空间或周边近距离接入社会化功能，实现业态间的双赢和市民出行幸福感的提升。

（2）公交微枢纽升级公交驿站

选择有一定客流规模的公交站点，打造公交微枢纽并融入驿站功能，实现公交候车环境的提升和出行功能的丰富。

5.5.5　以创新为驱动，建立“政府 + 平台 + 市场”的考核管理及商业运营的公交新模式

凭多年的经验可知，高品质公交系统要可持续发展仅靠政府兜底是走不远的，科学合理的运营管理机制非常重要。新区未来会形成“智慧骨干公交 + 需求响应式公交 + 特色服务公交”多模式一体化的大公交系统，会产生多家运营商共同服务的产业格局。为实现未来新区多种交通方式协同发展，建立覆盖乘客完整出行链的质控体系以及支撑市场有序竞争的体制机制，项目组团提出了建立“政府 + 平台 + 市场”管理体制，厘清政府、平台、企业各自职责，明确运营商招募机制以及后期服务管理考核体系。同时，为实现后期公交系统运营可持续发展，项目提出了以“政府少兜底、企业多赢利、乘客少付费”为目标的财务体系，通过盘活公交资源，拓宽开发、经营渠道，寻找可持续的商业模式支撑公交的高品质运营。

CHAPTER 6

第 6 章

三全公交体系建设实务

6.1

顶层化、长效化的制度体系

6.1.1 公交管理体系

6.1.1.1 “政府 + 平台 + 市场”公交管理体制

通过建立雄安新区“政府 + 平台 + 市场”公交管理体制，转变城市公交各自运营的老路，探索公交一体化的运营模式。通过归集和应用交通大数据，制定服务最优、社会效益最大化的运营方案和调度规则，打破不同运营主体之间壁垒，促进不同交通方式协同合作、资源共享，让乘客享有界面统一、便捷换乘的一体化出行服务，提升公交行业建设和管理水平。要想使新区“政府 + 平台 + 市场”管理体制能够良好地运转，就必须厘清政府、平台、企业等各方的职责。(图 6-1)

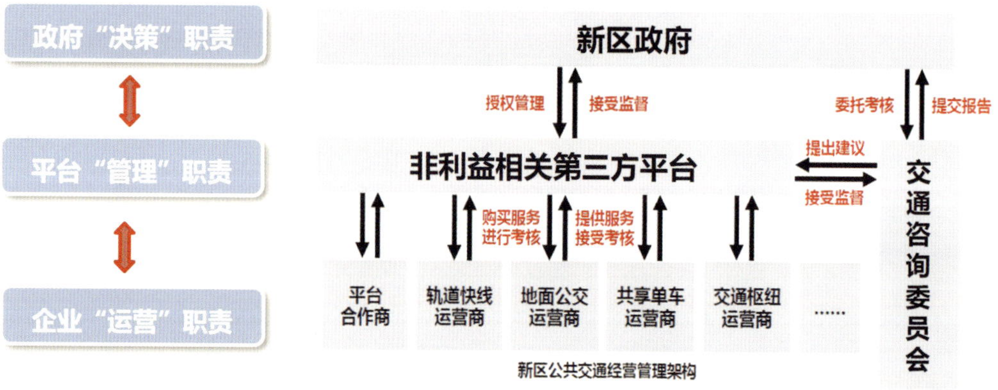

图6-1 新区公共交通经营管理架构

政府层由政府交通管理部门组成，主要负责政策制定和宏观指导，组织、协调、督促、落实推行“政府 + 平台 + 市场”管理模式各项工作，具体包括法律法规制定、政策标准制定、规划建设推动、行业管理监督等工作。

平台层为政府主导成立的交通平台公司，负责具体的、专业化的公交运营事务管理，如公交线路规划、运营服务标准制定、票务收缴清算、运营监管及服务考核等，致力于撮合不同运营企业的运能，实现效益最大化。

市场层由中标的公交运营企业组成，负责按照与交通平台公司约定的合同服务标准特定制式、线路或区域的经营服务，并接受监督管理。

6.1.1.2 建立公平竞争、优胜劣汰的市场机制

建立公共交通购买服务制度，综合考虑运营企业质量信誉、运营经验、运营方案合理性、安全和服务质量保障措施等多种因素，遴选新区内部不同区域、不同种类公共交通运营企业，形成各运营主体适度竞争的市场格局，促进新区公交服务质量不断提升。（表 6-1）

表 6-1 新区“政府 + 平台 + 市场”管理模式的实施流程

实施步骤	具体做法
1. 确定新区公交运营主体数量	根据新区客流规模、市场区域划分与公交服务种类，按照适度竞争的要求，结合政府监管能力情况，综合分析确定合理的公交运营企业数量和规模
2. 确定分包方案	综合考虑组团区域划分和公交服务种类划分等因素，对新区公交服务线路进行组合划分，确定分包方案并推出招标
3. 制定市场准入条件，遴选运营企业	对参与投标的运营企业制定严格的市场准入条件（包括企业质量信誉、运营经验、运营方案合理性、安全和服务质量保障措施等多项条件），目的是保障后续的公交服务质量
4. 签订服务合同	与公共交通行业专家、专业技术机构、法律顾问等共同研究制定服务合同细则，明确公交服务标准、考核标准、费用结算方式与标准、合同变更及终止等条款
5. 明确运营企业退出机制	运营企业退出有以下几种情形：企业经营期限届满，未能获得续约；企业考核不合格，部分或全部线路特许经营权被撤销；企业财务出现困难，经营难以持续；其他意外情况致使企业中途强行退出

6.1.2 公交考核体系

6.1.2.1 建立有效激励的服务监督考核制度

构建包括交通、财政、审计、公安交警、安监及其他政府相关部门人员，以及行业专

家、市民代表共同组成的考核委员会，负责组织新区公交安全和服务质量考核工作。同时，引入第三方参与评估机制，广泛调查其他城市情况，组织公交满意度调查，强化线路运营评估。（图 6-2）

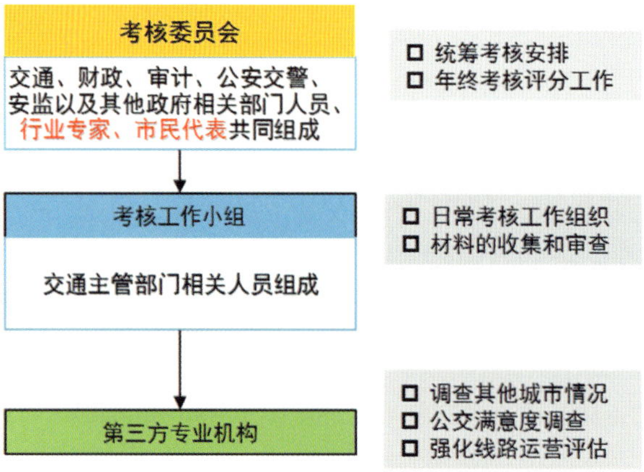

图6-2　公交行业运营服务考核机制

6.1.2.2　确定公交服务考核细则

为加强新区城市公共交通行业监督和管理，全面提升城市公共交通运营服务质量，合理确定公共交通运营财政补贴资金额度，促进城市公共交通健康持续发展，根据《国务院关于城市优先发展公共交通的指导意见》《河北省人民政府关于城市优先发展公共交通的实施意见》等相关规定，结合新区公交运行实际，制定公共交通运营服务质量考核办法，明确考核指标定义、考核依据以及考核操作流程。建立多维度运营企业考核细则，细则中除了涵盖运营商任务执行、安全指标、设施指标等基础考核内容之外，还应将企业运营服务指标及乘客满意度指标等能够体现运行效率和服务水平的内容纳入考核细则之中。

人民的满意才是公交发展的最根本目的，因此，乘客满意度考核应该是考核体系的重中之重，要加强其所占比重。例如深圳设置的考核指标中，公交满意度占比就达到了30%。新区公交乘客满意度考核可从“方便性、可靠性、快捷性、舒适性、经济性”等方面设置考核指标，凸显以人民为中心的发展理念。（表 6-2）

表 6-2 企业运营考核细则

主要内容	细则要求
任务执行	配合主管部门开设线路和调整计划 不擅自将经营权转包 按时经营数据报备
安全指标	交通违章率 交通事故率（一般、重大、特大） 事故死亡率 安全信息上报
设施指标	车辆投入 车辆标识 车型车况
企业运营	定线公交按车千米考核 需求响应式公交按人千米考核
乘客满意度	方便性：搭乘步行距离、公交服务时间、换乘步行距离、换乘次数、换乘设施设置 可靠性：发车准点率、到站准点率、公交出行的安全性、公交出行信息可知度 快捷性：候车时间、行程速度、最大出行时耗 舒适性：车内满载率、车内舒适度、车内整洁度、站台舒适度、司机的服务态度 经济性：公交的票制票价

6.1.3 公交线网滚动优化制度

6.1.3.1 明确“定期总体规划调整，临时个别调整”优化原则

新区建设发展日新月异，近几年新区各组团将处于剧烈变化过程中，因此公交线网布局需要适应城市发展及出行需求变化不断调整，逐步成长。根据新区建设进度安排，统筹安排当年度公共交通服务开通及调整年度实施计划，同时考虑实际建设过程中出现的新需求、新形势，平时结合反馈需求及围挡施工等影响，灵活进行临时性走向调整。（表 6-3）

表 6-3 新区近期各组团公交专项实施规划开展情况

序号	开展规划项目	实施区域	研究实施内容	实施年限
1	容东新型一体化公共交通系统规划	容东片区	按照容东片区控制性详细规划提出的建设目标，以 2022 年为近期、2025 年为中期，分别提出容东新型一体化公交系统近、中期实施计划	2020—2025 年

续表

序号	开展规划项目	实施区域	研究实施内容	实施年限
2	容城组团（容东、容城、容西）公交专项实施方案	容城组团（容东、容城、容西）	统筹考虑容城、容东、容西片区，绿博园及启动区“三校一院”公交出行需求，研究提出容城组团（容东、容城、容西）公交服务体系、结构布局及近期实施方案，明确2022—2023年公交线路开通计划和配套场站建设安排，逐步构建多层级、一体化公共交通体系，全面提升公共交通服务水平。	2021—2023年
3	雄安新区组团间公交专项实施规划	新区一主五辅之间（起步区、容城组团、雄县组团、安新组团、昝岗组团、寨里组团）	研究提出新区“一主五辅”组团间公交线路服务体系、结构布局及近期实施方案，明确2022—2023年公交线路年度开通计划和配套场站建设时序，逐步构建多层级、一体化的公共交通体系，全面提升公共交通服务水平	2021—2023年
4	雄县、昝岗组团公交专项实施规划	雄县组团、昝岗组团	统筹考虑雄县县城、雄东片区、雄安站枢纽片区公交出行需求，梳理道路、枢纽场站、公交站点等设施布局，研究提出雄县及昝岗组团一体化公交服务体系，分年度制订2022—2025年雄县、昝岗组团公交运营实施计划，布局安排相关基础设施，提出配套运营保障机制	2021—2025年

6.1.3.2 建立多方参与的新区线网调整优化机制

公交线网调整优化多方参与论证，按照“明确调整需求—制定初步方案—拟定调整计划—社会公示—推进实施—后评估”的工作流程，新区政府、运营企业、交管部门、规划编制单位等多方参与，从市民出行需求角度和专业技术角度等多维度，对方案的专业性、系统性、可行性进行论证，确保线网优化调整决策的合理性。同时，在调整优化实施后进行及时跟踪后评估，用运行效率、服务水平、经济效益等多维度指标对调整效果进行评价，若未达预期则需要重新进行评估优化。（图6-3）

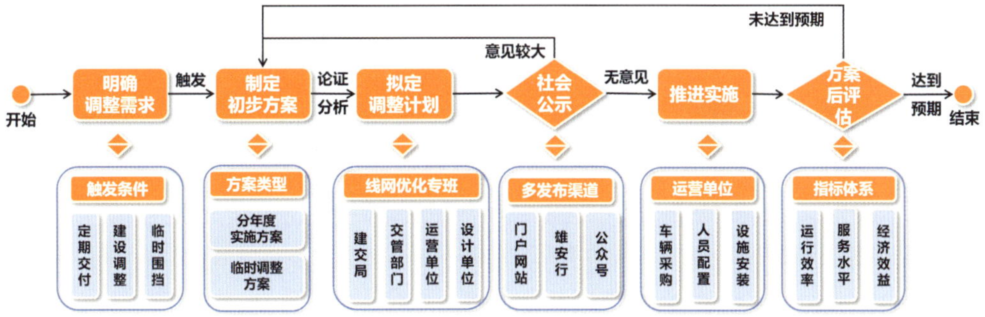

图6-3 公交线网优化调整多方参与机制

6.1.4 小汽车管理

打造绿色、生态、低碳的生活方式，一方面要在供给侧发力，大力发展公共交通，提升服务品质，增强公交出行的吸引力；另一方面要从需求侧出发，严格控制和引导小汽车的使用。因此，在小汽车管理上，新区提出要综合利用法律、经济和行政手段，形成包括车辆拥有、使用、停放、淘汰的小汽车调控政策体系，合理引导小汽车出行。（图 6-4）

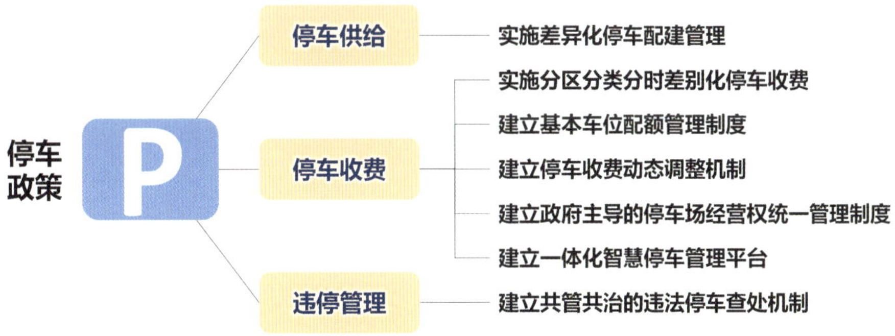

图6-4 “供给-收费-管理”三位一体停车政策体系

6.1.4.1 分类差异化布局机动车停车设施

尊重车辆拥有，全面实行有位购车制度，合理保障居住类用地停车配建需求，按照一户一位的原则控制，在不同地区适当增减。公共停车设施建设要立足于形成以配建停车为主体的泊位供给结构，原则上不独立占地，鼓励通过立体方式，利用公共设施及公园绿地的地下空间集约建设停车设施，所有车位均向社会公众开放共享。严格控制起步区内通勤就业、商业类的停车配建标准上限，行政办公类建筑配建泊位标准原则上按每百平方米建筑面积 0.2~0.3 个控制；商业和写字楼类建筑原则上按每百平方米建筑 0.3~0.5 个控制；充分考虑大型公建（医院等）的停车需求，医院配建泊位标准原则上按每百平方米建筑面积 1.2~1.8 个控制，并根据建筑性质、服务对象、区位情况等因素一事一议，合理确定配建停车泊位数量。停车位建设近远结合，根据智能交通发展情况，远期可改造为用于公共活动等其他用途，减少传统停车设施对城市土地空间的消耗。

6.1.4.2 探索政府统一管理、分类分时差别化的停车收费政策

通过以政府为主导的停车收费管理模式，引导市场调节，起到引导小汽车合理使用的效果。制定停车收费分区：一类区为严格限制区，引导公交、慢行出行，二类区为一般限制区，平衡小汽车和公交发展；三类区为适度发展区，适度满足小汽车的出行停车需求，实行差别化的收费政策。(图 6-5)

图6-5 "出行"费用反哺绿色交通

6.1.4.3 建立共管共治的违停查处机制

严格禁止市政道路上的路内占道停车，严管各类违停，遵循停车入位、停车付费、违停受罚等基本准则，加大对道路违法停车行为的处罚力度。实行委托取证机制，广泛调动市民力量，推广智能警勤执法技术，实现执法全覆盖和实时响应。

6.1.4.4 全面推行共享出行

全面推行共享出行，投放合理规模的新能源租赁车，在停车场配建租赁车专用停车位，采取“分时租赁”方式提高车辆使用效率；同时，建议通过财政补贴的方式加大对充电基础设施建设运营的支持力度，建立充电基础设施安全运营监管体系。(图 6-6)

图6-6 全面推进共享出行

6.2

多层次、一体化的网络布局

提供多样化、可选择的公交服务。紧密结合新区道路建设、城市开发时序，适度超前打造高频可靠、精简易用、换乘便捷、逐步生长的基本公交网络。大力发展定制化公交和响应式公交，提供更便捷、舒适、体面的个性化公交服务。

6.2.1　线路布局思路与原则

6.2.1.1　遵循出行便捷原则

以乘客需求为基础，以提升乘客出行体验为根本目标，合理布局公交枢纽及线网体系，切实提升公交吸引力，组团内地块人行出入口实际步行 300 m 距离内有公交线路服务，高峰时段平均候车时间在 5 min 以内，高峰时段公交运营速度为 18 km/h 以上，组团内两点之间公共交通出行在 40 min 内完成，且 85% 以上出行换乘在 1 次以内完成。

6.2.1.2　遵循区域差别原则

公共交通的线网布局、服务模式及运力投放等运营标准，应充分考虑到区域差别化的特征，针对不同组团、不同片区的用地特征、人口岗位分布、主要客流集散点布局等因素，因地制宜合理布局公交服务设施及网络。

6.2.1.3　遵循功能分级原则

根据公交快线、公交干线、公交支线、需求响应公交等层级公交的功能定位、运营区域及服务标准不同，明确公交线路网络形态与布局设计方案，形成多模式、一体化的公共交通网络布局。

6.2.1.4 遵循高效集约原则

协调整合各种公共交通方式，发挥比较优势，促进合理分工。强化不同交通方式和不同线路之间的换乘衔接，加快公共交通枢纽场站的建设，提高公交换乘便利度，提高公交运营效率，形成运行高效的一体化公共交通系统。

6.2.1.5 遵循动态调整原则

结合新区近期建设的巨变过程，公共交通系统应兼顾运营效率及服务水平，根据组团用地开发及公交场站建设进度，持续性动态检测公交客流需求变化，动态化、常态化完善调整公交服务网络，实现公共交通系统与城市建设的同步发展、协调互动。

6.2.2 线网层次功能划分

6.2.2.1 线网层次

在充分衔接相关上位规划要求的基础上，通过系统分析公交线网布局的关键因素，包括城市形态和土地利用、城市道路网形态和密度、公交场站及专用道布局、公交客流时间空间分布特征等，提出构建“智慧骨干公交（快线、干线、支线）+需求响应式公交+特色定制公交”的公交服务体系架构。

1. 智慧骨干公交

（1）公交快线

公交快线提供跨组团出行服务，联系不同组团的重要客流集散点、公交枢纽，站点设置以客流需求为导向（可非均匀布设），提供长距离、点到点、快速直达的公交服务。

（2）公交干线

公交干线作为骨干公共交通网络，依托公交专用道及信息化站台，保证运行效率和可靠性。同时应尊重公交线网的历史性、习惯性与延续性，后续稳固优化、局部调整，不作较大改动。

（3）公交支线

公交支线应以均衡网络密度、提高公交网络效率为基本目标，提升公交线网密度及线路网比例，提高公交网络的运行效率。

2. 需求响应式公交

需求响应式公交采用智能调度、按需响应的运营方式，采用线上预约、智能匹配、一人一座、就近乘车的方式为新区乘客提供“点到点”、分散化、个性化的公共交通运输服务。

3. 特色定制公交

定制公交作为公共交通系统的重要补充，解决相对集中的点对点出行需求。

6.2.2.2　控制指标

新增线路要严格执行线路约束性指标，同时原则上基本满足线路参考性指标。调整线路要逐步接近线路约束性指标与参考性指标，并且要求不能恶化线路约束性指标。（表 6-4、表 6-5）

表 6-4　容城组团公交线路约束性指标

线路分级	公交快线	公交干线	公交支线
线路长度 /km	16~30	8~15	6~10
平均站间距 /m	800~1 500	500~800	300~500
公交优先配套设施	允许进入城市快速路运行，公交专用道对全线的覆盖率超过 50%	公交专用道对全线的覆盖率超过 60%	在公交密集地区和通道内设置公交优先通道

注：如有特殊原因新开线路指标超出以上要求需进行可行性研究说明。

表 6-5　容城组团公交线路参考性指标

线路分级	公交快线	公交干线	公交支线
高峰发车间隔 /min	定时定点	3~10	6~12
车型配置	10~12 m 车型	10~12 m 车型	8~10 m 车型
满载率	≥ 40% 且≤ 80%	≥ 50% 且≤ 80%	≥ 30% 且≤ 80%
首末站	需保障	需保障	至少一端保障

续表

线路分级	公交快线	公交干线	公交支线
与其他线路重复率	原则上与其他公交线路重复率不得高于70%		

注：定时、定点班车线路间隔按实际需要制定。对线路里程大于 30 km、班次较少、间隔较大的线路宜改为定点定时班车。

6.2.3 公交网络布局方案

6.2.3.1 跨组团公交快线

随着雄安新区各组团建设的不断加速和人口的不断承接导入，城市“一主五辅”组团之间的交通联系越来越紧密。在这样的背景下，沿组团间客流走廊敷设公交快线，能够实现“1+5”范围内的长距离公交客运联系，通过大站快车、公交信号优先、局部节点处理等方式实现快速运行。

综合新区近三年建设进度，容城组团跨组团出行需求主要集中在雄县组团、安新组团、启动区、雄安枢纽站片区等，考虑到近期跨组团中长距离出行走廊相对集中，近期保证容城组团至其他各组团至少发展一条公交快线，后期随着新区建设发展、客流规模增长情况再增加其他线路服务。(图 6-7)

图6-7 容城组团近期跨组团出行需求及主要通道

以公交快线服务跨组团长距离出行时，为提升服务吸引力，方便乘客，在不明显绕行的情况下尽可能多地覆盖组团内部重要枢纽及客流集散点，充分考虑与组团内部其他线路之间的换乘关系。因此围绕近三年出行需求，规划串联雄安站枢纽片区、雄县组团、安新县组团以及启动区的公交快线，途径各组团核心区，线路终点设置在白洋淀站、容西枢纽等枢纽点，满足市民在各组团便捷换乘需求，可以实现容城组团 35 min 到达启动区、雄安站，60 min 到达雄县、安新县的时间可达性目标。（图 6-8）

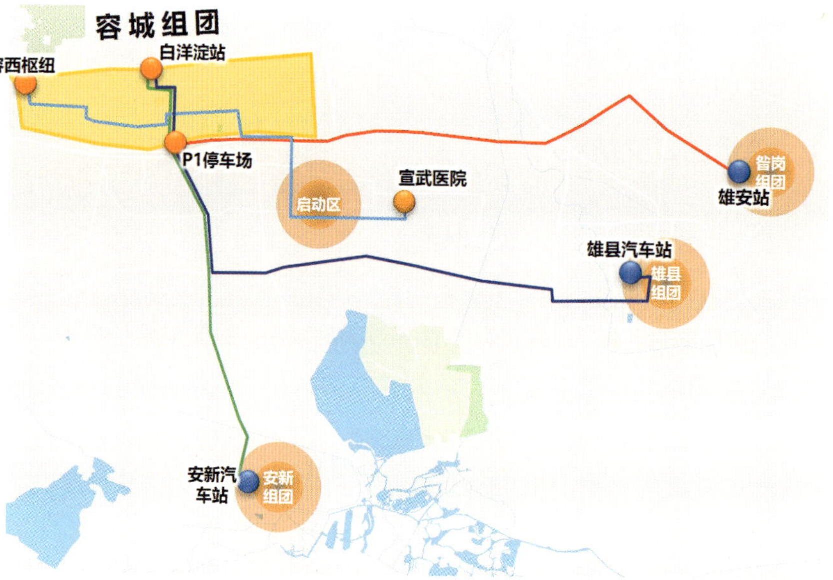

图6-8　公交快线布局示意

围绕雄安站、白洋淀站对外交通枢纽打造完善的公交接驳线网，能够显著提升城市对外交通枢纽的服务水平。针对连接雄安站等对外枢纽接驳快线，为了实现公交与高铁的无缝接驳、乘客高效换乘，高铁接驳快线在线路排班上与雄安站、白洋淀站高铁到发时刻表精准对接，根据每趟高铁列车到发时间编排接驳快线班次，为乘客带来良好的换乘体验。采用符合城市客车高一级及以上技术、配置与性能要求的车辆，一人一座，突破传统公交限速要求，保障全程快速直达。

针对对外交通枢纽商旅客流集中的特点，车型采用中高端商务客车，兼具安全性和舒适性。同时配套人性化设施配置（软制皮座椅、USB 充电接口、小桌板、杯架、脚踏等），提供快捷、舒适商务出行体验。

6.2.3.2　组团内 / 邻近组团间公交干线

在此出行圈层，出行距离为 3~8 km，沿公交客流走廊敷设公交干线，串联组团中心，契合生活圈布局方案，为各组团提供高效、优质的公交出行服务。

从出行分布来看，容城组团内部两个新建片区（容东、容西）与容城县城之间的联系十分紧密，主要是因为容城县城在新区建设初期承接大量建设及导入人口，县城内部配套岗位及服务设施较为成熟，在容东、容西片区陆续建成交付过程中，导入人口仍存在着大量至容城县城的通勤、就医、休闲娱乐等各类出行需求。容东、容西片区的业态逐步成熟，将吸引大量县城居住人口出行（图 6-9、图 6-10）。雄安站距离容城组团较远，因而通过白洋淀站完成对外出行仍是容城组团市民的主要选择。另外考虑到容城组团与启动区距离较近，随着未来几年启动区疏解项目及相关配套的建成投用，容城组团与启动区的客流联系也会十分紧密。

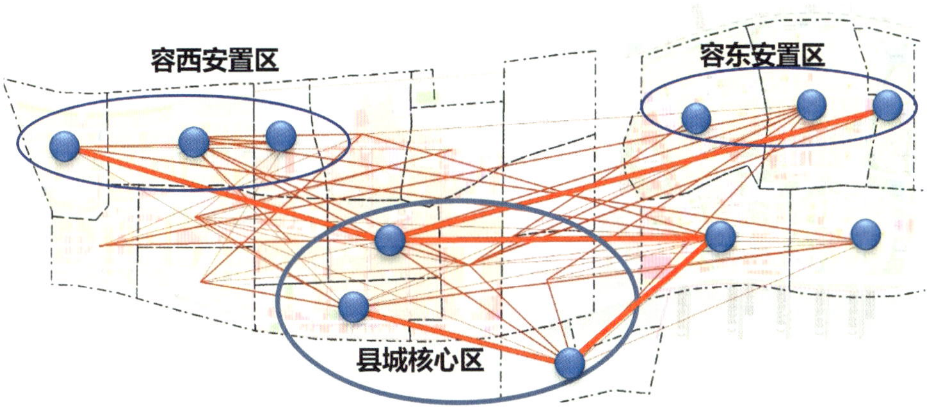

图6-9 容城组团内近期跨片区出行期望线

图6-10 容城组团内出行公交流量分配

通过对组团间公交走廊客流分析发现，客流 OD 均在同一走廊占比不大，存在容东、容西北部至县城中南部（金台路、奥威路）的集中出行趋势（图 6-11）。因此在考虑容城组团公交干线布局时，“一廊一线”的棋盘型干线布局会产生大量换乘，近期更适合“一廊多线”灵活式干线布局模式，以同一走廊贯穿干线和不同走廊串联干线组合服务跨片区直达出行需求。北侧走廊（豪丹路、乐民街）设置“Z”形线路，方便容东、容西片区北部安置区至容城县城中南部跨片区直达。中间走廊（金台路、金湖街）贯穿线路串联容东、容西片区公共中心、容城县城商业中心，满足片区中心之间一站直达的需求。奥威路走廊设置贯穿线路，串联奥威路行政办公区、容东市民中心、城市客厅等重要集散点。同时考虑对外出行增加至白洋淀站、启动区的线路覆盖，串联容城组团内部重要集散点，提升组团干线公交整体服务水平。（图 6-12）

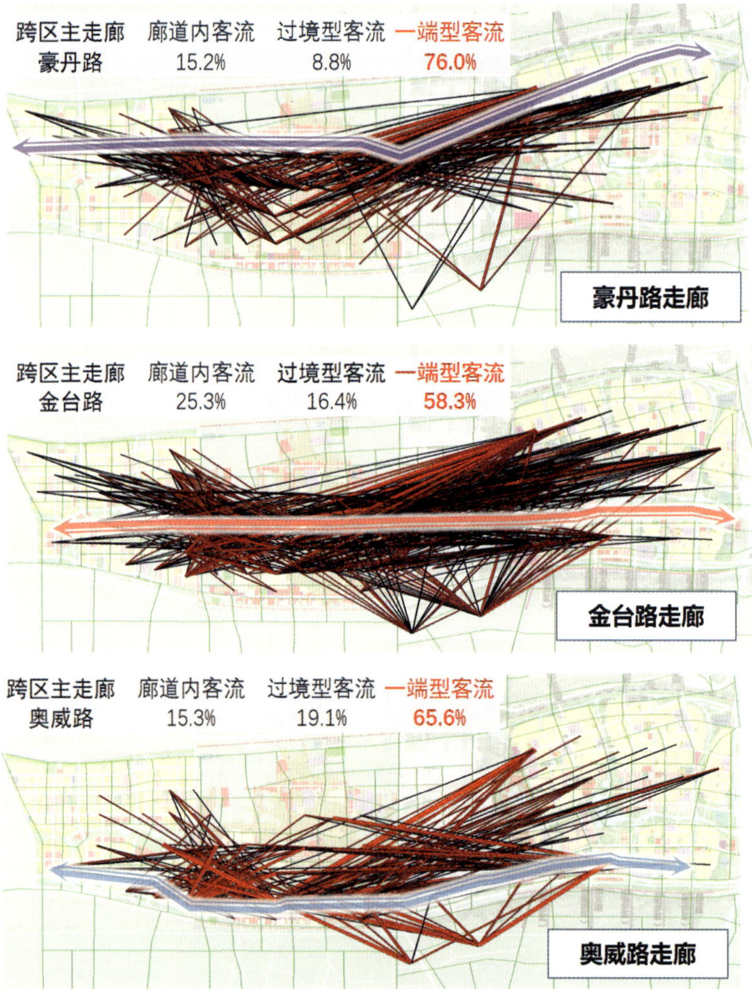

图6-11　跨区主走廊客流分布特征

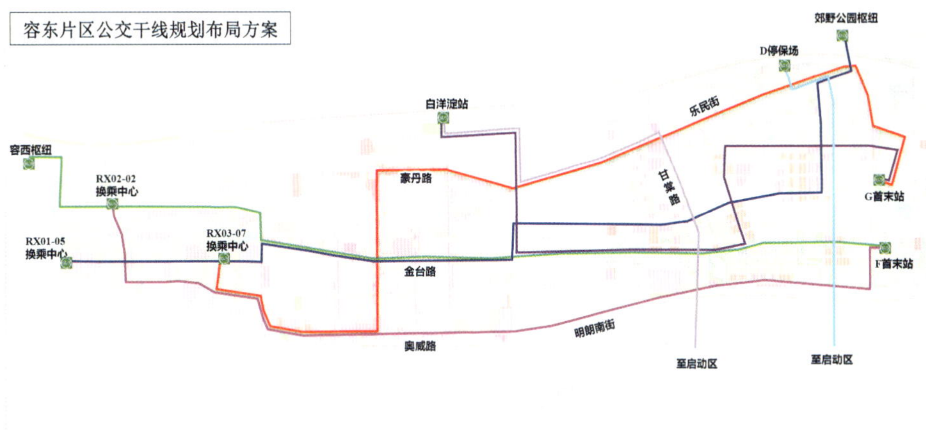

图6-12　容城组团公交干线布局示例（容东片区）

6.2.3.3　片区内加密公交支线

容城组团各片区内部出行距离较短，慢行交通出行分担率高，公交主要服务超过 2 km 的出行。此圈层下出行需求分散、多样（图 6-13、图 6-14），公交线路服务应更注重增加通达深度，尽可能满足乘客一站直达目的地。在公交快、干线基础上，以 5 min 生活圈为基本单元，加密公交覆盖，通过公交支线实现直达每个地块的全覆盖公交服务，整体密度达 4~5 km/km^2。根据需求灵活运营组织，既可为公交干线集散客流，也可在一定区域内独立运行。支线网络要加强与干线网络的一体化衔接，运营时间要准时可靠，并与干线运营时间保持统一。

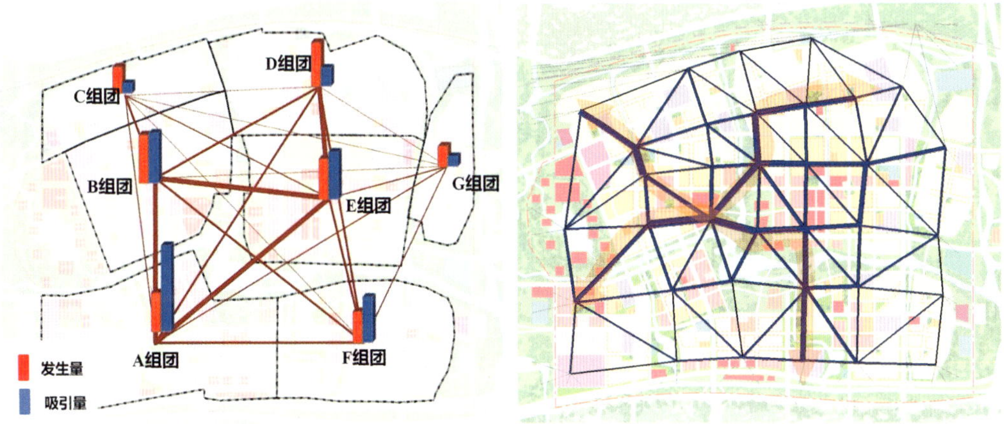

图6-13　容东片区内部出行期望线（左）和蛛网图（右）

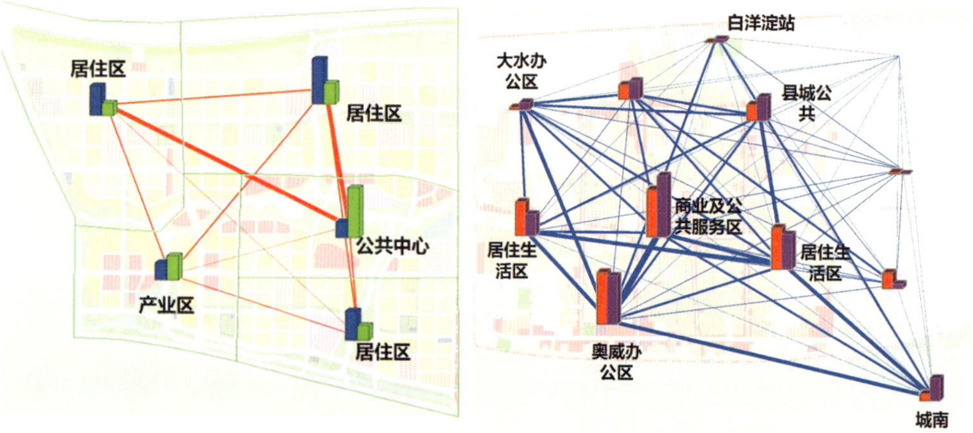

图6-14 容西片区(左)和容城县城(右)内部出行期望线

在容东、容城、容西各片区内部布局多条公交支线，重点加强片区内部各个社区之间的联系，保障片区内可实现一站直达，发车频率根据预测客流制定（8~15 min）。（图 6-15、图 6-16）

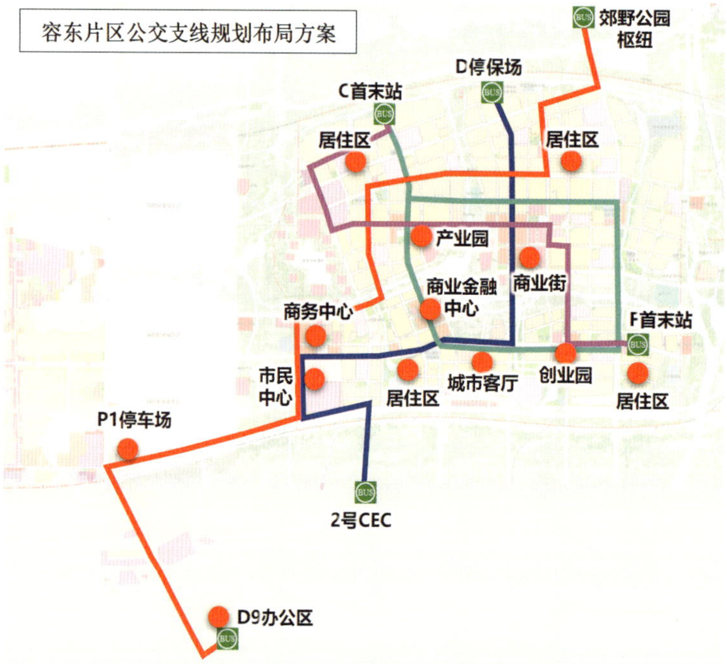

图6-15 容东片区公交支线布局

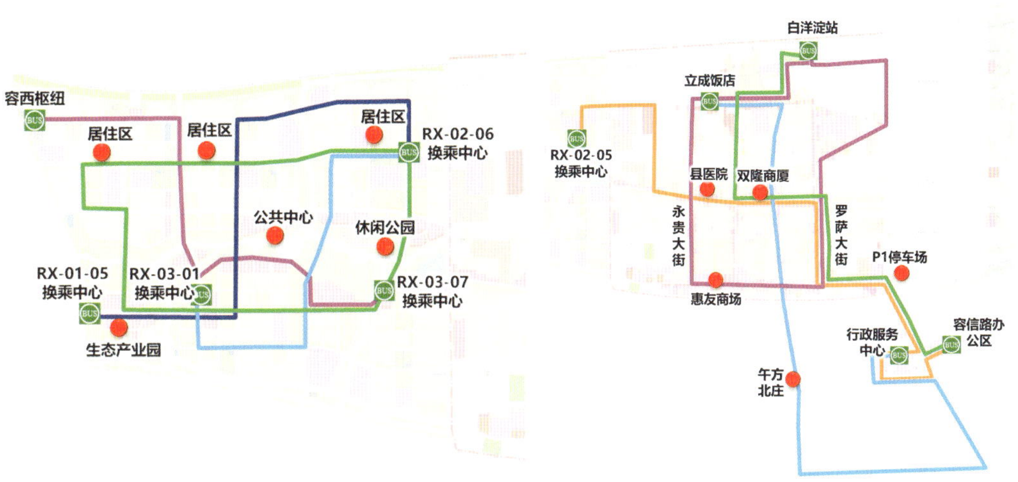

图6-16　容西片区（左）、容城县城（右）公交支线布局

6.2.3.4　大力发展需求响应式公交

需求响应式公交的运营主要包括四个步骤：乘客通过终端进行需求预约、平台数据整合、路径规划、就近派车。首先，需求响应式公交采用“定站不定线”的运营模式，将所有客流聚集在站点上，乘客通过新区 MaaS 平台发送出发站点及目的地站点信息；然后运营平台接收数据，进行数据整合及路径规划，保障每位乘客的绕行时间控制在可接受范围内；最后结合各层级枢纽就近派车，将每位乘客安全送至目的地。（图 6-17）

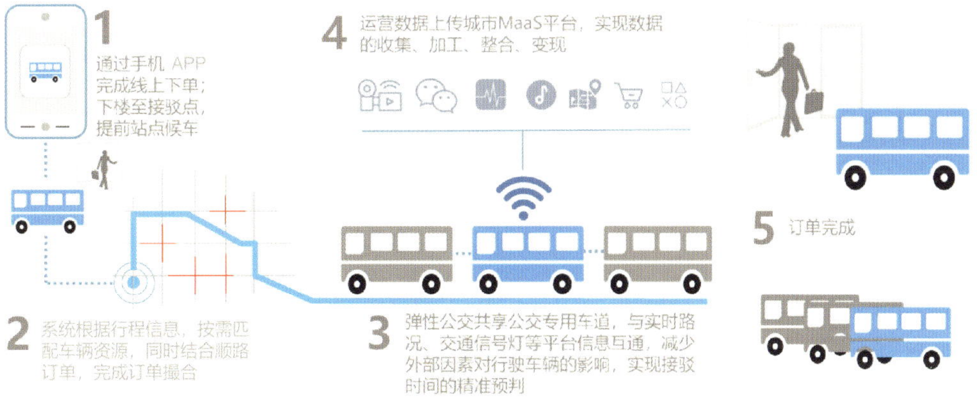

图6-17　需求响应式公交运营组织模式

需求响应式公交的运行效率与运营范围的合理性密切相关。若运营区域过小，则会导致需求响应式公交与其他交通方式的竞争力不足、客流需求偏小的情况，若公交运营区域过大，会导致车辆周转过慢，需要配置车辆多而整体运营较难管理。因此容城组团需求响应式公交运营范围确定为容城组团与起步区范围，出行距离约在 15 km 以内，适宜需求响应式公交发展尺度。考虑新区建设实际，近期运营范围主要集中在容城组团内部，适当辐射至郊野公园及启动区等区域。（图 6-18）

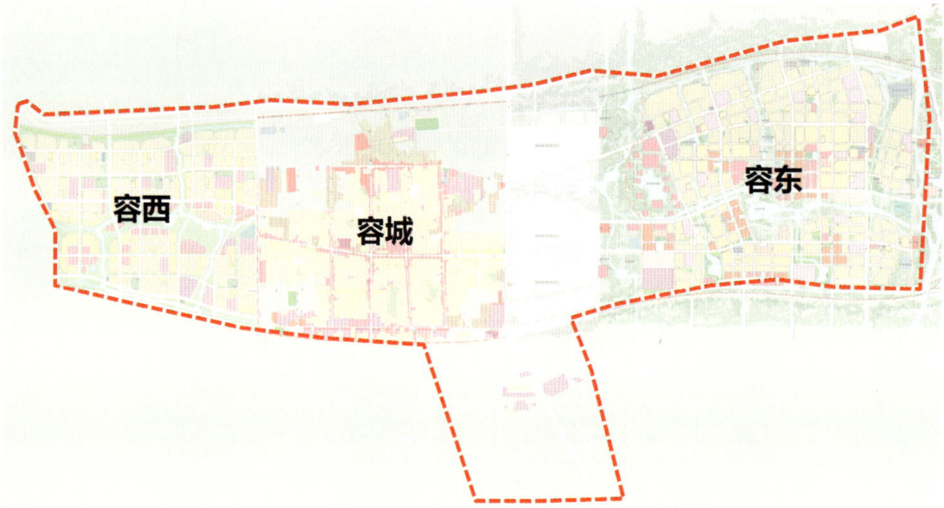

图6-18　容城组团需求响应式公交运营范围

需求响应式公交车辆的有序停放及运营也是此系统有序发展的前提。需求响应式公交除在公交首末站、枢纽站、停保场停放外，宜结合邻里中心的公交驿站布置临时停车空间，每处临时停车站提供 3~5 个弹性公交泊位，为弹性公交快速响应提供场所（图 6-19）。通过对需求响应式公交响应时间、候车时间、绕行时间等关键性指标进行约束，提升需求响应式公交服务的可靠性、高效性。（表 6-6）

图6-19 容东片区需求响应式公交蓄车点分布

表 6-6 需求响应式公交运营导则

主要内容	要求
车辆调度	依托于常规公交枢纽场站调度，也可结合邻里中心设置临时蓄车点
预约系统	新区 MaaS 平台发送需求或在站点处一键呼叫
运营模式	将客流聚集在站点上，根据站点 OD 生成线路
线路生成标准	保障每位乘客出行绕行时间控制在 5 min 以内
响应时间	保障乘客需求响应时间控制在 3 min 以内
候车时间	保障乘客候车时间控制在 6~8 min 以内
站点设置	满足公交站点服务半径在 150 m 内
运营时间	全天 24 h
车型配置	以 7 m 中型车 10~15 座为主

6.2.3.5 定制公交

定制公交的定位是“个性化、品质高”，那么其服务标准必定是要比骨干定线公交更优的。国内较多城市也都开启了对定制公交的探索，制定的服务标准也各具特色，最普遍的标准是一人一座、基本实现一站直达、速度快于基本公交、步行到站更近，接近“门到门”出行。除了以上标准外，诸如小猪巴士、滴滴巴士等利用互联网平台组织定制公交的新模式充分体现了对用户出行体验的关注与重视，一方面通过 APP、微信群等渠道能够更好地收集撮合各类出行需求，另一方面在服务配置上提供了如免费 Wi-Fi、饮用水、靠枕、车内音乐等更周全细致的附加服务，在市场环境的正向激励下，运营企业有能力提供更好的服务，乘客也愿意接受更高的票价，行业发展可以不依靠政府补贴。（图 6-20、表 6-7）

图6-20　多个互联网定制公交品牌

目前在运营中的定制公交大多采用基于距离的定价方法，运行里程越长票价越高。一般来说，定制公交比传统的公共汽车价格高，但是比私人驾驶便宜得多。对于容城组团初期较低的客流强度，可提供一定的乘坐优惠政策，与小汽车需求管理政策和基本公交网络布局配合，划定专门的示范区域，尽快形成初始车辆规模和订单规模。

表 6-7　其他城市定制公交票价制定

城市	类型	开行条数	乘车费用
青岛	商务班车、定制校车、旅游直通等	300 余条	不超过 20 km 的线路 8 元，超过 20 km 的每增加 5 km 增加 3 元
北京	商务班车、快速直达专线、节假日专线、高铁专线	378 条	不超过 20 km 的线路 8 元，超过 20 km 的每增加 5 km 增加 3 元
深圳	商务班车、假日班线	736 条	根据乘车时长，单次乘坐 6~12 元不等

续表

城市	类型	开行条数	乘车费用
成都	商务班车	30 条	10 km 以内 6 元；10~15 km 以内 8 元；15 km 以上每增加 5 km 增加 3 元
天津	商务班车	35 条	15 km 以内 6.75 元，每增加 5 km 增加 3 元
武汉	商务班车、职工班车、定制专车等	12 条	15 km 以内 6 元；16-20 km 以内 8 元；超过 20 km 每增加 5 km2 元
南京	商务班车	100 余条	20 km 以内（含）6 元，每增加 5 km 增加 1 元

新区要大力发展各类定制公交，鼓励不同机构在平台申报出行需求，按需为其提供优质优价的公交服务，例如可开通医院就诊专线、地铁接驳专线、学校学生专线、企业员工专线等。在 MaaS 平台设置定制公交专栏，方便个人、企业预约定制公交出行。个人可发起拼车定制需求，聚集到一定人数后即可开通，也可私人定制，为其提供一对一的私人定制服务。企业则通过发送用车人数、车辆类型、用车时间、用车地点等数据，获取定制服务。（图 6-21、图 6-22）

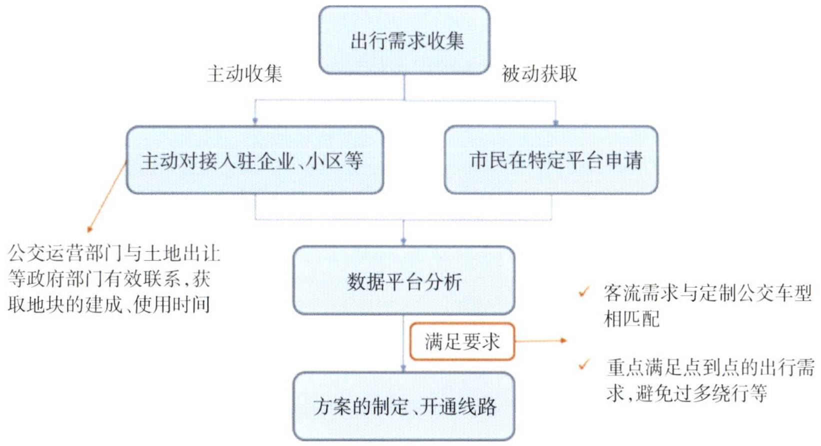

图6-21 个人、企业申请定制公交流程

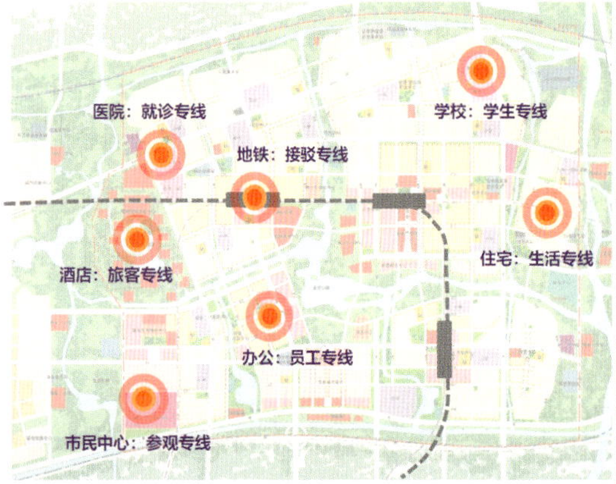

类型	定制线路
商务班线	雄安国际酒店、商务服务中心等
旅游专线	雄安郊野公园
	白洋淀景区
学校专线	启动区“三校”
企业专线	产业园区职工专线
城际专线	新区导入人口返京定制线路

图6-22　开通多种类定制公交服务

6.2.3.6　公交网络发展评估

通过布局“快线 + 干线 + 支线”三级公交网络，快线 + 干线公交网络密度 3 km/km^2 左右，公交站点 300 m 服务半径覆盖率达 100%。快线运行速度快、站间距大，服务组团间长距离联系；干线串联组团和社区中心，服务中距离出行；支线根据需求灵活组织运营，支撑公交干线客流集散，或在一定区域内独立运行。建立智能化需求响应式的公交系统。通过大数据、云计算等技术手段，基于对公交出行需求的感知、汇聚与迭代计算，智能生成线路，实现公交调度方案的自动生成和实时优化，提供地块到地块的公交服务，构建以公交为核心的“出行即服务”系统。多层次、一体化的公交网络布局，在路权、场站设施等公交优先保障条件下，能够实现容城组团片区内部 20 min 任意点可达，40 min 组团内部任意点可达，60 min 跨组团可达的出行效率目标。（图 6-23、图 6-24）

过去受制于智能化的发展水平，在新区的建设过程中，客流需求分散、获取难度大，公交线路的布设一般是结合地块的建设，串联建成的集散点，直接布设公交干线网络，然后根据建设进度不断调整优化。然而，建设的无序性导致公交线网的布设不成体系，未能够体现出公交对城市发展建设的引领作用。

容东、容西片区从零起步，前期建设速度较快、客流需求不稳定，开通定站定线的骨干公交可能会出现与客流需求不拟合的情况。而需求响应式公交则具有较强的适应性，可以根据乘客实际需求提供出行服务，随着客流需求的不断稳定再布设公交骨架网络。此外，新区建设的 MaaS 智能化出行平台，也为充分获取市民需求、精准为市民服务提供了可能。因此，新建片区在前期开通少部分定线公交保障基础上，可大力发展需求响应式公交，从中归集出行大数据，在成熟走廊布设具有稳定客流的定线骨干公交，大大提升定线公交的运营效率。(图 6-25)

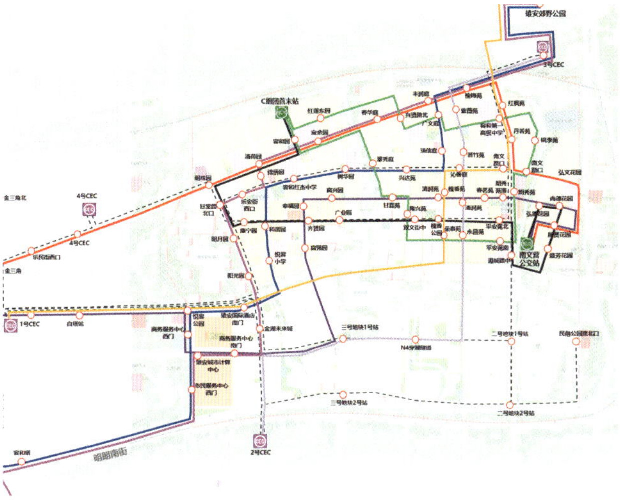

图6-23 容东片区北部安置区近期线网密度

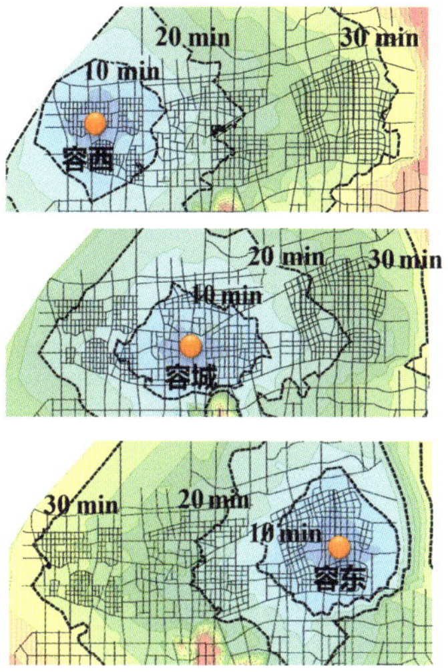

图6-24 容城组团公交时间可达性

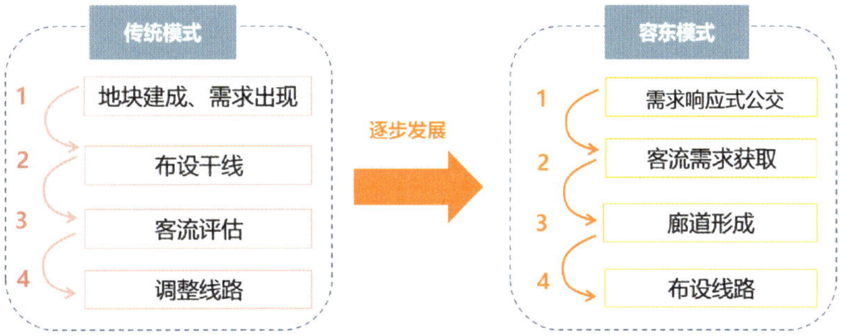

图6-25 干线公交网络布设思路

6.3
专路权、高效率的设施建设

6.3.1 公交路权

6.3.1.1 容东数字道路建设实践

容东片区数字化道路建设内容旨在构建城市智能路网基础设施建设新模式，打造便捷顺畅、经济高效、绿色集约、智能先进、安全可靠的城市智能路网，全力打造领先的城市智能路网体系。建设内容包括相关智能化设备从感知层、网络层、设施层到应用层多专业、多层次一体化项目，形成端到端城市智能路网全域感知能力，建成超维、数境、九度等系统，构建了全国首个规模化区域级数字化道路。

超维·城市新基建运营管理系统面向城市各类数字化新型基础设施，关联海量监测设备、汇聚感知要素资源，实现城市新基建中相关各类设备跨专业集中维护，设备状态直观展示、设备远程控制、告警推送、智能派单等功能，通过城市设备集中运营，实现分散式烟囱式运维降本增效，实现设备之间紧密协同，支持基于设备数据融合开展车辆协同等业务创新服务。目前系统纳管区域内 6 000 余台信息化设备，涵盖智慧路灯、回传网、供电、交通雷达、RSU（Road Side Unit，路侧单元）等数十个品类，设备在线率达到 95% 以上。（图 6-26）

其中资源管理即对城市内各类设备资源进行统一管理，构建全维度、全资源、全生命周期的，可灵活扩建、可自动维护、可便捷操作的资源管理体系，实现城市集中管理，支持资产盘点、资产可视化等业务场景。设备管理模块对接资源管理中的联网设备，实现设备的统一监测、批量管理、策略配置等控制能力，支持设备的运行状态、基础数据、拓扑图、告警信息等功能，针对路灯等可控设备提供精细化控制管理，达到资源高效利用的目的。运维管理实现对纳管设备的告警管理、工单管理。通过流程管理实现各类工单的流程配置，以及对服务流程上各个环节的执行情况的监测，精确把控运维服务质量，确保运维服务的品质。

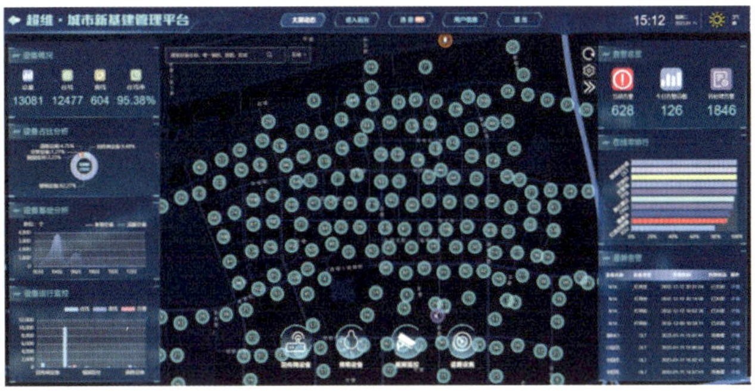

图6-26　超维·城市新基建运营管理系统设备分布界面

数境·数据中台是DT时代面向海量、碎片、分布式数据资源，以大数据、云计算、AI技术为核心，实现数据汇聚和应用的系统平台。数境聚焦数据这一新型生产要素，解决数据的汇聚、生产、加工与开放问题，最大限度地挖掘数据价值，助力组织在智能时代基于数据新要素，实现业务提质增效与创新。目前系统内涵盖各类交通参与者、交通指标等各类型数据430 G/日，视频类非结构化数据10 T/日，各类型数据有效支撑了信控优化、交通组织调整等各类业务的开展。（图6-27）

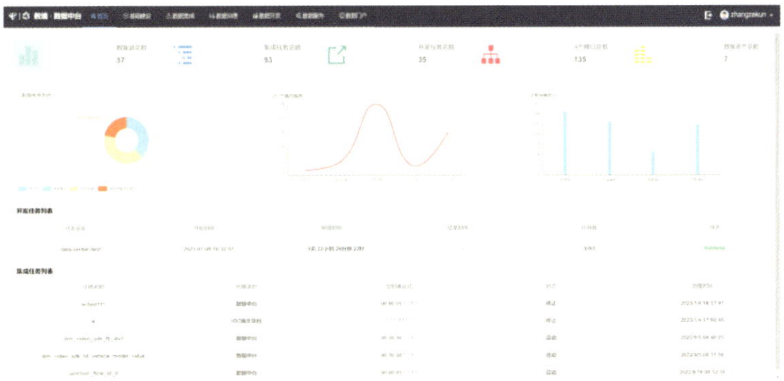

图6-27　数境系统数据管理界面

数境包含5大核心功能：数据集成、数据治理、数据开发、数据服务、数据门户。数据集成针对分散的各类数据源，通过采集任务统一管理和配置，包括任务模板管理、任务构建、多任务构建、运行任务管理等功能，实现分散数据的集中汇聚。数据治理实现数据的资产编目，通过对多源数据多表数据进行数据资产的可视化编目，实现数据资产的统一管理。数据开发是为开发人员提供便捷的开发环境，可以在数据中直接编写代码做离线开发任务。开发完成得到的结果可以直接对接到数据中台内，为后续的数据资产管理和API开放提供支撑。数据服务即通过注册API实现数据的开放共享，包括API资源管理、SQL编辑器等功能。数据门户是外部用户申请调用API的展示页面，类似于商品货架，进入可以看到 API 接口的详细信息，包括调用方法及相关示例，助力数据开发有据可依。

九度·数字道路智能运营中心综合数字道路产生各类信息，面向城市各级管理用户，以大屏方式提供各类管理功能。在严重交通事故、自然灾害发生时，它作为临时指挥中心可对道路上各类应急事件有序调度；平时作为运营中心，可对道路交通整体流量进行实时监控。目前涵盖交通态势、信控优化、交通预测、全息路口、公家态势、绿波通行、迁入分析等十余项交通专题，实现双文街常态化绿波和双文北街无人驾驶公交车专用绿通等信控方案设计，配合数字办按照输出容东交通态势分析报告，为交通组织再优化提供了有效支撑。（图 6-28）

图6-28　九度·数字道路智能运营中心态势感知界面

综合态势基于毫米波雷达数据实现车道级流量精准感知，基于这些数据可对区域内路网拥堵情况、交通路口通行流量等进行实时监控，对路网交通态势精准呈现。基于视频分析，识别车辆类型，统计绿色出行占比，并可针对当前道路交通流量预测拥堵时间，便于交管部门及时疏解；“应急处置”通过路侧摄像头雷达等智能感知单元，实时发现应急事件影响范围，并以视频方式直观查看事件影响范围的实时和历史影像信息，对重点车辆进行实时跟踪，比如消防车、救护车，根据救援路线，提前疏解前方道路，预防拥堵，提高救援时效性；设备运维基于数字孪生三维模型，实现对设备从安装、上线、巡检、运维、维修到报废、更换全生命周期的管理，路侧设备“所见即所管”，提升设备管理和资产盘点效率。

6.3.1.2　布局多层次公交走廊

依托组团连接道路布局组团间客流走廊，服务组团间长距离公交联系，承担容西片区与起步区、容城县城、容东片区间的快线公交客运服务。依托各片区内部单元集散道路布局组团内客流走廊，串联各级公交换乘中心，覆盖 10 min 生活圈。（图 6-29）

图6-29 容城组团公交走廊布局

从公交优先路权布局来看，容东片区内部共规划有“七横六纵”的公交专用道网络，实现了公交专用道网络 300 m 服务半径片区全覆盖，充分保障了公交优先路权。在专用道形式上，由于受制于道路红线宽度，专用道均采取的是“路侧单车道＋直停式公交站台”的模式。在容东片区要实现公共交通占机动化比例达 80% 以上的高目标要求下，公共交通在道路资源的利用上并不占据主导优势。另外，容东公交体系多元、运营灵活，在直停式的公交站台，后车无法超车。定站定线运营的骨干公交与定站不定线运营的需求响应式公交将会相互影响，可能会造成公交站台处“列车化进站”排队拥堵的情况出现，从而降低公交系统的整体运行效率。建议结合客流需求进一步优化公交路权保障，对于双六车道的干路，未来若公交客流占比较高时，可再增设一条共乘车道（HOV 车道），供智慧骨干公交车、需求响应式公交车、特色公交车、共享汽车、物流车等合用。（图 6-30）

图6-30 容东片区公交专用道/路布局

6.3.1.3 交通组织优化

2016 年 2 月，中共中央、国务院发布《关于进一步加强城市规划建设管理工作的若干意见》，针对我国城市普遍存在的路网体系严重失衡、密度过低、主次干路尺度过宽的现象，明确提出了“窄马路、小街区、密路网”的概念。容东片区践行“小街区、密路网”的城市道路布局理念，规划路网结构完善、形态规整，密度高达 11.6 km/km^2，交叉口平均间距只有 150 m 左右。

较高的路网密度给交通组织和出行提供了更多的选择，有利于交通流均衡分布，避免了大量交通聚集在干道产生不良影响；也有利于打造连续舒适的慢行交通系统，提升慢行交通的可达性；对于公交的发展，有利于消除公交盲区，公交线路可深入社区布置，大大增加了公交的覆盖率，并方便行人过街与公交的便捷换乘。

然而，该模式也对交通组织和管理提出了更高的要求。一方面，小街区密路网对交叉口的直接影响是交叉口间距较小、交叉口数量增加，这在一定程度上使车辆行驶速度降低而引起交通效率下降，需要更精细化的交通组织，为不同交通方式分配合理路权。另一方面，小街区对交通管理的要求更高，需要进行交叉口交通信号优化配时，实施绿波交通，提高支路交通组织效率。

因此，新区应践行“绿行优先，小汽车合理引导”的理念，实施绿行友好、对小汽车低依赖的交通组织模式。面向不同的交通方式，分别提出交通组织目标。

1）对于慢行交通，应保障慢行网络的贯通、连续、高可达。

2）对于公共交通，应保障公交组织的便捷、灵活、门到门。

3）对于小汽车，应保障基本通畅、均衡流动的个体机动化通行环境。

6.3.2 公交枢纽

6.3.2.1 枢纽体系

结合上位规划，以保障乘客出行便捷、舒适、高效为目标，打造层次清晰、多位一体的公共交通换乘枢纽体系，并以换乘枢纽为核心和锚固节点，协调各种交通方式，实现各模式公共交通方式之间的无缝衔接。

根据需要扩能改建白洋淀站，结合白洋淀站建设城市型公交枢纽；建设组团型公交枢纽，包含城市交换中心和公交停保功能；根据轨道站点以及生活圈灵活布局社区型 / 邻里型公交枢纽，与社区中心布局相耦合，承担社区间联通与集散功能。通过锚固公交枢纽和换乘中心，串联公交廊道，保障公交服务，实现多种交通方式便捷、安全、舒适换乘，推动容城组团绿色出行。(图 6-31、表 6-8)

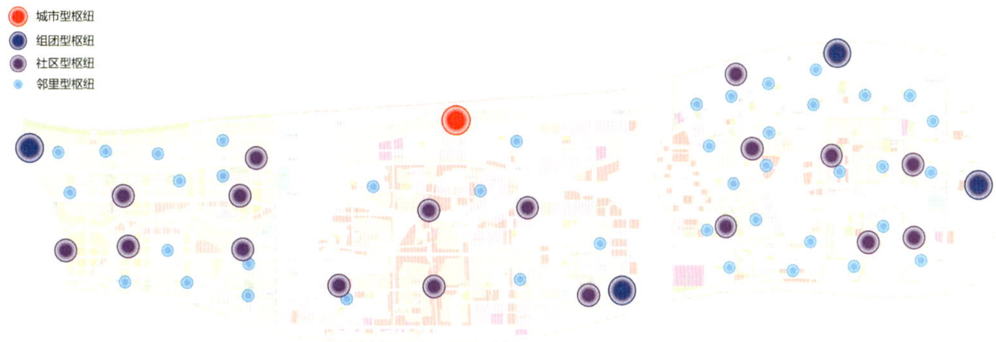

图6-31 容城组团多级枢纽布局

表 6-8 容城组团公交枢纽体系

枢纽分级	核心功能	布局原则	复合用地	换乘方式
城市型	实现区域对外交通和城市公共交通之间的转换	结合对外枢纽	—	城市公交、长途客运
组团型	诱导外来小汽车停放；综合公交停保场、调度功能；部分长途客运功能；	主要邻近组团外围高速公路、干线公路等对外骨干道路出入口建设	换乘中心	外来小汽车 快干支线 长途客运
社区型	综合轨道公交慢行等换乘功能；公交调度功能；兼顾物流配送	结合社区中心等高强度开发、人员活动密集区建设	轨道站点周边的商业办公用地、社区中心	快干支线 特色公交 兼顾社区物流
邻里型	共享交通及慢行之间的换乘功能；配套物流终端	结合邻里中心等居住集中区建设	邻里中心	共享交通，兼顾物流终端

白洋淀站作为城市型公交枢纽，主要承担内外交通的衔接，兼顾不同公共交通方式间的接驳换乘，统筹火车站、轨道交通车站、长途汽车站、公交首末站等功能立体开发，配套公共服务设施。通过枢纽立体开发和智能运营调度，提供便捷高效的城市公共交通换乘服务。

组团型枢纽定位为组团对外和组团之间联通与集散功能，诱导外来小汽车停放、综合公交停保场、调度功能和部分长途客运功能。它布局于邻近组团外围高速公路、干线公路等对外骨干道路出入口建设，与换乘中心复合建设，提供外来小汽车、公交快干支线、长途客运等多种交通方式之间的换乘，采用一体化综合开发的建设模式，内部设施包括社会车辆停车场、公交首末站、停保场、长途客运功能等，服务半径为 5 km。

社区型枢纽定位为组团内部各个社区之间联通与集散功能，服务于生活圈，与社区中心布局耦合，主要提供轨道交通、公交、小汽车与慢行之间的换乘，主要考虑与周边商办、公建设施用地及轨道交通站进行一体化建设，属于商业办公用地配建工程，服务半径为 1 km。

邻里型枢纽定位为社区内部各邻里中心之间联通与集散功能，以服务社区内部生活圈、与城市邻里中心布局耦合，提供需求响应式公交与慢行的换乘，主要与社区邻里中心复合开发利用，服务半径为 300 m。（图 6-32、图 6-33）

图6-32　容东片区公交枢纽体系概念

图6-33　容东片区公交枢纽体系布局

6.3.2.2　场站设施设计指引

1. 功能布局

为高效利用土地资源，打造出行即目的地的公交枢纽体系，建议片区内的公交枢纽与城市多种不同的功能用地进行立体化复合开发。如在轨道交通站点周边的公交枢纽，可以在竖向上与轨道交通用地、停车场用地、商业娱乐办公用地、市政用地等进行立体化复合开发，在公交枢纽为城市核心区服务，聚集人气提升城市活力的同时，城市核心区也为公共交通提供客流，支撑公交的可持续发展，从而实现站城一体的城市格局。（图 6-34）

公交枢纽宜设计在复合地块的建筑一层。部分枢纽规模可能仅占复合地块一层的部分用地。在一层枢纽的平面布局中，需要明确枢纽的进口和出口的位置、公交车辆的车行流线和人行流线的组织。考虑到远期公交规模和公交车辆的类型可能调整，在布局设计车位时需要考虑可变车位。为提高乘客上下车的效率，上客车位和下客车位宜分开设计。考虑到复合地块的复合用地性质问题，在土地出让之前宜开展地块的交通体系详细规划，将复合公交枢纽功能的要求列入土地出让条件，对公交枢纽的用地做好预留。(图 6-35)

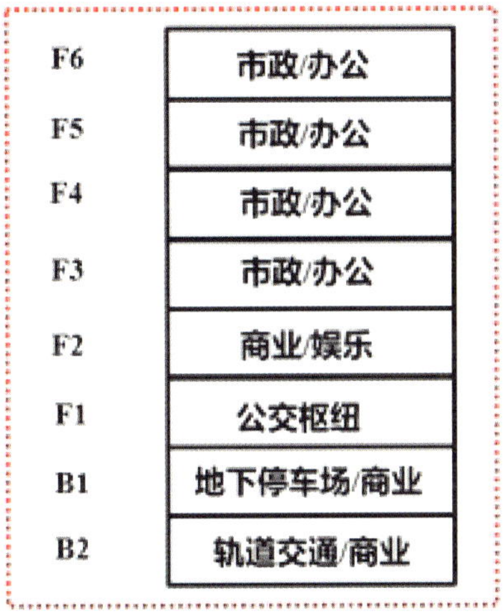

图6-34 枢纽地块竖向功能设计示意

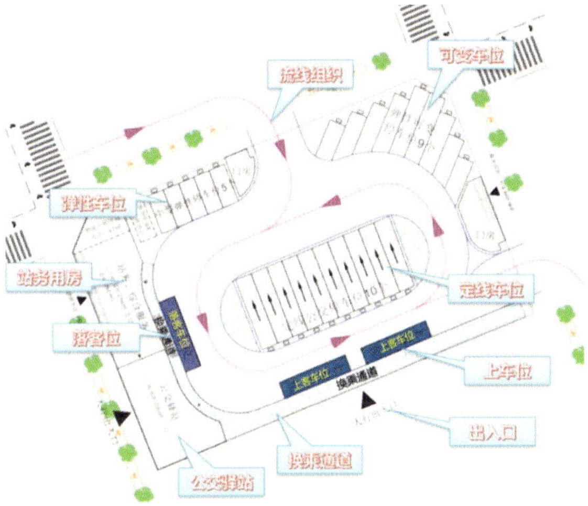

图6-35 枢纽地块平面设计

2. 设施配置

根据容东片区组团型、社区型、邻里型枢纽的功能定位与用地布局，建议其设施配置如图 6-36 所示。其中，组团型枢纽主要包含停车、保养、始发等功能，社区型 A 类枢纽包含换乘、复合商业功能等，社区型 B 类枢纽则主要包含公交始发、停车的功能，邻里型枢纽主要服务于共享汽车，与公交驿站合建时可考虑公交车辆的临时停靠。

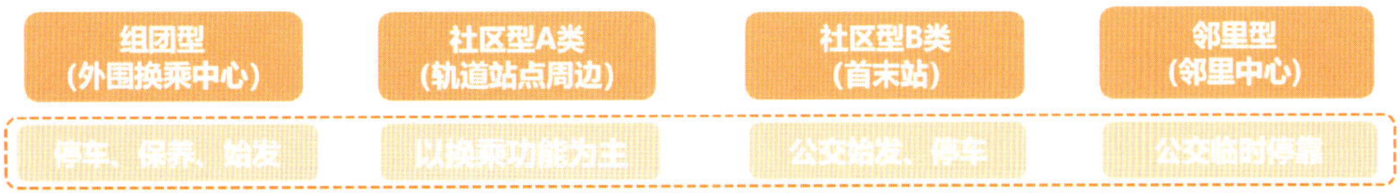

图6-36 各层级枢纽功能

停车场、保养场的设施设计可参考《城市道路公共交通站、场、厂工程设计规范》(CJJT16—2011)、《公共汽电车场站功能设计要求》(DB11T716—2018)等规范要求。公交车辆停靠和始发设施主要包含信息、上客落客、车辆到发、停车换乘、车辆停车等设

施；而对于以换乘功能为主的枢纽站，在业态选择上可考虑与城市商业配套、文化休闲、商务办公等功能复合。（表 6-9）

表 6-9　容东片区各级枢纽设施配置

功能	对应设施	组团型枢纽	社区型枢纽 A 类：公交枢纽站	社区型枢纽 B 类：公交首末站	邻里型枢纽
信息设施	电子站牌	●	●	●	●
	区域地图 / 公交线路图	●	●	●	●
	公交时刻表	●	●	●	●
	实时动态信息	●	●	●	●
	无障碍设施	●	●	●	●
上客落客	站台	●	●	●	●
	候车亭 / 廊 / 棚	●	●	●	●
	无障碍设施	●	●	●	●
	室外候车座椅区	○	○	○	—
	人行通道	●	●	●	—
车辆到发	到发车位	●	●	●	—
	车行道	●	●	●	—
停车换乘	共享小汽车停车	●	●	●	●
	共享自行车停车	●	●	●	●
	个人自行车停车	●	●	●	●
	换乘通道 / 垂直交通	●	●	●	●
公交停车	停车坪	●	●	●	—
	回车道	●	●	●	—
维修保养	车辆维修车间	●	—	—	—
	车辆抢修车间	○	—	—	—
	辅助车间	●	—	—	—
	材料库	●	—	—	—
	洗车区	●	—	—	—
	车辆安全检验区	●	—	—	—
能源保障	充电设施	●	●	●	○
	配电站	●	●	●	○
物流设施	配送临时停车位	●	●	●	●
	物流终端	●	●	●	●

续表

功能	对应设施	组团型枢纽	社区型枢纽A类：公交枢纽站	社区型枢纽B类：公交首末站	邻里型枢纽
管理办公	场站管理办公室	●	●	●	—
	车队管理办公室	●	○	○	—
	行政管理办公室	●	○	○	—
	生产人员备班室	●	○	○	—
	票据室	●	○	○	—
	档案室	●	○	○	—
	小会议室	●	○	○	—
	大会议室	●	○	○	—
	职工活动室	○	○	○	—
	司乘人员休息室	●	○	●	—
	更衣室	●	○	●	—
	驻班宿舍	●	○	●	—
	公共卫生间	●	●	●	—
	开水间	○	○	○	—
	职工食堂	●	○	●	—
	淋浴室	●	○	○	—
	清洁用具杂物间	●	○	○	—
	保洁人员休息室	○	○	○	—
	门卫/传达室/前台	●	○	○	—
	公共空间	●	●	●	—
	设备用房	●	●	●	—
调度监控	调度室	●	○	●	—
	监控室	●	●	●	—
运营控制中心	运营监控大厅	●	○	○	—
	专用机房	●	○	○	—
安全保障	治安室/警卫室	○	○	○	—
	警卫安保人员休息室	●	●	●	—
公交驿站	室内候车座椅区	●	●	●	—
	室内候车公共服务	●	●	●	—
	综合交通服务	○	●	●	—
	母婴室	○	○	○	—
	附属卫生间	○	○	○	○
	便民商业	●	●	●	—

续表

功能	对应设施	组团型枢纽	社区型枢纽 A 类：公交枢纽站	社区型枢纽 B 类：公交首末站	邻里型枢纽
汽车服务	汽车服务	●	○	○	—
	工具材料间	●	○	○	—
安全环保	照明	●	●	●	●
	监控	●	●	●	●
	消防	●	●	●	●
	救援呼叫	●	●	●	●
	绿化	●	●	●	○

注：●表示应有的设施；○表示可选择的设施；—表示不设的设施。

3. 物流与枢纽功能一体

物流功能与枢纽功能一体化融合发展。物流体系由分拨中心、社区配送中心组成的两级城乡公共物流配送设施构成，分拨中心与对外交通枢纽一体布局，社区配送中心依托各城乡社区服务中心布局，服务新区生产生活物资及快件集散。货物通过物流转运站分配后发往各个社区型枢纽的配送中心，再利用（无人）送货车送至各终端。枢纽兼顾物流配送功能，物流终端可与邻里型枢纽复合建设，深入社区，实现 300 m 服务半径片区全覆盖。（图 6-37）

6.3.3 公交站台

公交中途站是为公交乘客中途上下车服务的，它设置在公共交通线路沿途所经过的客流集散点上，与过街通道、其他交通方式近距离衔接，按照停靠线路类型可以分为定线公交站点和需求响应式公交站点。

6.3.3.1 定线公交站点

按照上位规划要求，定线公交站点宜结合邻里中心、学校、公交首末站等居民较易聚集点设置，实现组团内定线公交站点 300 m 服务半径片区全覆盖。然而这并不等于实际步行距离 300 m 到站，通过计算容东片区所有地块人行出入口与公交站点的实际步行距离发现，仍有部分地块实际步行距离远超过 300 m，这意味着市民进入公交系统步行时间在 5 min 以上，这将大大降低公交出行的吸引力。因此，为了方便市民出行，建议通过新增公交站点或在地块增加人行出入口的方式，确保实现所有出入口至最近公交站点路径距离不超过 300 m 的目标。（图 6-38、图 6-39）

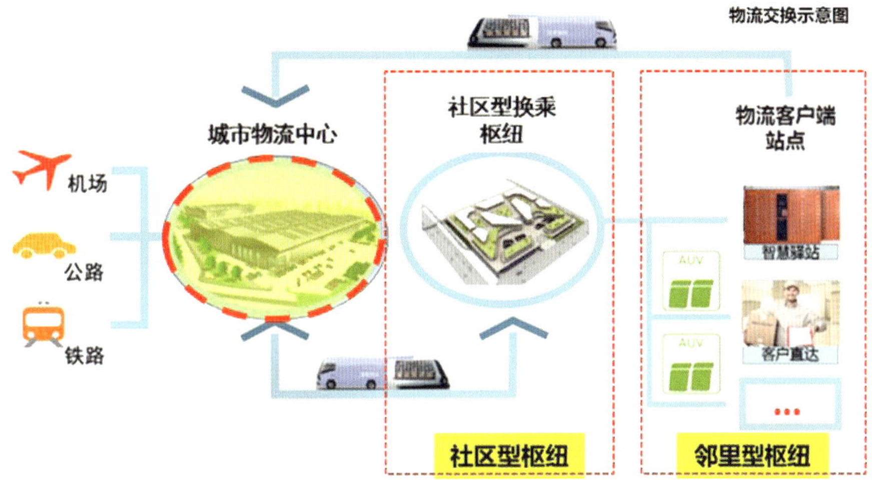

图6-37　容东片区物流交换示意

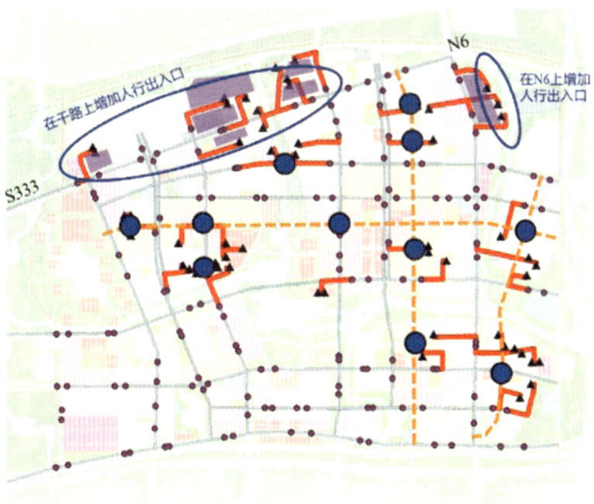

图6-38　根据步行可达性增加站点

图6-39　容东片区定线公交站点布局示意

6.3.3.2　需求响应式公交站点

需求响应式公交站点是对定线公交站点的补充，主要满足组团居民公交出行需求以及各街区居民就近乘车需求，保证每个街区出口至少有一个公交站点。需求响应式公交站点和定线公交站点相结合，满足组团内所有站点道路 100~150 m 距离到达。需求响应式公交站点结合主要公共服务设施布局。

与定线公交合建的需求响应式公交站，须满足定线公交停靠站相关要求。需求响应式公交单独停靠站功能为聚集散点客流，满足乘客点对点出行需求，实现公交零换乘与快速响应的目标。需求响应式公交站点应在人流集中点加密设置，如在住宅主要出入口、公服设施、重要商办用地出入口等位置，实现片区内部站点 150 m 服务半径范围覆盖率达 85% 以上。停靠站台应采用直线式站台，用公交站牌或站台标识。站台区域满足无障碍设计标准，并注重与城市景观风貌相协调。在停靠站台附近设置减速让行标志标线，引导非机动车在站台区域礼让乘客。（图 6-40、图 6-41）

需求响应式公交除在公交首末站、停保场停放蓄车外，宜结合邻里中心的公交驿站布置临时停车空间，每处临时停车站提供 3~5 个弹性公交泊位，为弹性公交快速响应提供场所。

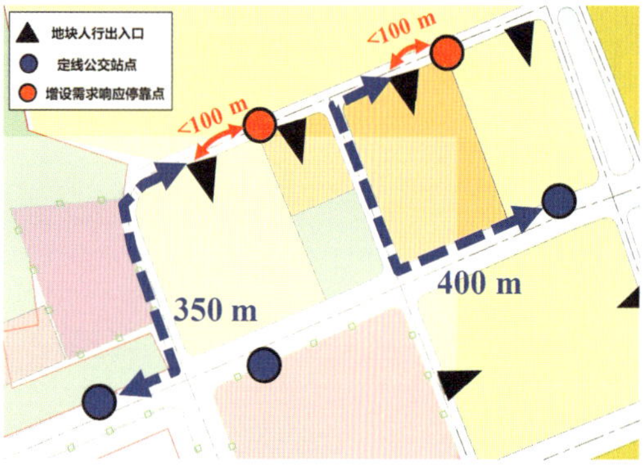

图6-40　加密设置需求响应式公交停靠点

图6-41　需求响应式公交简易站台示意

6.3.4 公交车辆

6.3.4.1　车辆类型

公交车型的选择需要与客流需求高度拟合，并适应多元化的公交体系。容城组团地面公交类型主要包含公交快线、公交干线、公交支线、需求响应式公交及特色公交，根据不同公交体系定位，配置不同的车辆类型。其中，快线及干线公交以 10~12 m 车型为主，单车运力可达 38~70 人；支线公交以 7~10 m 车型为主，单车运力可达 22~50 人；需求响应式公交以 7 m 车型为主，满足一人一座，运力为 10~15 人；特色公交则不受车型限制，可根据实际需求配置不同车型，例如高端商务巴士、特色旅游巴士等，需要满足一人一座，保障服务质量。（表 6-10、图 6-42）

表 6-10　公交类型及运力

公交类型	车型 /m	满载率	运力 / 人
快线 / 干线公交	10~12	70%	38~70
支线公交	7~10	70%	22~50
弹性公交	6~7	一人一座	4~15
特色公交	不限	一人一座	—

图6-42　新区多种车型分布

6.3.4.2　设施配置

新区公交车辆应当重视无障碍设施配置，包括公交车专用坡道、倾斜靠站公交车以及老弱病残孕专座。此外，规定要求座椅间距应保持在≥ 65cm 的合理范围内。同时，特色车辆应当配备舒适座椅、Wi-Fi、USB 等设施，旅游巴士还应当提供讲解服务，以提高公众出行的舒适度和便利性。（图 6-43、图 6-44）

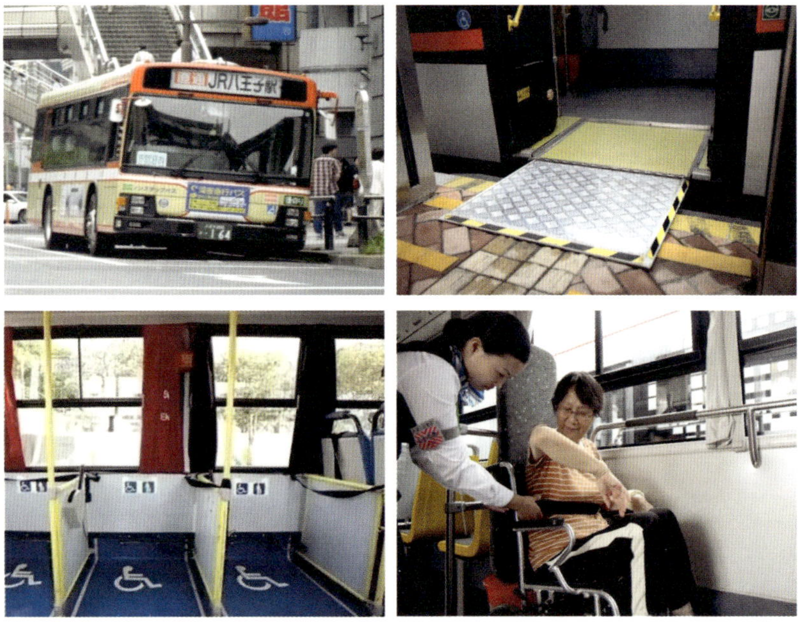

图6-43　人性化无障碍设施

图6-44　新区需求响应式公交车辆

6.3.4.3　车辆发展规模

公交车辆需求等于高峰小时出行量与高峰小时单车载客量的比值。根据模型预测，高峰小时公交出行量为 2.2 万人次。对于骨干公交，主要选取的车型有 7 m、10 m 及 12 m，按照单车满载率 70% 计算，单车单小时载客量为 60~80 人次；对于需求响应式公交，主要选取 5 m 和 7 m 车型，结合运营现状，按照高峰每小时 5 单、单车 8 人（一人一座，满载率 80%）计算，单车单小时载客人数 16~40 人次。同时，由于新区发展是逐步生长、逐步完善的过程，骨干公交、需求响应式公交、共享汽车在新区公交体系中所占比例是不断变化的。因此，设置共享汽车占比 4%，骨干公交与需求响应式公交占比分别为 7∶3、6∶4、5∶5 的三种情境，分场景预测所需的公交车辆规模。最终计算得出容东片区所需公交车辆规模为 534~742 标台，万人拥有公交 31~44 标台。（表 6-11）

表 6-11 车辆规模预测

<table>
<tr><th colspan="2">情景测试</th><th>比例 /%</th><th>高峰小时出行量 / 万人次</th><th>高峰小时载客量</th><th>车辆数</th><th>车辆总数</th><th>车辆数 / 标台</th></tr>
<tr><td rowspan="3">情景一</td><td>骨干公交</td><td>67.2</td><td>1.48</td><td rowspan="9">骨干公交车型：7/10/12 m
单车满载率 70%
单车单小时载客 60~80 人次
需求响应式公交车型：
4 座 /5 m、10 座 /7 m
每小时 5 单、单车满载率 80%、单车单小时载客 16~40 人次
共享汽车：
高峰平均利用率 2 次，单车载客 1.2 人；单车单小时载客 2.4 人次</td><td>186~246</td><td rowspan="3">710~1 009</td><td rowspan="3">534~701</td></tr>
<tr><td>需求响应式公交</td><td>28.8</td><td>0.63</td><td>158~396</td></tr>
<tr><td>共享汽车</td><td>4.0</td><td>0.09</td><td>367</td></tr>
<tr><td rowspan="3">情景二</td><td>骨干公交</td><td>57.6</td><td>1.27</td><td>158~211</td><td rowspan="3">737~1 106</td><td rowspan="3">537~722</td></tr>
<tr><td>需求响应式公交</td><td>38.4</td><td>0.84</td><td>212~528</td></tr>
<tr><td>共享汽车</td><td>4.0</td><td>0.09</td><td>367</td></tr>
<tr><td rowspan="3">情景三</td><td>骨干公交</td><td>48.0</td><td>1.06</td><td>132~176</td><td rowspan="3">763~1 203</td><td rowspan="3">539~742</td></tr>
<tr><td>需求响应式公交</td><td>48.0</td><td>1.06</td><td>264~660</td></tr>
<tr><td>共享汽车</td><td>4.0</td><td>0.09</td><td>367</td></tr>
</table>

6.4

高品质、智慧化的服务系统

6.4.1 财务体系

探索可持续经营的财务模式。建立差异化票价标准。基本公交服务采用公益性票价，定制化和响应式公交等个性化服务探索市场化票价。建立公共交通财政补贴制度，重点保障基本公交服务。支持公交运营管理机构围绕主营业务开展物业开发、商业经营、车辆租赁、物流共配、广告等多种经营，反哺公交建设和运营。（图 6-45）

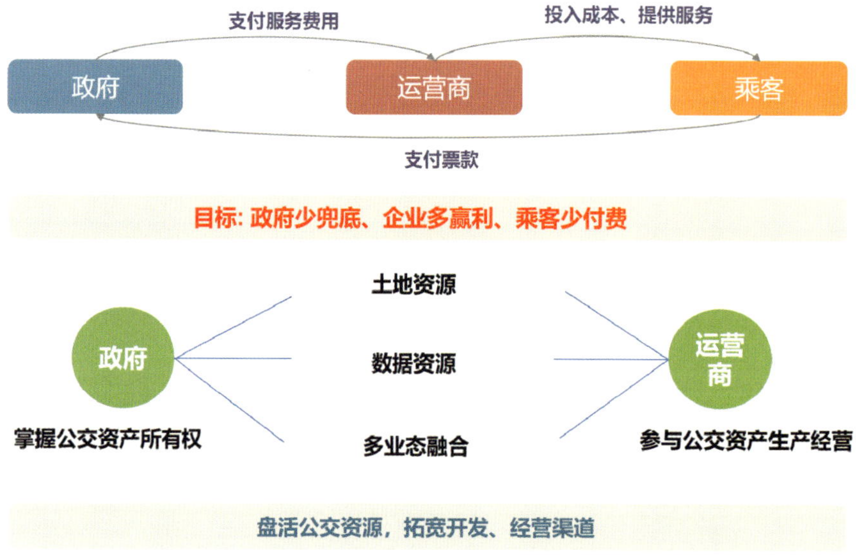

图6-45　公交可持续经营模式

财务体系主要包括政府、运营商及乘客三方主体。新区采用票运分离管理模式，政府获取乘客票款，同时为运营商支付服务费用。由于公共交通发展本身具有公益性质，公交的发展更多的还是依靠财政补贴。运营商则需要投入一定的成本为市民提供良好的出行服务，同时获取政府支付的服务费用。为了实现公交的健康可持续发展，财务体系要尽可能实现“政府少兜底、企业多赢利、乘客少付费”的目标。

要实现此目标，就要将公交资源进行市场化运作，多渠道拓宽开发、经营渠道，盘活公交资源，获取收益来不断反哺公交发展。

6.4.1.1 公交与土地价值的互长

结合片区的公交走廊、公交枢纽等进行土地一体化开发，实现公交与土地价值的互长。一方面政府可以通过提供土地，收取出让费用获取收益；另外也可以通过提供土地，同时引进有经验的社会主体参与土地运作，政府通过从中收取税费反哺公交发展。例如，可借鉴香港“轨道 + 上盖物业”的运作模式，政府将需求开发的土地以未开发前的价格卖给港铁，港铁修建 MTR（Mass Transit Railway，港铁）线路并在需求开发的土地上设站，吸引地产商。MTR 线路建成后，港铁将由于地铁而升值的土地卖给地产商，地产商在临近地铁的热门地块进行开发，引来居民、商店和公司等，最终政府达成开发目标，港铁和地产商赚到了钱，居民买到了交通便利的房子。（图 6-46）

图6-46 香港“轨道+上盖物业”模式

6.4.1.2 数据资源价值

共享经济下，可通过数据资源分析获取收益。通过平台整合乘客出行数据，在人流集中点进行合理的商业开发，布设具有新区特色的公交驿站系统，在为乘客提供生活便利的同时，也可获取一定收益反哺公交运营与建设。公交驿站可引入自动售卖机、快递柜、书店、咖啡点等业态，提供集候车功能与商业服务功能于一体的空间布局。（图 6-47）

图6-47　打造综合服务的公交驿站系统

在城市核心区域的商业办公等客流需求较大的区域，结合公共服务设施和沿街商业设置，通过风雨连廊与公交站台连接，实现集室内候车、智能出行、便民服务以及信息资讯等于一体的功能，为公交乘客提供安全、舒适、便捷、全天候的室内候车环境。在具备一定客流规模的区域，可结合公交中途站周边空间条件配置部分便捷型服务设施，如无人售卖机、爱心租借柜等。(图 6-48、图 6-49)

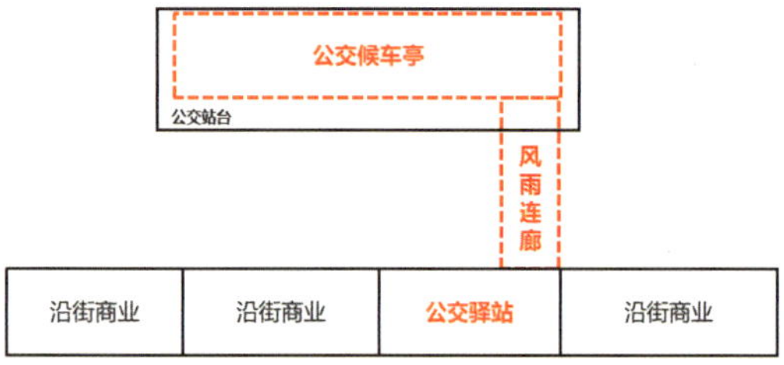

图6-48　室内候车的公交驿站

图6-49　室外候车的公交驿站

6.4.1.3　多业态融合

将公交服务与多业态服务相结合，由获利方支付一定的费用用于公交发展。例如，可以与商户合作，向乘客推送美食、商场消费目的地或者在站点经营广告，也可以为乘客开通前往消费场所的公交班线，例如济南的“地摊经济”打卡专线。此外，也可与物流方合作，将客运与货运相结合，一体化运营。（图 6-50）

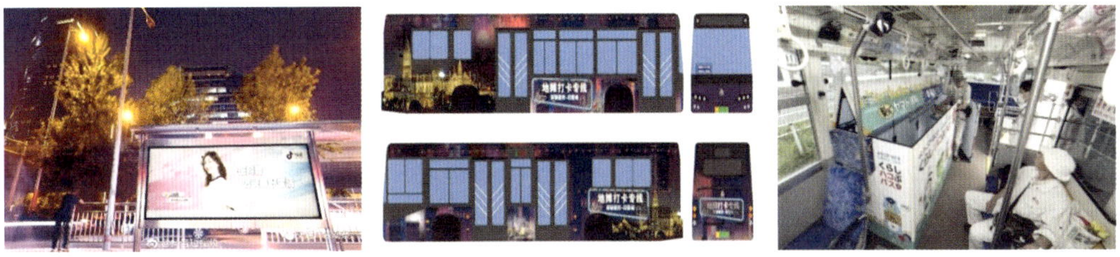

图6-50 多业态融合

6.4.2 票制票价

公交票制票价的制定要以“财政可负担、市民可接受”为目标，结合社会经济发展实际，建立公交票价调整机制，明确票价调节的管理机构、启动条件、调整幅度、调节程序、公众参与机制等。定线公交、需求响应式公交、特色公交等多元公交应差异化设置收费标准：其中，骨干公交、需求响应式公交实行公益票价，特色公交则进行市场化运营，实行优质优价的服务。票价的收取可按照距离标准收取，实现多种方式之间的一体化。同时，灵活推出周票、月票、年票等特色票制，加强公共交通的吸引力。乘客支付要实现“一码通”，“一码”覆盖所有公交出行方式，让乘客实现“先出行、后付费”的服务体验。（图 6-51）

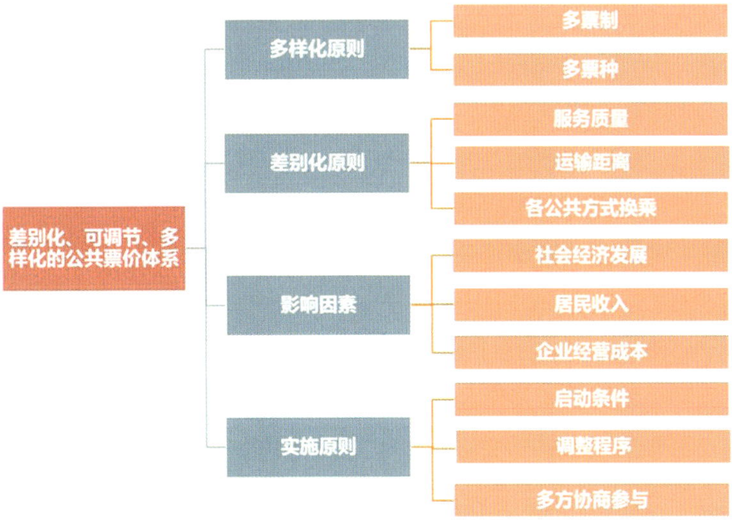

图6-51 公共交通票价体系

考虑到雄安公交尚处于起步阶段，客流以各组团内部出行为主，组团间出行尚未形成规模，现阶段应大力鼓励发展，延续现有一票制，借鉴北京初期培育阶段低票价策略。未来随着组团建设的拉开，在整合一票制与计程票制优点的基础上，新区全域可采用分区票制，在组团内实行一票制 2 h 内换乘免费，跨组团出行费用与计程票制类似。(图 6-52)

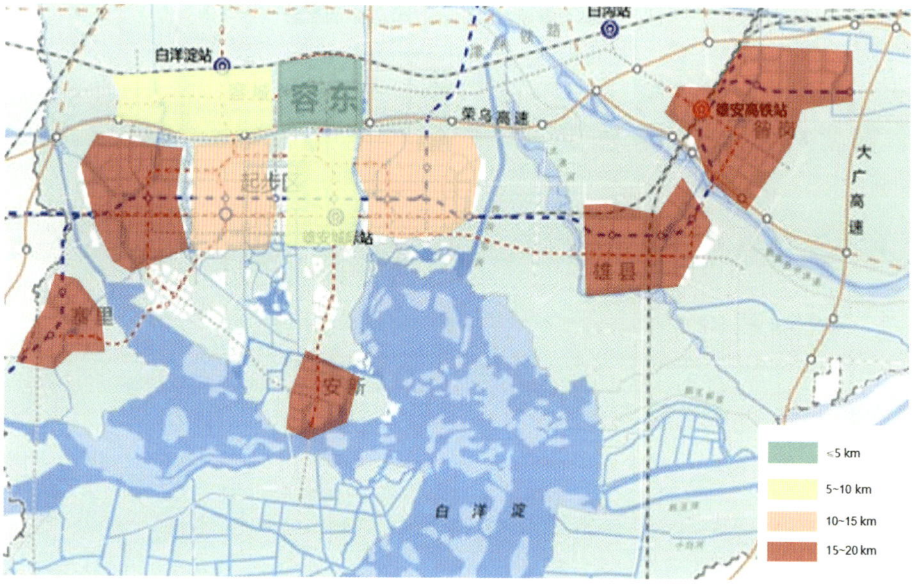

图6-52　新区分区票制

6.4.3　智能化公交系统建设

6.4.3.1　智能化业务需求

1. 公交企业运营管理的需求

(1) 企业数字化管理需求

公交车作为现代城市生活中的一种重要的交通工具，其数量增多，车型繁杂，而随着员工、线路和站点数不断增加，公交公司的信息管理变得日益复杂。所以必须建立整合人、车、线、站、物等资源的信息数字化管理系统，提供基础数据统一维护，实时查看资源分布情况，为人员、车辆、物资管理调配提供有力的数据支撑。

（2）企业运营成本管理需求

目前公交行业的线路成本核算缺乏可比性，大部分的原始核算信息分散在公司内部各个部门；同时线路核算的结果也不能实现对原始的成本发生数的探查和跟踪，因此，目前的成本核算方式既不能直观地反映相同车辆在不同线路上的成本差异，也不能反映同一线路中不同车辆的成本差异，这在一定的程度上影响了公司的决策制定。从企业内部管理提升的角度来看，实行单车核算管理是从更细化的层面进行运营成本管理和控制，有利于在确保社会效益的基础上实现一定的企业经济效益，使企业能实现良性的、可持续的发展。

（3）企业内部生产管理需求

按照现代企业管理理念，公交企业除了生产运营外，内部管理也同样重要。公交企业管理系统不仅是公交企业核心资源数据的生产系统，是其他应用系统的数据源系统，也是企业内部各个部门之间衔接的连接系统。改善企业内部管理一方面能提高生产效率，降低成本；另一方面能为运营安全和服务提供更充分的保障。结合公交企业实际工作，其内部管理主要有以下需求：人力资源管理、运营线路 / 站点管理、车辆维修和机务保养管理、物资管理、安全运营管理、统计报表管理等。

2. 公众出行服务多元化、质量提升的需求

（1）公交服务提升的需求

等车难、坐车挤、站点远等问题都是造成公交服务质量下降的原因，面对这种问题，需通过对线网的分析评价，提升公交调度效率，为乘客提供高效优质的出行服务，提高公交吸引力，进而提高乘客的乘车满意度。

（2）公交出行服务多样化需求

大力发展互联网公交服务是多元化公共交通体系发展的趋势，是大力发展城市公共交通系统的重要一环。面对机动车拥堵日益严重的现状，交通政策应促进投资省、见效快、绿色可持续的公共交通方式的发展。现阶段大运量公共交通如轨道交通、快速公交等的线网覆盖面不大，还有很多服务盲区，需求响应式公交能够扩展公共交通的覆盖范围，增加公共交通线网密度。

（3）公交增值服务拓展需求

随着车载 GPS 和移动支付的普及，丰富与开放的公交数据产生了，给城市交通大数据研究带来了便利和机遇。从数据中挖掘出全天候动态居民出行需求分布，进而支持“互联网 + 公交增值服务”，扩展实时公交、定制专线、自助包车、乘车刷码、汽车租赁、广告发布等业务板块，可以带动传统的公交管理模式向精细化管理方向转型。

3. 公交行业运营监管需求

（1）公交企业经营成本规制需求

规制成本要兼顾出行便捷廉价、公交企业可持续发展和财政承担能力。同时，成本规制体系指标应当随着城市公交企业经营管理和财务管理规范化程度的提升而不断完善，逐步实现科学合理规制目标。

（2）公交运营监控需求

公交运营监控主要为业务部门实现多种监控、监管指标、综合可视化展示等，实现公交常态运维监测、预警管理、数据融合等多种功能，满足大量数据显示性能以及多机协同管理机制，凭借先进的人机交互方式，帮助公交企业实现日常业务管理、运营安全保障、事件研判等，提升公交管理、运营、事件处理效率。

（3）交通协同需求

居民选择出行交通方式时，需要考虑方便、快捷、经济、舒适、安全等各种因素。单凭常规公交一种出行信息服务方式，显然无法满足居民的所有要求，要实现高效、全面的商务公共交通服务，不仅需要公交出行信息，还需要轨道交通、出租车、公共自行车等出行信息服务，建立综合公共交通协同机制，为乘客提供一站式交通出行服务。

6.4.4 依托新区 MaaS 系统，打造智能信息服务“一张网”

依托新区 MaaS 系统，打造智能信息服务“一张网”即为同一区域具有相近出行时间和目的地的市民量身定做的“一人一座”，舒适、快捷、直达、定时定点、快速直达的公交特约服务。市民可以通过客户端提出自己的需求，公交公司根据需求和客流情况设计出公交线路，解决个性化、人性化的出行需求。基于“互联网 + 公众出行”，以公众出行最为重要的公共出行为基础，提供乘客在公众出行过程中最需要解决的信息不畅、盲目等待公交的问题，以互联网的方式，抓取公交调度运营数据，通过手机 APP 的形式，向乘客提供各类查询信息，包括站点信息、线路信息、换乘查询、车辆位置、预到站时间、到站提供、车辆评价、公交公告等信息，解决了乘客坐车难、等车难、出行难的问题。

雄安将努力从一开始就建立符合 MaaS 理念的一体化交通出行服务体系，抓住新区“一张白纸”的历史机遇，转变以往城市“先成立多家不同运营企业，再逐步推动服务整合”的传统路径，探索“先组建一个运营管理统筹平台，再生长出不同交通方式和运营主体”。结合新区发展特点，建立“政府 + 平台 + 市场”公共交通运营管理模式，创新新型公交服务模式，建立统一、便捷的智慧出行平台，促进不同运营主体之间相互协作、资源共享，使新区乘客从一开始就享有界面统一、无缝衔接的优质出行服务。

早在 2020 年 7 月，集多种交通方式于一体的“雄安行”APP 就已经正式上线运行。面向出行者，MaaS 系统提供公交出行、个人出行、综合生活服务等功能。针对公交出行者，系统整合了上述各类公交服务，提供扫码乘车、公交实时查询、线路规划、弹性公交预约、卡业务办理等功能。针对个人出行者，提供公务用车预约、包车服务、停车服务等功能。面向管理平台公司自身，内嵌实时监测、服务管理、考核应用等模块，支撑平台公司内部对运营主体进行服务质量监管考核和票务清分结算。（图 6-53）

图6-53 “雄安行”APP界面及功能

CHAPTER 7

第 7 章

三全公交体系评估反馈

7.1

方案实施推进情况

自容城组团公交运营以来，已经形成“快线 + 干线 + 支线”的公交服务体系，为广大市民提供了方便、快捷、舒适、安全的公共交通服务。共开通 7 条线路见表 7-1、图 7-1，包括 K13 路 1 条快线和 301 路、302 路、303 路、306 路、310 路、311 路 6 条普线，累计线路长度 128.5 km，见图 7-2。

表 7-1　公交线路运营情况

2021 年 7 月—2023 年 1 月公交线路运营情况		
运营时间	线路条数	线路长度 /km
2021 年 7 月—2021 年 11 月	2	32.1
2021 年 12 月—2022 年 4 月	3	43.7
2022 年 5 月—2022 年 6 月	4	53.7
2022 年 7 月—2022 年 8 月	6	90
2022 年 9 月—2023 年 1 月	7	128.5

在 2021 年 7 月—2023 年 1 月容城组团公交运营期间，公交行驶总里程为 3 963 605.1 km，2022 年下半年受疫情影响，部分时间段暂定公交运营服务，公交行驶里程有所下降。（表 7-2、图 7-3）

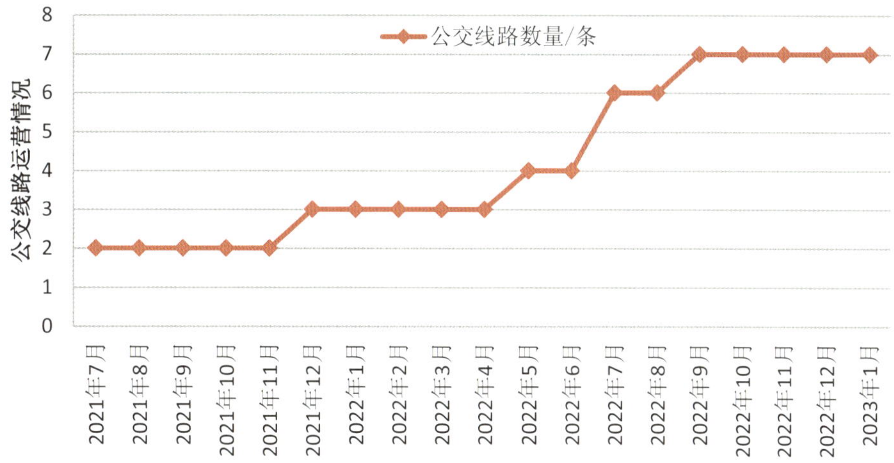

图7-1 公交线路数量情况

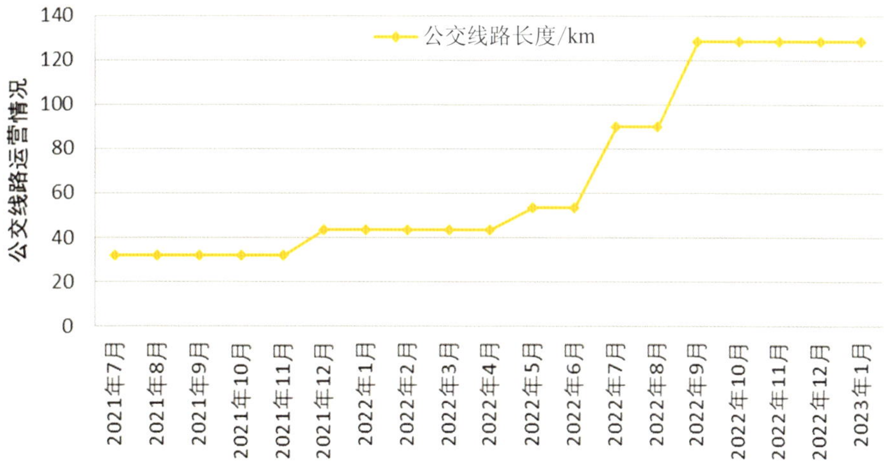

图7-2 公交线路长度情况

表 7-2 公交线路运营情况

公交线路运营情况 /km							
运营日期	301 路	302 路	303 路	306 路	310 路	311 路	K13 路
2021 年 7 月	9668.7	12 323.4	—	—	—	—	—
2021 年 8 月	22 661.4	24 000.4	—	—	—	—	—
2021 年 9 月	27 633.3	27 816.4	—	—	—	—	—
2021 年 10 月	37 989.6	30 318.6	—	—	—	—	—

续表

公交线路运营情况 /km							
运营日期	301 路	302 路	303 路	306 路	310 路	311 路	K13 路
2021 年 11 月	32 298.1	36 659.8	—	—	—	—	—
2021 年 12 月	65 308.7	58 715.6	—	—	—	30 713.8	—
2022 年 1 月	61 853.1	63 471.8	—	—	—	66 679.6	—
2022 年 2 月	52 345	53 957.2	—	—	—	61 804.1	—
2022 年 3 月	67 832.3	68 790	—	—	—	71 920.1	—
2022 年 4 月	66 481.2	74 643.2	—	—	—	71 905.8	—
2022 年 5 月	68 802.2	76 767.2	—	—	39 150	81 233.9	—
2022 年 6 月	62 057.9	65 615.5	—	—	46 122	62 382.9	—
2022 年 7 月	63 049.4	66 614.6	8190	9672	47 961	61 291.8	—
2022 年 8 月	62 972.8	67 104	44 472	48 026.5	48 357.5	53 461	—
2022 年 9 月	61 831	66 777	47 990	51 204.2	46 647.5	51 367	1386
2022 年 10 月	72 305.8	80 225.5	77 519	84 953.2	49 087.5	49 436.6	25 734
2022 年 11 月	42 089.6	44 913.2	42 240.3	44 957.6	30 358.5	25 622.2	0
2022 年 12 月	41 078.6	45 903.2	44 340.5	50 864.4	38 819	32 679.2	11 088
2023 年 1 月	62 719.9	71 898.9	68 460.8	74 087.1	44 987	45 345.4	53 592

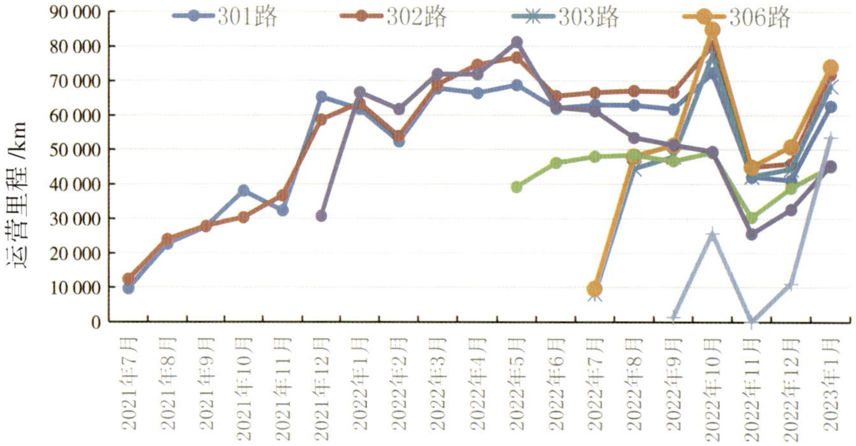

图7-3　公交线路运营情况

2021 年 7 月—2023 年 1 月容城组团公交运营期间，累计运输乘客 1 473 304 人，2022 年下半年受疫情影响，部分时间段暂定公交运营服务，客流呈下降趋势。（表 7-3、图 7-4）

表 7-3 公交客运量

单位：人次

运营日期	301 路	302 路	303 路	306 路	310 路	311 路	K13 路
2021年7月	1 729	1 874	—	—	—	—	—
2021年8月	6 401	16 481	—	—	—	—	—
2021年9月	12 523	24 922	—	—	—	—	—
2021年10月	20 748	25 619	—	—	—	—	—
2021年11月	20 794	39 694	—	—	—	—	—
2021年12月	14 922	49 994	—	—	—	5 464	—
2022年1月	9 910	44 910	—	—	—	11 430	—
2022年2月	13 043	40 723	—	—	—	14 678	—
2022年3月	15 010	61 448	—	—	—	24 171	—
2022年4月	11 390	42 582	—	—	—	25 995	—
2022年5月	12 543	54 145	—	—	10 570	15 942	—
2022年6月	13 840	47 834	—	—	15 029	11 966	—
2022年7月	14 326	42 801	3713	4138	17 283	14 247	—
2022年8月	19 472	39 052	23 945	24 219	18 981	17 356	—
2022年9月	15 080	37 238	25 150	22 098	14 916	13 048	186
2022年10月	10 717	26 585	25 144	26 385	14 277	7 883	3 248
2022年11月	3 544	11 422	11 925	11 915	8 390	2 805	0
2022年12月	2 974	11 217	9 626	11 964	6 101	2 515	655
2023年1月	12 470	31 422	34 345	43 522	15 726	10 411	10 543

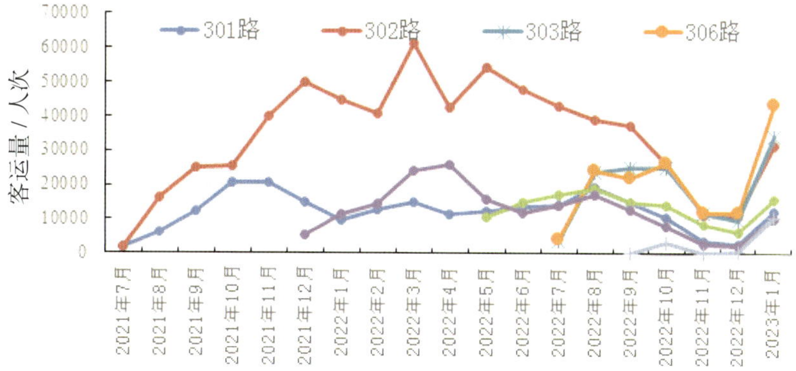

图7-4 公交客流量情况

在 2021 年 7 月—2023 年 1 月容城组团公交运营期间，运营公交车 271 888 次。运营

期间根据客流情况适当调整发车间隔，运营车次随发车间隔变化。(表 7-4、图 7-5)

表 7-4　运营车次情况

运营日期	301 路	302 路	303 路	306 路	310 路	311 路	K13 路
2021年7月	615	622	—	—	—	—	—
2021年8月	1 421	1 447	—	—	—	—	—
2021年9月	1 667	1 684	—	—	—	—	—
2021年10月	2 019	1 783	—	—	—	—	—
2021年11月	2 209	2 223	—	—	—	—	—
2021年12月	4 102	4 101	—	—	—	2 496	—
2022年1月	4 453	4 504	—	—	—	5 373	—
2022年2月	3 805	3 838	—	—	—	4 987	—
2022年3月	4 978	4 889	—	—	—	5 774	—
2022年4月	4 973	4 726	—	—	—	5 637	—
2022年5月	5 030	5 503	—	—	3 682	5 435	—
2022年6月	4 618	4 608	—	—	4 250	4 522	—
2022年7月	4 773	4 774	702	702	4 302	4 684	—
2022年8月	4 774	4 761	3 825	3 595	3 618	4 340	—
2022年9月	4 620	4 566	3 826	3 579	3 509	4 200	36
2022年10月	4 764	4 356	4 362	4 349	3 625	4 201	666
2022年11月	2 758	2 318	2 324	2 324	2 101	2 182	0
2022年12月	2 684	2 428	2 462	2 473	2 748	2 738	288
2023年1月	4 197	3 906	3 910	3 910	3 396	3 866	1 392

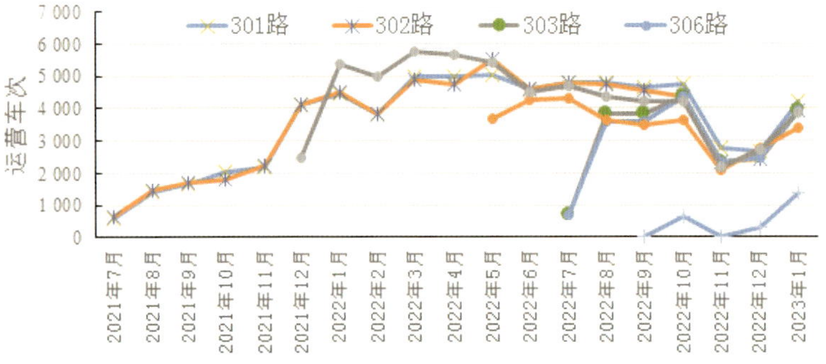

图7-5　公交运营车次情况

7.2
创新机制与配套政策

深入高效推进城市公共交通优先发展，是支撑国家城镇化发展战略实施，建设资源节约、环境友好、公平和谐社会，实现可持续发展的必然要求。但长期以来，国内公共交通发展过程中面临许多问题，公交优先发展的各项措施难以具体落实。在政府补贴公交服务的同时，企业谋求科学发展，行业进行有效监管，实现合理的运营模式和监管机制，是实现公交优先发展的重要途径。

2005 年出台的《国务院办公厅转发建设部等部门关于优先发展城市公共交通意见的通知》对公交行业改革提出了“国有主导、多方参与、规模经营、有序竞争”的指导意见。但在实施过程中，往往忽视市场机制的作用，民营社会资本逐渐退出经营市场，国有资本占绝对控股地位，呈现“国进民退、专营垄断”的改革趋势。与此同时，政府企业间职责不清，企业经营缺乏积极主动性，过度依赖政府补贴，公交运营发展不可持续。

形成合理的公交运营模式，要从政府、企业、乘客三个角度分析，明确各自的权利和义务。政府层面，首先要落实“政府调控、市场运作”的特许经营制度，充分发挥市场机制的调节作用。其次，要明晰政府和企业的职责权利，实现政府管理与企业运营的有效分离。企业层面，作为公交服务具体的提供者，公交企业应清楚了解其运营成本构成，有效实现成本规制，同时公交企业公开其经营收支状况，作为获取财政补贴、政府调整票价的基本依据。乘客层面，要承担获取公交服务的成本，具体体现为在乘客经济能力承受范围内，结合公交运营实际成本，建立公交票价调整机制。

7.2.1 落实特许经营竞争性招标制度

“政府调控、市场竞争”是公交可持续发展的基本操作方式。在公交行业改革过程中，在保持国有主导地位的同时，应积极吸收社会资本参与市场竞争，实现投资主体多元化。充分发挥市场机制调节作用，合理配置资源，最大程度激发公交企业作为市场经营主体的积极性，激励企业提高效益、降低成本，避免对财政补贴的过度依赖。将公交服务提供引入市场机制，实行竞争性招标和合约化管理，避免完全依靠政府进行干预。通过引入适量的经营者，建立可竞争市场环境，避免经营权垄断。

新区城市公共交通规划、建设、管理由政府主导，开放市场运营，具体运营则引入市场机制，由企业负责组织实施。在这种模式下，政府控制票价与线路规划。多样化的各类运营企业，均可通过竞标方式取得线路经营权。公共交通票款收入直接进入企业账户，全额核减政府补贴。

7.2.2 管理与运营分离

公共交通是有限开放的市场资源，将政策制定者与经营者分开，明确责权利关系。政府强化宏观管理控制，经营者通过服务去培育市场，吸引顾客，扩大市场份额，这才是公交发展的内在动力。

明确政府与企业的责任，切实做到政企分离。在城市公共交通系统中，政府是普遍服务义务的承担主体，企业是依据市场经济法则经营的独立主体。应突出强调政府在宏观决策、公共服务、战略规划、市场监管、综合协调等方面的职能，而将运营、建设维护等具体职能交由企业执行，发挥市场调节的作用。这种管理与运营分离的模式使得管理机构确定长期规划时可以避免过分关注局部利益，同时企业投入主要精力提升运营效益，可以在相当程度上减少政府负担。

7.2.3 运营收支分离

公交企业财政收支不透明，常常导致企业越补越亏，越亏越补的恶性循环，企业生产效率低下，缺乏改善其服务的动力。公交企业实行运营收支分离，一方面可以较为清晰地了解自身运营成本，有效实现成本规制，提高运营效益，另一方面，掌握企业运营成本可作为政府确定财政补贴、调整票价的重要依据。因此，应努力实施收支两条线的营收管理，以线路招投标和运营服务质量考核为抓手，以企业营收联合管理机制为核心，形成闭环管理的体制和机制。在这种模式下，公共交通的票款收入不进企业账户，统一缴至城市公共交通行业管理机构掌控的票务结算中心，政府根据百千米成本将票款收入重新分配，返还给各运营企业并对收入不足成本部分进行补贴，保证企业一定的利润率。

新区公共交通财政补贴 = 固定成本 + 车千米综合补贴单价 × 车千米总量 × 考核系数 − 经营收入 ± 调整事项费用，其中全额补贴固定成本，运营成本按照 7 元 / km 进行补贴，全额核减票款收入后，综合考虑调整事项费用，保证企业一定的利润率，利润率因各企业服务质量的差异存在浮动区间。

7.2.4 公交票价调整机制

由甲方按年度开展车千米核定工作，并根据协议的约定按期支付项目财政补贴。综合补贴单价中的可调价因素为能源成本、人工成本、车辆日均车千米，另外涉及税费政策调整的情况，据实回溯调整综合补贴单价。

（1）因车均日均车千米调整补贴单价

本项目按照 150 km/ 车日进行规模测算，因车千米较大影响车千米单价，设置单价调整机制，若年度日均车千米在 145~155 km 范围内，单价不做调整；若年度日均车千米在小于 145 km 或大于 155 km 后，设 a 为政府核定后实际车均日均千米，实际支付单价 = 中标单价 ×150/a。如因车辆日均车千米触发单价调整机制，甲方在一个运营年度结束时根据实际支付单价计算该运营年度的全年补贴金额，并根据已支付补贴金额多退少补。

（2）因其他因素调整补贴单价

在运营期内以每三年为一个周期，若前述调整因素（包括能源成本、人工成本、税费）中的一项或多项因素变动幅度超过 5%，则特许经营单位可向实施机构申请启动调价程序，由实施机构组织相关政府部门审核通过后调价。在每个调价周期内因前述调整因素中的一项或多项成本变动幅度超过 10% 的变动，则特许经营单位可以向实施机构申请启动临时调价程序，临时调价后下个常规调价启动年份顺延至该次临时调价的三年后。

（3）补贴机制调整

若企业发生运营较大亏损，乙方可以向甲方申请启动调整补贴机制，甲方可以根据实际运营情况调整项目补贴机制，保障城市公交运营良性发展。

7.2.5 引入第三方公共交通运营服务质量监督考核的机制

为提升新区公共交通的服务水平和质量，新区引入第三方公共交通运营服务质量监督考核的机制。雄安新区建设和交通管理局作为考核主体，主持公共交通运营服务质量考核工作，监督第三方考核机构。委托第三方考核机构协助开展公共交通运营服务质量考核工作。

第三方考核机构通过收集日常现场巡查、智慧出行系统、企业报备情况等多方信息，对服务设施、运营服务、车辆整洁、安全生产情况、信息化建设等内容进行检查，得到运营服务质量日常监督考核分数。

7.3

建设成果反馈

7.3.1 公交网络布局

雄安新区共开通 7 条线路，其中容城组团 301 路、302 路、303 路、306 路、310 路、311 路 6 条线路、组团间公交 K13 路 1 条公交线路，线路长度达 128.5 km。公交运营时间为 6:00—21:00，高峰时段为 7:30—8:30、17:30—19:30，K13 路高峰时段发车间隔 35 分、平峰时段发车间隔 40~45 分，其他线路高峰时段发车间隔 10~12 分、平峰时段发车间隔 16~20 分。

2021 年 7 月，301 路、302 路两条公交开始试运营。2021 年 12 月，311 内、311 外两路公交开通，同时，301 路、302 路公交转入正式运营，2022 年 5 月开通 310 路公交，2022 年 7 月开通 303 路、306 路两条公交，2022 年 9 月开通 K13 路公交（图 7-6、图 7-7，表 7-5~ 表 7-11）。运营范围为容城组团内部及安新县，覆盖容东片区、容西片区、容城县城和安新县城等区域，站点主要分布在住宅、商业、办公、学校以及线路沿线的村镇等。容城组团（容城县城和容东、容西交

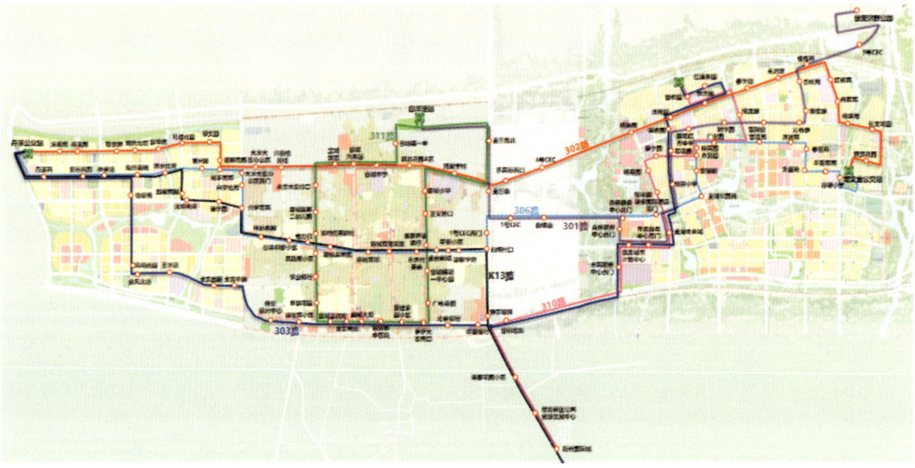

图7-6 组团内公交线路运营

付区）整体 300 m 公交覆盖率为 66%，500 m 公交覆盖率为 93%。

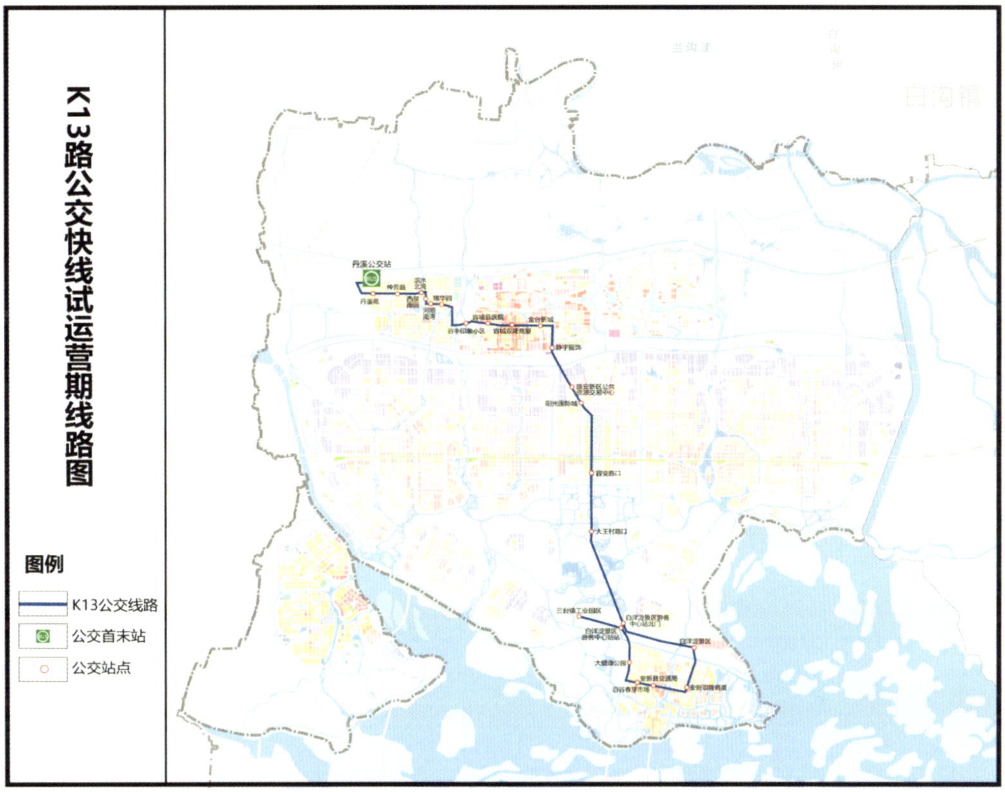

图7-7 组团内公交线路运营

表 7-5 301 路公交线路

线路名称	线路概况		备注
301 路	运行线路	容城组团线路	—
	线路长度	约 14.2 km	—
	站点详情	白洋淀站—金三角北—金三角—1 号 CEC—白塔站—商务服务中心西门—雄安城市计算中心—商务服务中心南门—金湖未来城—悦容小学—和谐园—容和红杰中学—树华园—雪融庭—沁香庭—瑞信庭—杏秋苑—榆梅苑—3 号 CEC—雄安郊野公园	—
	收费规则	1 元 / 人次	—

表 7-6　302 路公交线路

线路名称	线路概况		备注
302 路	运行线路	容城组团线路	—
	线路长度	约 17.9 km	—
	站点详情	丹溪公交站—溪美苑—寻溪园—敬贤庭—陶然北院—容华院—礼信北园—禄安园—望泉南园—裕丰南苑—大水大街办公区—兴容检测线—立成饭店—容城汽车站—容城中学—新北花园 A 区—博奥学校—乐民街西口—4 号 CEC—明珠园—清荷园—宽余园—春华庭—丰润庭—榆梅苑—红枫苑—丹若苑—桃李苑—弘文花园—居贤花园—南文营场公交场站	—
	收费规则	1 元 / 人次	—

表 7-7　303 路公交线路

线路名称	线路概况		备注
303 路	运行线路	容城组团线路	—
	线路长度	约 17.5 km	—
	站点详情	丹溪公交站—丹溪苑—紫云西园—仲芳庭—临泉苑—金风北庭—玉水庭—金安西庭—金安中庭—雄安设计中心—运福苑小区—容城县政府—惠友商场—奥威大厦—容城县中医院—爱佳家园小区—罗萨大街南口—北京银行—华夏银行—容和塔东—市民服务中心西门—雄安城市计算中心—商务服务中心南门—金湖未来城—悦容小学—和谐园—锦绣园—清荷园—宽余园—红莲东园—定安公交站	—
	收费规则	1 元 / 人次	—

表 7-8　306 路公交线路

线路名称	线路概况		备注
306 路	运行线路	容城组团线路	—
	线路长度	约 18.8 km	—
	站点详情	丹溪公交站—丹溪苑—紫云西园—仲芳庭—陶然南院—滨水北湾—育兴园—裕丰南苑—大水大街办公区西门—兴学北苑—兴学南苑—祥达嘉园—谷丰印象小区—电力局—容城县医院—容城宾馆—双隆商厦—东关村委会—金台新城—平安小区—温馨华庭—1 号 CEC 西门—1 号 CEC—白塔站—商务服务中心北门—雄安国际酒店南门—富强园—裕民园—广业园—甘霖苑—清润苑—春茗苑—平安苑南—容德小学—南文营公交站	—
	收费规则	1 元 / 人次	—

表 7-9　310 路公交线路

线路名称	线路概况		备注
310 路	运行线路	容城组团线路	—
	线路长度	约 10 km	—
	站点详情	阳光国际城—雄安新区公共资源交易中心—锦泰花园小区—三贤广场—容和塔东—市民服务中心西门—雄安城市计算中心—商务服务中心南门—金湖未来城—阳光园—明月园—康宁园—裕民园—广业园—悦波庭—宽余园—容和园—定安公交站	—
	收费规则	1 元 / 人次	—

表 7-10　311 路公交线路

线路名称	线路概况		备注
311 路	运行线路	容城组团线路	—
	线路长度	约 11.6 km	—
	站点详情	白洋淀站—金三角北—博奥学校—容城小学—正义路口—国家开发银行—容城镇第一中心园—广电商厦—罗萨大街南口—爱佳家园小区—容城县中医院—奥威大厦—惠友商场—容城县政府—新容花园—农业银行—民政局小区—农村信用联社—容城县第二幼儿园—永贵大街北口—立成饭店—容城汽车站—容城中学—容城镇一中—白洋淀站	—
	收费规则	1 元 / 人次	—

表 7-11　K13 路公交线路

线路名称	线路概况		备注
K13 路	运行线路	容城组团线路	—
	线路长度	约 38.5 km	—
	站点详情	白洋淀景区游客中心站—三台镇工业园区—大健康公园—百谷春芽市场—安新县交通局—安新双隆商厦—白洋淀景区—白洋淀景区游客中心站北门—大王村路口—容安路口—阳光国际城—雄安新区公共资源交易中心—静宇服饰—金台新城—容城双隆商厦—容城县医院—谷丰印象小区—瑞华园—西泉南园—滨水北湾—仲芳庭—丹溪苑—丹溪公交站	—
	收费规则	1 元 / 人次	—

7.3.2 公交设施建设

1. 道路建设情况

（1）容东片区

目前容东片区城市道路已建设完成，布局七横六纵的干线公交系统，包括设置于干路的公交专用道和设置于支路的公交专用路，总长约 42 km（图 7-8）。

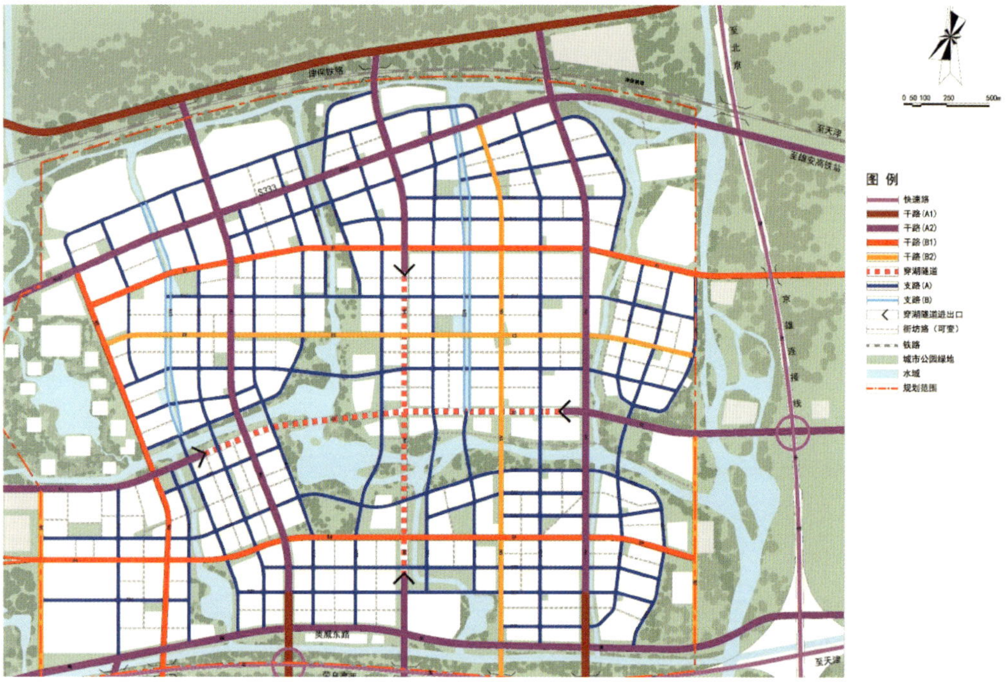

图7-8 容东片区交通路网

（2）容城县城

容城县城为既有道路，东西向主要道路为双向四车道，南北向主要道路为双向两车道，部分道路通行条件差，安全性和速度都难以得到保障（图 7-9）。

图7-9 容城县城路网

（3）容西

容西片区主、次干路已经建设完成，黄色虚线区域为交付区，在交付区内的支路已经建设完成。黄色虚线外区域为集中建设区，内部道路随地块开发共同建设（图 7-10）。

2. 公交场站建设情况

容城组团目前已经建成投入运营 4 个公交场站，容东片区 2 个，分别为南文营公交站和定安公交站，容城县城 1 个白洋淀站公交场站，由白洋淀站社会停车场改造而成，容西片区 1 个丹溪公交站；正在建设中的公交场站有容东 D 停保场、张市公交站、A 组团首末站以及 3 个公交枢纽站和容西 6 处公交换乘中心。

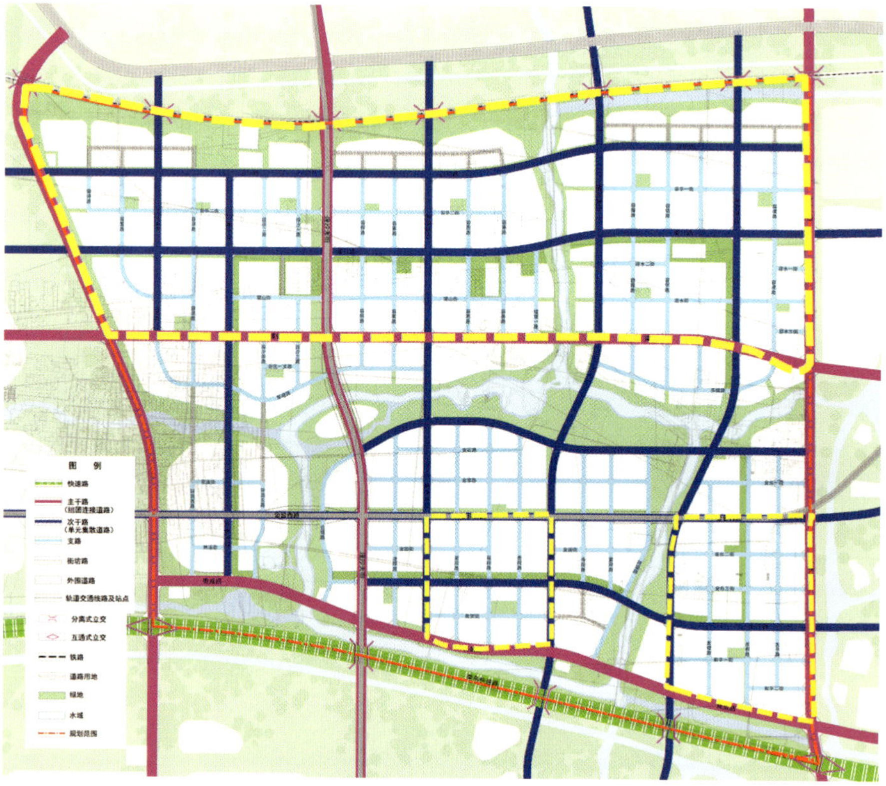

图7-10　容西片区路网

（1）南文营公交站

1）用地面积：4 318 m²

2）总建筑面积：3 767.74 m²

3）机动车停车位：66 辆。其中：公交车停车位 20 辆，小型汽车停车位 46 辆（图 7-11）。

（2）定安公交站

1）用地面积：3 640 m²

2）总建筑面积：1 732 m²

3）机动车停车位：37 辆。其中：大型公交车停车位 10 辆，中型公交车停车位 7 辆，响应式公交停车位 5 辆，小型汽车停车位 4 辆，共享汽车停车位 6 辆，微型停车位 5 辆，见图 7-12。

（3）丹溪公交站

1）规划用地面积：16 433 m²

2）建筑面积：35 738.62 m²

3）机动车停车位：335 个。其中，定向公交停车位 75 个（地上 39 个，地下 36 个）、弹性公交停车位 40 个（地上 5 个，地下 35 个）、机动车停车位 220 个（地上 0 个，地下 220 个），见图 7-13。

图7-11 南文营公交站平面

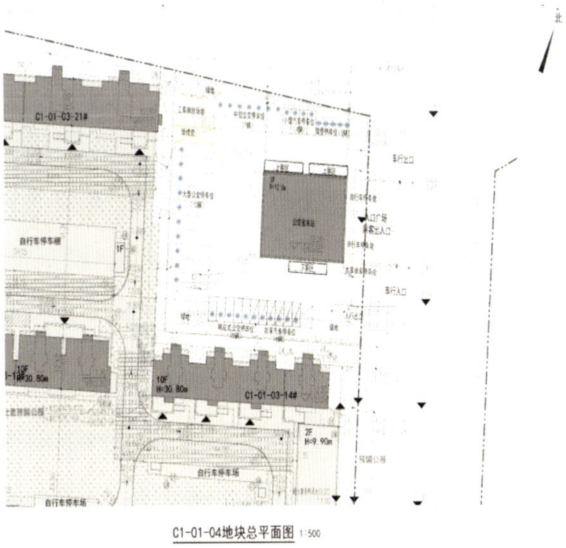

图7-12 定安公交站平面

（4）D 停保站（图 7-14）

1）占地面积 30 677.18 m^2

2）建筑面积 24 358.27 m^2

3）机动车停车位：452 个。其中：定线公交停车位 174 个、弹性公交停车位 144 辆、小汽车停车位 234 辆。

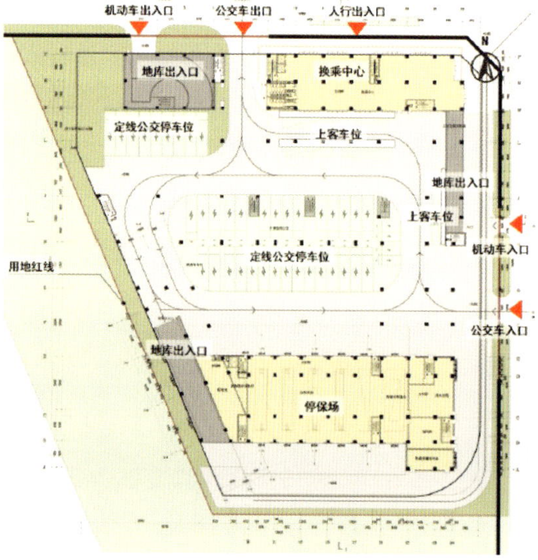

图7-13 丹溪公交站平面

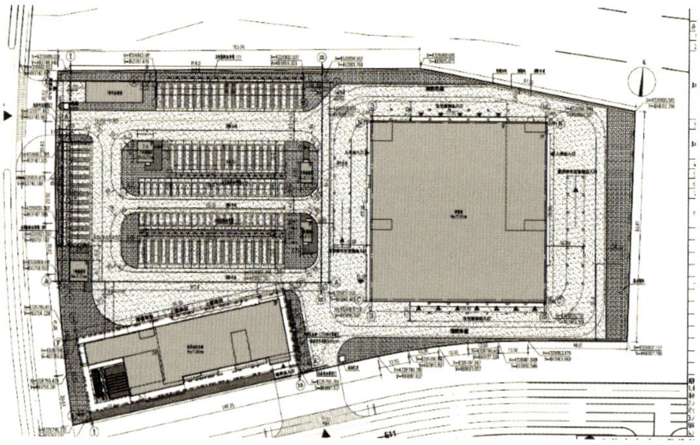

图7-14 D停保站平面

（5）张市公交站（图 7-15）

1）占地面积 3 579.2 m^2

2）建筑面积 950.92 m^2

3）机动车停车位：15 个。其中：定线公交停车位 8 个、弹性公交停车位 7 个。

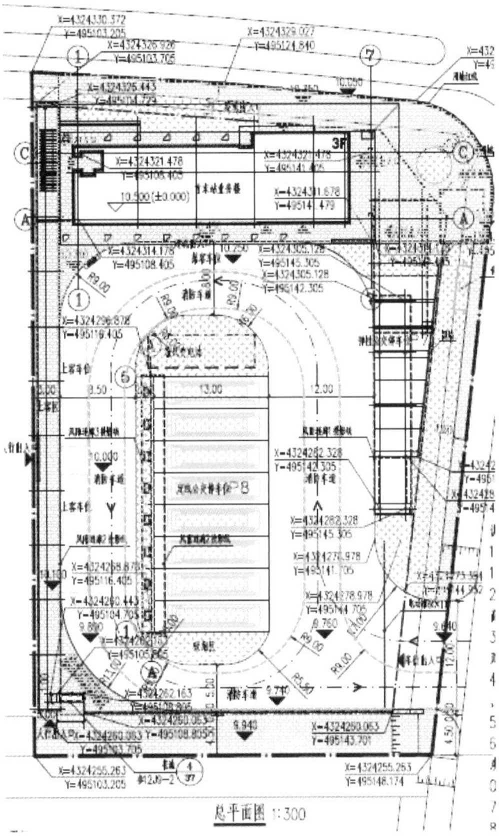

图7-15 张市公交站平面

（6）容东 A 首末站（图 7-16）

1）占地面积 3 826 m^2

2）建筑面积 964.41 m^2

3）机动车停车位：19 个。其中：定线公交停车位 8 个、弹性公交停车位 11 辆。

3. 车辆配置情况

容城组团公交线路运营车 99 部，其中，点内配车 72 部，301 路配车 12 部、302 路配车 12 部、303 路配车 12 部、306 路配车 12 部、310 路配车 8 部、311 内配车 5 部、311 外配车 5 部、K13 路配车 6 部，备车 27 部，见表 7-12。车型为福田、银隆（图 7-17）、金龙、中通，配备有车内滚动屏、多媒体线路信息屏、智能调度监控一体机、投币机和刷卡设备。

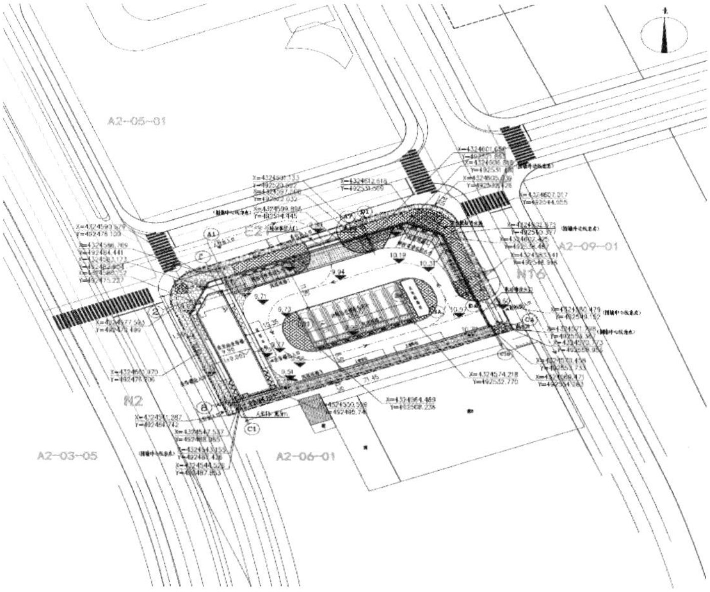

图7-16 容东A首末站平面

表 7-12 车辆配备情况

线路名称	车辆型号	车辆座位数
301 路	福田欧辉（BJ6105SHEVA） 金龙（XMQ6106AGSHEVD62） 福田欧辉（BJ6107SHEVCA）	24.29、42
302 路	银隆（GTQ6129BEVB26） 福田欧辉（BJ6127SHEVCA-2）	45.47
303 路	银隆（GTQ6129BEVB26） 福田（BJ6650EVCA-9） 中通（LCK6720EVGA）	45.13、15
306 路	福田（BJ6650EVCA-9） 中通（LCK6720EVGA）	13.15
310 路	金龙（XMQ6106AGSHEVD62） 福田欧辉（BJ6105SHEVA）	29.24
311 路	福田（BJ6650EVCA-9） 中通（LCK6720EVGA）	13.15
K13 路	银隆（GTQ6119BEVH32） 银隆（GTQ6129BEVH31）	30.49

图7-17 公交运营车辆（银隆）

7.3.3 服务模式

城市公共交通规划、建设、管理由政府主导，具体运营则引入市场机制，由企业负责组织实施。在这种模式下，政府控制票价与线路规划。多样化的各类运营企业，均可通过竞标方式取得线路经营权。公共交通票款收入直接进入企业账户，全额核减政府补贴。财政补贴 = 固定成本 + 车千米综合补贴单价 × 车千米总量 × 考核系数 − 经营收入 ± 调整事项费用，其中全额补贴固定成本，运营成本按照 7 元 /km 进行补贴，全额核减票款收入后，综合考虑调整事项费用，保证企业一定的利润率，利润率因各企业服务质量的差异而存在浮动区间。

提升新区公共交通的服务水平和质量，新区引入第三方公共交通运营服务质量监督考核的机制。建设和交通管理局作为考核主体，主持公共交通运营服务质量考核工作，监督第三方考核机构。委托第三方考核机构协助开展公共交通运营服务质量考核工作，见图 7-18。

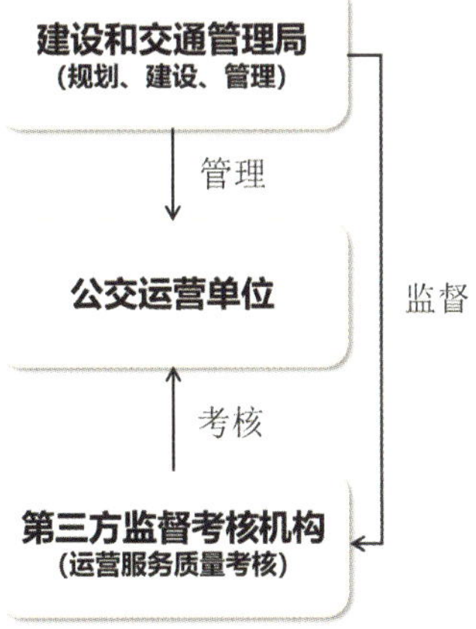

图7-18 公交行业管理架构